高等院校经济学管理学系列教材

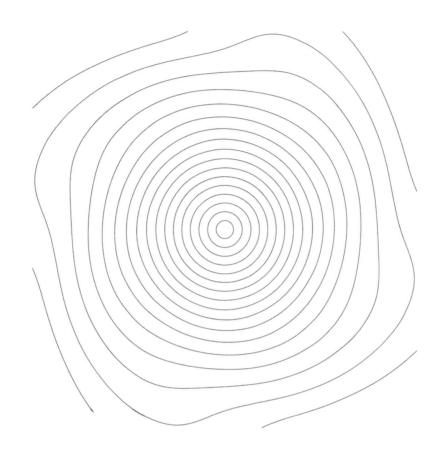

中小企业人力资源管理

陈坤 平欲晓 刘丽霞 编著

图书在版编目(CIP)数据

中小企业人力资源管理/陈坤,平欲晓,刘丽霞编著. —北京:北京大学出版社,2018.8
(高等院校经济学管理学系列教材)
ISBN 978-7-301-29748-3

Ⅰ.①中… Ⅱ.①陈… ②平… ③刘… Ⅲ.①中小企业—人力资源管理—高等学校—教材 Ⅳ.①F276.3

中国版本图书馆 CIP 数据核字(2018)第 171093 号

书　　　名	中小企业人力资源管理 ZHONGXIAO QIYE RENLI ZIYUAN GUANLI
著作责任者	陈　坤　平欲晓　刘丽霞　编著
责 任 编 辑	杨丽明　吕　正　黄　蔚
标 准 书 号	ISBN 978-7-301-29748-3
出 版 发 行	北京大学出版社
地　　　址	北京市海淀区成府路 205 号　100871
网　　　址	http://www.pup.cn
电 子 信 箱	sdyy_2005@126.com
新 浪 微 博	@北京大学出版社
电　　　话	邮购部 010-62752015　发行部 010-62750672　编辑部 021-62071998
印 刷 者	河北滦县鑫华书刊印刷厂
经 销 者	新华书店
	787 毫米×1092 毫米　16 开本　14.5 印张　318 千字 2018 年 8 月第 1 版　2018 年 8 月第 1 次印刷
定　　　价	45.00 元

未经许可,不得以任何方式复制或抄袭本书之部分或全部内容。
版权所有,侵权必究
举报电话: 010-62752024　电子信箱: fd@pup.pku.edu.cn
图书如有印装质量问题,请与出版部联系,电话: 010-62756370

第一章　中小企业人力资源管理概述

第一节　中小企业人力资源及其特点 ………………………………………… 2
第二节　中小企业人力资源管理 ………………………………………………… 9
讨论题 ……………………………………………………………………………… 17
参考文献 …………………………………………………………………………… 17
本章思考题 ………………………………………………………………………… 18

第二章　中小企业人力资源战略与规划

第一节　中小企业人力资源战略与企业竞争优势 …………………………… 20
第二节　中小企业人力资源战略的相关因素分析 …………………………… 23
第三节　中小企业人力资源战略管理过程 …………………………………… 25
第四节　中小企业人力资源规划的内容与程序 ……………………………… 28
第五节　中小企业人力资源需求预测 ………………………………………… 31
第六节　中小企业人力资源供给预测 ………………………………………… 34
第七节　中小企业人力资源供需平衡分析 …………………………………… 39
第八节　中小企业人力资源战略规划存在的问题 …………………………… 41
讨论题 ……………………………………………………………………………… 43
参考文献 …………………………………………………………………………… 43
本章思考题 ………………………………………………………………………… 43

第三章　中小企业工作分析与工作设计

第一节　中小企业工作分析概述 ·· 44
第二节　中小企业工作分析的内容和步骤 ·· 46
第四节　中小企业工作分析的方法 ·· 52
第五节　中小企业工作设计 ·· 57
第六节　中小企业工作分析在企业实践中的典型问题 ··································· 63
讨论题 ·· 65
参考文献 ·· 65
本章思考题 ··· 65

第四章　中小企业员工的招聘与录用

第一节　中小企业人员招聘与录用概述 ··· 67
第二节　中小企业人员的招聘与录用 ··· 73
第三节　提高中小企业员工招聘效率的途径 ··· 82
讨论题 ·· 87
参考文献 ·· 88
本章思考题 ··· 88

第五章　中小企业员工培训与开发

第一节　员工培训概述 ·· 90
第二节　培训需求分析 ·· 96
第三节　员工培训方法 ·· 102
第四节　员工培训评价 ·· 104
第四节　中小企业员工培训中存在的问题 ·· 108
讨论题 ·· 111
本章思考题 ··· 111

第六章　中小企业绩效考核

第一节	绩效考核相关理论研究	113
第二节	中小企业绩效考核系统实施	114
第三节	中小企业员工绩效考核目的和内容	128
第四节	中小企业员工绩效考核原则和标准	131
第五节	员工绩效考核导向和具体方法	135
第六节	绩效考核结果反馈	144
第七节	中小企业绩效考核存在的问题及原因	149

讨论题 …… 157
本章思考题 …… 157
参考文献 …… 157

第七章　中小企业薪酬管理

第一节	中小企业薪酬福利管理概述	159
第二节	中小企业薪酬管理的主要问题及原因	162
第三节	影响中小企业薪酬水平因素	164
第四节	中小企业薪酬体系设计	165
第五节	中小企业薪酬管理未来发展战略	173

讨论题 …… 175
本章思考题 …… 175
参考文献 …… 175

第八章　中小企业员工职业生涯规划

第一节	中小企业员工职业生涯规划概述	177
第二节	中小企业员工职业生涯规划	180
第四节	中小企业员工职业生涯管理	184
第五节	组织职业生涯管理	192

第六节　中小企业员工职业生涯规划 …………………………………… 200
讨论题 ………………………………………………………………………… 203
本章思考题 …………………………………………………………………… 203

第九章　中小企业人力资源管理外包

第一节　中小企业人力资源管理外包概述 …………………………………… 205
第二节　中小企业人力资源管理外包模式 …………………………………… 208
第三节　中小企业人力资源管理外包管理 …………………………………… 210
讨论题 ………………………………………………………………………… 224

后记 ……………………………………………………………………………… 225

第一章
中小企业人力资源管理概述

> **引导案例** 新型的创新模式——众创

PS科技公司是云南本土的一家小微科技公司，成立于2010年，专业从事可再生能源的开发、研究、设计、生产、营销、安装、培训、售后服务、进出口业务，注册资金1008万人民币，以太阳能发电及环保节能产品与技术作为经营核心。公司主营业务集中在太阳能应用产品，如太阳能电池、太阳能供电工程、太阳能热水器、太阳能控制器的销售、安装及维护上，同时针对不同客户的需求提供新能源应用系统解决方案。公司目前主要面向政府机关。产品覆盖供电、农林渔业、通信、气象、水文水利、监控、市政、监控及报警、LED广告灯箱、公共照明、野外勘探、便携电源及应急电源等二十多个行业及领域。

PS科技公司现有正式员工13名，分别就职于财务部、技术部、市场部、项目部及人力资源行政部五个部门。PS科技公司目前的人力资源管理主要表现为缺失一个有效的人力资源管理体系，公司领导个人管理风格（事无巨细及"口头文化"）的负面影响被放大，整个公司从管理、业务、体制到薪酬等方面都体现出不确定性，对员工产生了负动力和负激励的效果，导致员工不断地离开公司，公司陷入恶性循环。在对员工进行问卷调查和面谈之后，大部分员工都表达了对公司行业发展前景的信心，同时也表达了对目前公司管理及发展的忧虑。没有明确的岗位说明书及薪酬激励文件，员工对自己工作的内容及应得到的回报不确定；没有一个招聘的流程来控制，在用人的前期就留下了很多导致纠纷的隐患；没有有效的培训文件，使得员工得不到有效的工作指导，很快对工作失去信心及兴趣；领导的管理风格及管理范围造成员工的焦虑，总之，无归属感和不明确的工作状态，使得员工对公司的依赖非常薄弱，公司在留人方面状况堪忧。

目前，PS科技公司人力资源管理主要有以下几个问题：首先，缺失工作分析及工作说明书。工作分析是人力资源管理的一项最基本的工作，同时也是人力资源管理的基础。PS科技公司根据公司业务设立不同的部门及岗位并配备相应人员，但并没有制作相应的工作说明书对各岗位的工作情况进行说明指导，这极大地影响了公司整个人力资源管理体系的正常运转，同时也是管理混乱的第一步。员工不清楚自己该做什么，该怎么做，领导对该让什么样的人来做以及对其工作的评价标准也是随心所欲。其次，招聘录用缺乏规范。PS科技公司现有员工中，除公司老板H总以外，只有2名基层员工是通过外部社会招聘途径加入公司的，其余10名员工都是老板的朋友或是熟人介绍，也就是说公司绝大部分员工都是H总自己找来的，没有程序没有规范。再次，缺乏有效的培训。公司仅有的培训工作只是在员工入职时大致介绍一下公司情况以及工作时间要求等基础情况。而由于公司人员更换很快，员工入职时对于所在岗位的业务培训基本没有。公司没有通过培训来提高员工的职业技能前景及职业素养，导致软实力无法提高，进一步影响公司整体素质，同时员工工作积极性下降。最后，薪酬绩效无标准。薪酬管理模糊，无可依据的标准。除了薪资承诺未兑现引起员工的抵触情绪外，员工对薪酬的客观公平性也较多质疑；同时，公司人员少，员工工作交叉多，不少员工同时承担着本岗位以外的其他工作职责，但工资仅体现了本职工作的劳动付出，没有对于其他工作的工资认可。

案例思考

1. 你认为PS公司人力资源管理存在哪些不足之处，要如何改善？
2. 通过这个案例，你认为中小企业人力资源管理的意义是什么？

第一节　中小企业人力资源及其特点

一、企业、中小企业及其特点

（一）企业

企业是从事生产、流通等经济活动，为获取盈利，进行自主经营、自负盈亏，实行独立经济核算，具有法人资格的经济实体。企业是现代国民经济的基本单位，是商品经济高度发展的产物，是社会化大生产的一种经济组织形式。依其从事经济活动的不同，可分为工业企业、农业企业、交通运输企业、商品流通企业和金融企业等。

企业是一个历史范畴。在资本主义社会之前，很少有严格意义上的企业。企业是伴随资本主义社会的诞生而产生的。

以工业企业为例，早期工业企业的产生和发展经历了三个阶段：资本主义手工业作坊、手工业工场和工厂企业。

手工业作坊是一种简单协作劳动的组织形式，是工厂企业的萌芽。

手工业工场是以专业化分工为基础形成的，具有比手工业作坊规模更大的社会化大生产组织形式，它是企业的初期形态。

工厂企业产生于18世纪60年代的资本主义产业革命时期，其特征是以机器作为基本生产手段。1769年，阿克莱特发明水力纺织机以后，世界上出现了第一个棉纺厂，随后资本主义手工业工场普遍向工厂这种生产组织形式过渡。这种工厂就是工业企业的近代形式。随着工厂的大量涌现，工厂式的组织形式向商业、建筑、金融、采掘、运输、邮电等各个领域延展。

（二）中小企业

中小企业（small and medium sized enterprises），又称中小型企业或中小企，它是与所处行业的大企业相比，人员规模、资产规模与经营规模都比较小的经济单位。此类企业通常可由单个人或少数人提供资金组成，其雇用人数与营业额皆不大，因此在经营上多半由业主直接管理，受外界干扰较少。

不同国家、不同经济发展阶段、不同行业对其界定的标准不尽相同，且随着经济的发展而动态变化。

美国将雇员人数不超过500人的企业列为中小企业。

2011年6月18日，我国工业和信息化部、国家统计局、国家发展和改革委员会、财政部联合下发《关于印发中小企业划型标准规定的通知》，规定对我国中小企业各行业划分标准作出规定（如表1-1所示）。

表1-1 我国各行业中小企业划分标准

行业	中型企业		小型企业		微型企业	
	从业人员人数（人）	资产总额（万元）	从业人员人数（人）	资产总额（万元）	从业人员人数（人）	资产总额（万元）
农、林、牧、副、渔业		＞500		50—500		＜50
工业	＞300	＞20000	＞20	300—20000	＜20	＜300
建筑业		＞5000		300—5000		＜300
批发业	＞20	＞5000	＞5	1000—5000	＜5	＜1000
零售业	＞50	＞500	＞10	100—500	＜10	＜100
交通运输业	＞300	＞3000	＞20	200—300	＜20	＜200
仓储业	＞100	＞1000	＞20	100—1000	＜20	＜100
邮政业	＞300	＞2000	＞20	100—2000	＜20	＜100
住宿业	＞100	＞2000	＞10	100—2000	＜10	＜100
餐饮业	＞100	＞1000	＞10	100—1000	＜10	＜100
信息传输业	＞100	＞1000	＞10	100—1000	＜10	＜100
软件和信息技术服务业	＞100	＞1000	＞10	50—1000	＜10	＜50
房地产开发经营		＞5000		2000—5000		＜2000
物业管理	＞300	＞1000	＞100	500—1000	＜100	＜500
租赁和商务服务业	＞100	＞8000	＞10	100—8000	＜10	＜100

数据来源：2011年6月18日，工业和信息化部、国家统计局、国家发展和改革委员会、财政部联合印发的《关于印发中小企业划分标准规定的通知》（工信部联企业〔2011〕300号）。

二、中小企业的特点

目前,发展中小企业已成为世界各国振兴经济的重要举措。认识中小企业的特点,可为我们制定相关的发展政策提供依据。中小企业具备如下特点:

(一)规模小

中小企业最根本的特点就是规模小,无论是生产规模、人员、资产规模,还是影响力都要远远小于大企业。因为其规模小、稳定性差,对人才的吸引力不大。中小企业也没有足够的实力为优秀人才提供高薪和高福利。

(二)业务单一

在双创背景下,我国中小企业已获得了长足发展。其业务范围由最初的手工业、简单加工业、零售服务业向高科技行业扩展。但是,面广量大的中小企业业务简单和单一,符合专、精、特、新的发展原则,具备与大中型企业进行配套生产的能力。

(三)以事为中心

柳传志说:"大公司做人,小公司做事。"中小企业的运营以事为中心。其每笔业务的完成与否对公司都有很大影响,甚至关乎其生存。因此,中小企业强调以事为中心,强调执行力。在人事管理中,强调经理对下属的绝对权威。不如此,难生存。

总之,中小企业特点鲜明,规模小而灵活,对市场反应快,内部信息传递链短,效率高;同时,业务单一,小而专、小而精,以事为中心,强调执行力,立竿见影。

三、中小企业人力资源及其特点

(一)人力资源

"人力资源"(human resource)一词是由当代著名的管理学家彼得·德鲁克(P. Drucker)于1954年在其《管理的实践》一书中提出来的。[①] 德鲁克认为人力资源与其他资源不同的地方在于其拥有其他资源所没有的素质,即协调能力、融合能力、判断力和想象力。德鲁克关于人力资源概念的提出标志着现代人力资源管理的开始。

自从德鲁克提出人力资源的概念后,学者们分别从不同的角度对人力资源的概念进行了界定,有代表性的观点有如下几种:

(1)劳动能力说。有学者认为人力资源是指能够推动整个经济和社会发展的劳动者的能力,即处在劳动年龄的,已直接投入建设和尚未投入建设的人口的能力;也有学者界定为"具有为社会创造物质财富和精神财富,能够推动整个经济和社会发展的劳动者各种能力的总称",[②] 这种界定认为人力资源是劳动者一种能力的体现。

---

① 参见张振华:《对人力资源概念内涵与外延的界定》,载《阴山学刊》2004年第6期。
② 参见邓瑾轩主编:《人力资源管理》,重庆大学出版社2002年版,第3页。

(2) 劳动主体说。"人力资源概念是指能够推动国民经济和社会发展的具有智力劳动和体力劳动能力的人们的总和,它包括数量和质量两个方面"[①];或者说"人力资源是指能够推动整个经济和社会发展的具有智力劳动和体力劳动能力的劳动者"[②]。这种界定认为人力资源是以智力和体力为基础的劳动者的总和。

(3) 人口资源说。"人力资源是包括从出生到死亡的所有人口总和,包括从出生到法定退休年龄前全部人口资源"[③]。这种界定把人力资源等同于人口资源。

以上三种对人力资源的界定各从不同的角度对人力资源的概念进行了诠释,但是仍然有待完善。要弄清人力资源的内涵,就要弄清楚什么是人力,什么是资源。人力是人的力量的缩写,人的力量是由智力和体力两种天生的原本因素组成。两种力的结合产生了能量,能量通过实施、运作、转化体现为能力。这就是人的力量,简称人力。什么是资源呢?经济学把能够投入生产中并创造财富的生产条件称为资源。从这个意义上说,只有智力、体力健全的人才能够作为一种资源,并作为一种生产要素投入现实经济活动中去创造一定的财富。因此,我们可以把人力资源理解为那些智力、体力健全(即具备一定的能力),能够以各种有益于社会的脑力劳动和体力劳动创造财富,从而推动经济和社会发展的那一部分劳动者的总和。这个概念包括三层意思:一是人力资源是以智力和体力为基础的;二是人力资源能够通过劳动创造社会财富;三是人力资源是一部分劳动者而非全部人口的总和。

(二) 人力资源与人力资本

1960年,美国经济学家西奥多·舒尔茨(Theodore W. Schultz)在美国经济学年会上发表的演说中首次提出并解释了"人力资本"这一概念。按照他的观点,完整的资本概念,应包括人力资本和物质资本。人力资本属于资本的范畴,是从物质资本概念中推演出来的,是相对于"物质资本"的一个概念,具有非物质性。人力资本是经过长期性投资形成的体现于劳动者身上的由智力、知识、技能和健康状况构成的资本。[④] 与物质资本不同,人力资本是体现在劳动者身上的,由劳动者在劳动过程中体现出来的智力、知识、技能和健康状况。这种资本如同金钱一样,可以投入企业中并参与企业的生产经营活动,获取相应的回报,同时承担相应的风险。

人力资源和人力资本都是对人力的研究,研究目的都是发挥人的能力,创造社会财富,因此,两者之间既存在联系,也存在区别。

二者之间通过投资和劳动联系起来。人力资源通过投资,形成人力资本。人力资本可以在对人力资源的长期投资中不断提高;潜在的人力资源正是依靠参加劳动生产,转变成现实的人力资源,使自身的知识、智能和技能真正转变成人力资本;而人

---

① 余凯成:《人力资源管理》,大连理工大学出版社2001年版。
② 戴良铁、伍爱:《人力资源管理学》,暨南大学出版社1999年版,第2页。
③ 贾华强、翁天真等:《经济可持续发展的人力资源开发》,中国环境科学出版社2002年版。
④ 参见滕玉成、周萍婉:《人力资源与人力资本》,载《山东大学学报》2004年第6期。

力资本又是依赖人力资源这个载体,在生产过程中体现其资本的本质特征的。[①]

人力资源和人力资本之间也存在显著的区别,主要表现在以下几个方面:

(1) 二者的性质不同。资本与资源不同,资本是一种社会状态,是一种无形物;资本可积累、需要经营,会随社会环境历史条件而改变或丧失,也可再次重建;资本可以带剩余价值,能够计算,不可与所有者分离且无法共享,但是可以转移或转让。人力资本除不可转移和转让外具备资本的上述所有特征。[②] 资源一般是指某种可备以利用、提供资助或满足需要的东西。人力资源是一种资源形式,强调具有体能、智能和技能的人的资源性;而人力资本是一种资本形式,是一种生产要素,强调人的体能、智能和技能的资本性,它追求价值的最大化,支配和推动其他形式的资本发展。

(2) 二者的范畴不同。[③] 人力资源与人力资本是两个不同范畴的概念,人力资源是把人看成一种资源投入生产过程中;人力资本是把人的能力当作一种资本投入生产过程中。人力资源以群体为研究对象,大到一个国家,小到一个企业,属宏观的、概括性的范畴。人力资本只是人力资源中全部教育性投资的凝结,仅指复杂劳动的能力和知识,不包括自然人力资源。

(3) 二者的研究对象不同。人力资源是以那些智力、体力健全,能够以各种有益于社会的脑力劳动和体力劳动创造财富,从而推动经济社会发展的那一部分劳动者为研究对象的,它研究的侧重点是人。人力资本则以体现于劳动者身上的智力、知识、技能和健康状况等作为研究重点,强调的是人在获得知识、形成能力过程中的投入,体现的是作为资本的特征。

此外,人力资源与人力资本在概念的形成时间、研究的重点、具体的表现形式等方面都存在一定程度的差异。虽然二者具有一定的内在联系,但是不能简单地将二者等同。

(三) 中小企业人力资源

中小企业人力资源是指在中小企业工作的人员的总和。中小企业人力资源是中小企业实现职能的前提和依托。没有中小企业人力资源作为支撑,中小企业便不能称为社会组织,更无法实现其营利目的。

(四) 中小企业人力资源的特点

1. 人力资源的特点

随着社会的发展,人力资源日益成为创造财富的最重要、最宝贵的资源。当今世界各国都在加大人力资源的开发力度。与其他一切非人力资源相比,人力资源具有自己的特点,即具有一定能力,能够以各种有益于社会的脑力劳动和体力劳动创造财富,从而推动经济社会发展的那一部分人的特点。从人力资源的内涵出发,我们可以

[①] 参见滕玉成、周萍婉:《人力资源与人力资本》,载《山东大学学报》2004 年第 6 期。

[②] 参见谭光兴:《人力资源与人力资本》,载《中国人力资源开发》2002 年第 4 期。

[③] 参见赵宏燕、许诗倩:《人力资源与人力资本的联系与区别》,载《辽宁经济》2006 年第 8 期。

把人力资源的特点概括为以下几点：

（1）活动性。人力资源是具有一定智力和体力的特殊人口，人力资源的研究对象是人，是有生命的活的资源，与人的自然生理特征相联系。因此，它具有作为人的活动性特征。所谓活动性是指人力资源是活的主体，相对于物质资源而言，它在一定的生产活动中体现其价值特点。

（2）可控性。人力资源的主体是人，通过对人的管理可以实现对人力资源的控制，因此具有可控性。通过对人力资源的管理，对人的心理和行为进行有效的控制，可以充分发挥人的主观能动性，达到组织目标。此外，人的自我意识和自觉能动性使人力资源具有明显的自控性特点。

（3）时效性。人力资源不像自然界的其他资源那样一旦形成就会长期存在，它是一种时间性很强的资源。它只存在于每一个具体的现实的人生过程中。人作为生物有机体，有一定的生命周期。人们发挥智力和体力，为社会创造财富，推动社会发展的时间被限制在生命周期内，而且这个时间远远小于生命周期。人的劳动能力在青年、壮年的时候最强，能够为社会创造的财富最多。因此，对人力资源的开发必须及时，讲究时效性。

（4）能动性。能动性是指人在现实活动中自觉地认识自然、社会和自身发展变化的规律，把自己的成长和发展纳入客观规律发展要求的轨道，利用自然、社会和人自身的一切有利条件，克服不利条件，创造物质财富和文化财富。能动性是人力资源区别于其他资源的最重要的特征。人力资源是以人的智力和体力为基础的，人类能够在劳动中有目的、有意识地从事劳动，主动调节自身与外部的关系。这种能动性主要表现为主动性、创造性、目的性和选择性。这是其他资源所不具备的特征。

（5）变化性与不稳定性。人力资源也具有变化性和不稳定性。人力资源是活的资源，它会随着人的生命周期的变化而不断变化，在人的生命周期的不同阶段，人力资源的质和量都存在差别。人力资源是以劳动者的智力和体力为基础的，因为人的能力随着环境的变化等因素而具有不稳定性，所以人力资源也具有不稳定性的特征。人在不同环境中的劳动能力可能存在差别，从一个环境转换到另外一个环境时，人力资源的质和量就会发生改变。

（6）再生性。大部分的物质资源都是不可再生的，经过一次开发形成产品之后将不能再继续开发。但是人力资源则不同，可以持续地进行开发，因此其具有再生性。人力资源是取之不尽的，只要人存在，就有人力资源的存在。从古至今，人类通过人口的不断增长维持人力资源的持续性。从数量上来看，人力资源的量得到提升；从质量来看，人力资源的质得到增强，人的能力和潜力得到进一步的开发。

（7）开发的持续性。人力资源开发的持续性是指人力资源是可以不断开发的资源，不仅人力资源的使用过程是开发的过程，培训、积累、创造过程也是开发的过程。在一定的生产领域进行了人力资源的开发，在另外的生产领域仍然可以对人力资源进行重新开发，使其能够适应新的劳动环境。简单说，人力资源的开发贯穿于人的生命周期的全部劳动过程。因此，人力资源具有开发的持续性特征。

(8) 个体的独立性。人力资源潜藏在有生命力的个体人生过程中。人类社会全部的人力资源只不过是个体人力资源的集合。从宏观来看，人力资源具有群体的特征，但是从微观来看，人力资源是无数独立个体的集合。没有一个个有生命力的个人，就没有人力资源。开发人力资源必须重视有生命力的个人，同时也不能忽视个体的独立性。

(9) 内耗性。群体的功能只有当群体成员思想观念一致、行动一致并形成合力的时候才是整体大于个体之和。人力资源与之相似，不一定越多越能产生效益，关键在于怎样去组织、开发、利用。人力资源具有内耗性，正所谓"一个和尚挑水喝，两个和尚抬水喝，三个和尚没水喝"，如果不科学合理地组织开发各类人力资源，他们之间就会发生内耗。

(10) 资本性。人力资本存在于人力资源中。人力资源既是经济资源投入的结果，又是投资者获取经济资源的基础。人力资源是特殊的资本性资源，它作为一种经济性资源，具有资本属性，与一般的物质资本有共同之处。

2. 中小企业人力资源的特点

中小企业人力资源除了具备上述一般人力资源的特点外，还具有以下特点：

(1) 中小企业经营规模小，自身实力、企业发展、社会环境等因素都制约了其人力资源的开发和管理。

(2) 中小企业人力资源观念落后，认识错位，易导致人力资源管理失当。现在绝大多数中小企业视人力为企业资源而非企业资本，缺乏对企业人力资源管理的深刻认知，只注重经济效益，不承认员工为企业发展所做的贡献，难以最大限度地发挥企业员工的创造力，更谈不上人力资源潜力的挖掘和释放。

中小企业管理者在发展过程中只重经营效益，对员工的关注不够，缺乏明晰的人力资源管理理念，在人力资源管理实际操作中，忽略对员工的尊重，以传统的人事管理代替科学的人力资源管理。

中小企业因规模较小，基本上是管理者的"一言堂"。由于现代人力资源管理观念的欠缺，习惯于命令性的管理方式，在人事管理方面缺乏科学衡量人力资源价值的标准和规范管理人力资源的制度保障。任人唯亲，内部分工不明确等弊端大量存在。

(3) 人才引进粗放，员工培养欠缺。中小企业人力资源管理缺乏长远规划，重视招聘，漠视留人，难以吸引优秀人才。中小企业的管理者虽然认识到了人才的重要，在实际招聘中求贤若渴，但却忽略通过科学合理的配置，将合适的人才安排到合适的岗位上。

(4) 在培训方面，中小企业受到自身实力的限制，难以像大中型企业那样投入大量资源用于员工培训，并且在人力资源的开发与培训方面尚存在很多误区，导致现阶段大多数中小企业员工培训缺欠，多数以工作锻炼为主，缺乏专业培训和系统培训。

(5) 中小企业的人力资源流失率高、稳定性差、满意度低。中小企业在物质待遇上难以吸引优秀的员工，在培训发展上也存在较大差距，管理上非常粗放，缺乏足够的人本关怀等。这导致中小企业的员工满意度非常低，同时也使人力资源流失率高、稳定性差，制约了中小企业的可持续发展。

第二节 中小企业人力资源管理

一、中小企业人力资源管理的定义

（一）人力资源管理与人事管理

人力资源管理是传统人事管理的继承和发展，它与传统人事管理既有联系也有区别。二者都要求通过对人的管理，达到发挥人的能力、提高组织效率、促进组织发展的目标。但是，人力资源管理作为一个崭新的和重要的管理学事务，已远远超出传统人事管理的范畴。具体来看，两者存在以下区别：

（1）管理重心不同。传统人事管理的特点是以"事"为中心，恪守"进、管、出"的模式，强调"事"的单一方面的、静态的控制和管理，其管理的形式和目的是"控制人"。人力资源管理是以人为中心的管理，强调一种动态心理意识的调节和开发，管理的根本出发点着眼于人，强调发挥人的主观能动性，促进人创造更多的社会财富和价值。

（2）对人的理解不同。传统人事管理把人作为一种成本，将人当作一种工具，注重的是投入、使用和控制。而现代人力资源管理把人作为一种可以创造财富的最宝贵的资源，因此把人力当作一种重要资源来管理，注重人力资源的开发与产出。现代人力资源管理更强调"以人为本"的管理思想。

（3）重视程度不同。传统的人事管理部门只是作为组织的非生产部门、非效益部门，因此，常常被置于从属的地位，是一个无足轻重的部门。而现代人力资源管理部门是组织最为重要的部门之一，肩负着组织人员的调配、培训、升迁、激励等职责。人力资源管理的好坏与组织的效益密切相关。无论是在企业还是在其他组织中，现代人力资源管理都被视为组织发展的重要方面，越来越受到重视。

（4）协同工作程度不同。传统人事管理只注重事而不重视人，因而是某一职能部门单独使用的工具，只需要管理好该做的"事"即可，与其他职能部门的关系不大；但现代人力资源管理不仅注重对人的管理，更强调人与事、人与人的协调适应，因此，需要组织中其他部门更多的配合。同时，人力资源管理的好坏直接与组织中其他部门工作的好坏相关，所以，其他部门也需要人力资源管理部门的配合。换言之，传统人事管理是孤军作战，而现代人力资源管理则是协同作战。

（二）人力资源管理的含义

人力资源管理顾名思义是把人力作为一种特殊资源来进行管理，是通过组织、协调、控制、监督等科学手段对那些具有一定的能力，能够以各种有益于社会的脑力劳动和体力劳动创造财富，从而推动经济社会发展的那一部分人力进行的开发、利用和再生产活动。人力资源管理是为了充分发挥人的潜能，使人尽其才、人事相宜。具体而言，人力资源管理就是预测组织人力资源需求，作出人力需求计划，招聘选择人员并进行有效组织、考核绩效、支付报酬，结合组织与个人需要进行有效开发以便实现最优组织绩效的全过程，是以人为本思想在组织中的具体运用。可以从以下几个方面来理解人力资源管理：

（1）人力资源管理是一种科学的管理。无论是人力资源的开发、利用还是再生产，都有一套科学的可操作的方法，涉及对人的思想、行为的科学协调、控制与管理，这要求管理者不仅掌握管理学的知识，还应掌握哲学、经济学、社会学、行为科学等方面的知识。管理不能够靠管理者的主观臆断，必须采用科学的方法。

（2）人力资源管理是对人力的开发、利用与再生产的过程。人力资源管理是一个完整的过程，要想使组织的人力资源发挥最大的效用，就必须对人力资源进行开发，这种开发包括发现和培训人才。有了优秀的人才之后还要科学地使用这些资源，使组织中的人各尽其用。此外，人力资源管理还包括人力资源的再生产。人力资源的再生产实际上是对蕴含在人力资源中的劳动者的知识、智能和技能等资本的再生产。为了使组织得到持续的发展，就必须对人力资源进行持续的再生产，使人力资源能够适应组织的发展趋势，增强工作技能，进一步激发人力资源的潜能，为组织创造更多效益。

（3）人力资源管理不是对单纯个人的管理，还要协调人与人、人与物之间的关系。人力资源管理是使人充分发挥主观能动性、达到组织目标的过程，同时，也是根据人力和物力的变化，对人力进行恰当的培训、组织和协调，使人力和物力二者有机结合，使人和物都充分发挥最佳效应的过程。所以，人力资源管理不是单纯的对个人的管理，也是对人与人、人与物关系的协调。

（三）中小企业人力资源管理的含义

中小企业人力资源管理就是在中小企业中，通过组织、协调、控制、监督等科学手段，对人力资源进行开发、利用和再生产的一系列管理活动。

二、中小企业人力资源管理的功用

在人类所拥有的一切资源中，人力资源是第一宝贵的，因此它自然成了现代管理的核心。这在中小企业中也不例外。不断提高中小企业人力资源开发与管理水平是当前发展经济、提高市场竞争力的前提，也是一个国家、民族、地区、单位长期兴旺发达的重要保证，更是现代人充分开发自身潜能、适应社会、改造社会的重要措施。概括而言，主要表现在以下几个方面：

（1）从宏观层面上来看，中小企业人力资源管理有助于推动经济和社会的发展。中小企业的发展则有利于推动整个社会的就业，拉动需求，进而推动整个社会经济的发展。

（2）从中观层面上来看，中小企业人力资源管理有助于资源的合理配置，提高中小企业的经济效益，推动中小企业的发展。

（3）从微观层面上来看，中小企业人力资源管理有利于员工的全面发展。通过人力资源管理可以激发人的潜能，充分调动其积极性和创造性。

三、中小企业人力资源管理的内容

（1）获取。即通过一定的方法获得企业所需的各类人力资源。此前，必须要经历人力资源规划、工作分析、招聘与选拔等几个环节。

（2）保持。员工一旦被聘用，就与企业形成一种雇佣与被雇佣的、相互依存的劳资关系，为了保护双方的合法权益，有必要就员工的工资、福利、工作条件和环境等事宜达成协议，签订劳动合同。此外，确定劳资关系之后，要为不同岗位的员工设计有区别的和有竞争力的报酬，同时针对员工的不同特征对员工进行激励。为了使员工能够更好地适应现有的岗位，还应该加强与员工的沟通，加强对员工的了解，并做好思想工作，协助其处理好人与人、人与事之间的关系。

（3）发展。包括中小企业对员工展开的培训和职业发展管理。培训是为了提高员工的工作能力和技能而开展的富有针对性的岗位技能培训，目的是促使他们具有在更高一级职位上工作的全面知识、熟练技能、管理技巧和应变能力。培训的内容既包括岗位技能培训，也包括企业的发展理念、发展战略等。培训可增强员工对企业的认同感和归属感。职业发展管理是当前人力资源管理的新领域，它既是一种系统的人力资源配置与开发手段，也是一种高层次的激励手段。开展职业发展管理，既是员工自我发展的需要，也是企业发展的需要，因企业资源有限，一般不会针对所有员工，而只针对一些优秀员工开展职业生涯管理。

（4）评价。评价是指对员工的德、才等进行科学的、客观公正的考评。评价的重点是绩效考核。绩效考核就是运用一套科学的考评指标体系，对员工的业务能力、工作表现及工作态度等进行评价，并给予量化处理的过程。

（5）调整。调整是指针对企业自身发展的需要和员工能力所进行的人员调配，它的主要目的是使员工更好地适应工作岗位以及企业的发展。人力资源管理过程中，通过人力资源的开发、利用和再生产等过程，大部分人能够适应自己的工作岗位，满足企业发展的需要，但是仍有少部分人通过培训仍不能与当前岗位相适应，针对这部分人，组织需要对其进行重新调配。

四、中小企业人力资源管理的原则

（1）分类原则。分类原则是指在人力资源管理中针对不同的成员采取有所区别的开发、利用等管理政策，做到人尽其能、物尽其用。对于不同的员工依据其自有特性进行分类，将其配置到合适的岗位。坚持分类原则有助于人性化管理，充分挖掘组织成员的潜能。

（2）依法管理原则。市场经济是法治经济。中小企业也是市场主体，也应遵循法治原则，依法管理。所谓依法管理，是指在人力资源管理过程中依据国家相关的法律法规，规定组织成员的权利和义务。通过依法管理，可以协调中小企业成员的利益关系，进而促进和实现公平正义。同时，这有助于激发中小企业成员的活力，为组织发展提供良好的环境。遵守法律规则，做到依法管理，是中小企业的社会责任，也是中小企业实现自己利益的客观要求。因此，在中小企业人力资源管理过程中，必须转变管理观念，完善管理制度。应该以《劳动法》等法规为指导，依法建立和完善规章制度，保障劳动者享有劳动权利和履行劳动义务。

（3）竞争原则。竞争理念的引入要求中小企业人力资源部门在管理过程中坚持竞争的原则。所谓竞争原则，是指在人才的开发、利用和再生产过程中要坚持用人为贤、以实绩说话，使更多的人能公平地分享组织的权益，在相对平等的起点上参加竞争。人力资源管理过程中坚持竞争原则有助于提升员工的积极性。坚持竞争原则最重要的方面是要体现公平公正。公平公正是坚持竞争原则的根本要求。这就要求中小企业人力资源管理部门在人才的选拔、晋升等方面坚持任人唯贤、公平竞争。此外，还要从管理制度上体现竞争原则，引入市场机制，多劳多得，优劳优得，打破中小企业中浓厚的家族色彩。

（4）择优原则。择优原则属于管理层面的理念，其目的是保证人力资源管理的高效率。择优原则的本质是要求在人力资源管理中将最合适的人选安排在最合适的岗位，保证员工与工作岗位以及人与事的协调，充分发挥员工的潜力。同时，避免任人唯亲。

（5）激励原则。采用激励原则是中小企业人力资源管理的自发要求。激励是人力资源开发的有效手段，是激发员工发挥潜能的基本措施，有利于挖掘员工潜力，也有利于员工素质的提高，更有利于增强中小企业的凝聚力。

（6）参与原则。在人本管理理念指导下，引导员工积极参与企业管理，既广开了言路、思路，也加强了与员工的沟通，激发员工的积极性，推动中小企业的发展。

五、中小企业人力资源管理的目标

德鲁克认为，组织的目的是使平凡的人做出不平凡的事。考察一个企业是否优秀，要看其能否使每一个普通员工取得他（她）所能取得的最好的绩效，能否使每一个成员的长处都发挥出来，并利用每个人的长处来帮助其他人取得绩效。中小企业人力资源管理的目标如下：

（1）推动战略目标的实现。人力资源管理只是中小企业管理的一个组成部分。因此，人力资源管理也是为实现企业的既定目标，应当服从和服务于这一目的。要创造价值以满足相关利益群体的需要。[①]

（2）提高绩效。中小企业也与其他企业一样，其经营、发展重点必须放在绩效上。只有全体员工都能取得较平均更好的绩效，才能使中小企业在竞争中处于有利地位，推动其不断发展。

（3）取得最大的使用价值。[②] 为了实现中小企业的整体目标，必须在管理过程中取得人力资源的最大使用价值。通过把人与事有机结合起来，使人与事达到最佳协

[①] 参见葛玉辉：《基于价值链的人力资源管理目标搭建与运行系统模型》，载《商业研究》2007年第3期。

[②] 参见关淑润主编：《人力资源管理》，对外经济贸易大学出版社2001年版，第11—12页。

调，充分发挥人的潜能，取得最大的使用价值。取得最大的使用价值就必须提高效能和降低成本。

（4）发挥最大的主观能动性。员工工作效率的提升，首先在于员工主观能动性的提升。中小企业人力资源管理的一个重要目标就是通过各种科学方法发挥员工的最大潜能。其手段就是激励。

六、中小企业人力资源管理的任务与意义

中小企业能否取得和维持竞争优势，应对各种挑战，在很大程度上取决于中小企业人力资源的管理。中小企业人力资源管理的主要任务包括以下三个方面：

（1）人力资源的开发。人力资源的开发主要是指根据中小企业发展需要和实际情况，聘用和选择企业所需要的各类人才，同时明确工作岗位的职责，有针对性地招聘不同层次的人才。另外，还要对员工进行培训、教育，使其更好地与企业发展相适应，协助实现企业目标。

（2）人力资源的利用。人力资源的利用就是使员工充分地发挥自己的潜能，提高组织效率。企业要创造条件，吸引人才并充分发挥才能。合理利用人力资源涉及多方面的问题，如工作岗位是否与个人才能相适应，激励机制是否能够充分激发人员的积极性和创造性等。

（3）人力资源的再生产。人力资源的再生产是指通过对员工进行持续的培训和训练，使其智力、知识、技能和健康状况等得到不断提高，同时更好地适应中小企业发展。

七、中小企业人力资源管理的特点

中小企业相对大型企业而言，其人力资源管理的优点主要表现在以下几个方面：

（一）中小企业管理者的综合能力较强

中小企业的所有者往往也是经营者，直接控制企业经营的全过程，管理者的综合能力（如管理能力、市场预测能力、人际关系处理能力等）都比较强。

（二）中小企业的用人机制和经营方式灵活

中小企业产权明晰，管理决策独立性强，可根据自身需要制定用人原则，能给员工提供相对自由的工作环境和工作时间，给员工展示自己才能的空间，员工的成功也容易得到中小企业的认可。

（三）中小企业管理者熟悉员工

中小企业规模小、人员少，管理者与员工之间关系紧密，便于管理者了解员工的特点和需求，调动员工的积极性和创造性。

当然，中小企业在人力资源管理上也存在许多缺点：

1."人治"特征明显

中小企业"硬件"落后，"软件"更落后。中小企业的管理方式、管理者的素质

与能力等均落后于大型企业。在人力资源管理方面，可能连独立的人力资源管理部门都没有。有的虽然设立了独立的人力资源部门，但分工粗、人数少，同时存在经验管理、人情管理、盲目管理等特点。人力资源管理靠人际关系而不是靠制度来维持，"人治"特征明显。

2. "家族化""个人集权化"严重

中小企业的管理者常互为亲属或好友，重要岗位上任人唯亲，最高管理者甚至身兼多职，涉足企业所有业务。这虽然在中小企业发展早期起了积极的作用，但其弊端将抑制中小企业的可持续发展。

3. 人才流动性大

中小企业人才流失率高。员工在中小企业任职，多数都没有在中小企业长期工作的打算；同时，中小企业工作压力和工作强度较大，员工所获得的待遇却低于预期。这就导致其人员流动频繁。

4. 没有长远科学的人力资源规划

中小企业没有建立长远的发展战略，因此，也没有与之相匹配的人力资源战略规划。这也是导致其人才频繁流动的重要原因。

5. 人力资源管理制度不健全

由于中小企业成长的特点，因此其初创阶段制度规章相对不完善，就人力资源管理制度而言也是如此。例如，人员招聘选拔机制不科学、人员配备和任用机制不合理、企业绩效考评机制不完善、激励机制不健全、薪酬福利制度不公平等。

八、中小企业人力资源管理面临的机遇与挑战

（一）中小企业人力资源管理面临的发展机遇

随着信息化时代的到来，中小企业人力资源管理获得了新的发展契机。

1. 开放环境为中小企业的用人提供了机遇

在开放环境下，优秀人才流动机制将更为灵活。中小企业用人机制灵活，这为其在全球范围内寻找优秀人才创造了条件。同时，开放的环境也为中小企业的管理者吸收先进管理经验提供了条件。

2. 供给侧改革为推动中小企业人力资源的结构性调整带来了契机

我国的中小企业大多数是劳动密集型企业。目前，我国正在推进供给侧改革，这给产业结构和产品结构带来了大调整，也必然影响中小企业的战略转型，为中小企业的人力资源结构调整带来了契机。

3. 高新技术产业与服务业的快速发展为中小企业提供了广阔的发展空间

科技的快速发展，尤其是高科技产业及信息服务业的快速发展，为中小企业的发展提供了广阔空间。中小企业凭借其机制灵活、创新能力快的优势，迅速建立起发展优势。

借助信息化，中小企业可以克服资源缺乏、规模较小的劣势，通过虚拟经营等先进的经营形式，提升核心竞争力，走上"小而强"的发展道路。

（二）中小企业人力资源管理面临的严峻挑战

我国经济的战略转型以及人口结构的变化，都给中小企业的人力资源管理带来了挑战。

1. 全球竞争加剧对中小企业的人力资源整体素质提出了更高要求

我国中小企业人力资源素质整体偏低，如果再拿不出好的措施吸引优秀的人才，那么，中小企业将在竞争中被边缘化。

2. 管理人性化和价值多元化对中小企业人力资源管理的挑战

中小企业员工年龄偏小，思想活跃，价值观多元，喜欢具有一定风险的自我成长方式，强调个人价值。因此，要求企业管理者更人性化，尊重和考虑员工的诉求。这些给中小企业人力资源管理带来的挑战。

3. 人才流失给中小企业的发展带来巨大的压力

现阶段，人才争夺已经白热化。中小企业管理者要认识到，只有拥有更多更好的人才，才会在未来的竞争中占据优势。大中型企业有能力、也有条件去争夺优秀人才，甚至要拿出一些大中型企业不具备的条件去争夺人才。

4. 中小企业文化建设滞后带来的挑战

文化建设是中小企业可持续发展的关键，是中小企业培养竞争力的重要途径。但是，多数中小企业对企业文化建设战略重视不够，意识淡薄，微观机制上对文化建设投入少，没有找到有效方向去发挥企业文化建设所具有的导向功能、动力功能、凝聚功能、融合功能，致使员工对企业认同感不强，凝聚力缺乏，个人价值观念与企业管理理念不相符合，这既使中小企业无法吸引与留住人才，也使人才的效能不能有效发挥。

学习案例

GHC公司于2008年由志同道合的两位同学共同筹资成立，注册资金20万。成立之初，公司无外聘员工，主营业务是转包大中型企业外包的项目施工，靠赚取中间差价维持，属于典型的中小企业。经过一年的沉淀，公司外聘了两名长期的技术工与一些施工队合作，参与现场施工。由于两人都在现场充当施工的领头人，所以施工的效率不错，公司盈利增长迅速，在业界也有了一些口碑。2010年，公司虽然业务量不断加大，盈利却明显下降，一方面是因为施工的回款率低，另一方面是因为施工的成本在不断升高，企业面临巨大的危机和挑战。

GHC公司在出现危机前不存在任何的人力资源管理，更谈不上发挥人力资源的优越性。公司的创始人在经过深刻反省并且参加了一系列关于企业管理的培训后，在有关咨询公司的指导下迅速进行了一系列改革，人力资源管理就是其中最重要的一环。他们建立了管理团队，包括总经理、副总经理、人力资源主管、财会、办公室主管、项目主管等。

一、人力资源的获取与准备

在咨询公司的指导下,公司首先聘用了一个人力资源主管,负责公司人力资源管理工作的推进。在副总经理的协助下,人力资源主管对过去一年公司的工作量进行具体分析,并且结合公司的发展计划,拟出人员需求计划,同时对现有员工的优缺点进行分析,结合市场行情,拟出一份含工作岗位分析的详细招聘计划。计划拟定后,开始实施员工的招聘与甄选。人力资源主管精心准备了一张印有公司介绍和岗位要求的海报到人才市场进行招聘,由于工资处于市场中值或中上值,候选人很快到位。候选人到位后,公司通过简历分析选择了至少两倍于需求的候选人来参加面试。

对于需要参与管理团队的员工,比如财会、办公室主管,通过普通的面试后还需进行为期2—3天的管理能力(包括无领导小组讨论、公文处理测试、演讲以及案例分析)测评,由于GHC公司初次组织这类专业化程度较高的面试,而公司现有人员尚不具备通过这类评价识别所需人才的能力,所以,公司聘请专业的人力资源管理公司协助选拔人才。

对于项目主管,一般采用结构化面试。结构化面试是指所涉及的内容、试题评分标准、评分方法、分数使用、实施结果评定等环节均按事先指定的标准化程序进行面试。结构化面试一般考察求职者的逻辑思维能力和语言表达能力、领导能力和个性特征。这种统一的问题,统一的标准,可以减少面试的主观性。

对于普通员工,一般面试即可,这主要考察员工的职业道德和实干精神。

对于通过甄选的求职者,即公司将录用的员工,还须注意以下问题:

(1)要及时通知已录用的求职者,同时,对于未录用的求职者,要由人力资源管理主管委婉地拒绝,因为未被录用的求职者,可能成为未来的合作伙伴或是客户。

(2)在决定录用某人时,要考虑其是否能跟企业里的其他成员相处,否则会搅乱现有的运营秩序。

(3)对于热情又自信,同时又有成就的员工,中小企业要懂得使用,这些员工能激活其他员工的热情,让企业获得成功。

二、人力资源的培训与绩效管理

员工到岗后,GHC公司安排了一次全面的培训,培训人员包括公司所有员工。针对公司的发展需求,GHC公司选择了两阶段培训,即集中培训和工作岗位培训。

集中培训包括六部分:第一,介绍公司概况(包括公司的地理位置和工作环境、企业的发展历史、目前所处发展阶段和发展前景、企业的产品、服务、组织结构、主要领导、战略);第二,介绍岗位及岗位要求;第三,介绍法律文件和规章制度;第四,介绍企业文化和管理理念;第五,员工职业发展规划;第六,介绍新同事。

集中培训后，由老员工对新员工进行一对一的岗位培训。待新员工能够独立完成工作后，新员工方可上岗工作。老员工在进行新员工培训时要注意对新员工能力的开发，为企业的发展储备人才。

在工作中，管理团队必须善于发现问题并及时安排培训，第一时间解决问题。选择企业内部表现优秀的员工适当的安排内训，这样不仅能够让授课者得到展现自己的机会，还能激起其他员工的学习激情。

经过三个月的培训，公司逐步进入正轨，在很大程度上杜绝了工作的随性化。

三、人力资源激励管理

除了固定的薪酬标准，GHC公司在确定薪酬时还从经济性福利、非经济性福利和保险三方面考虑，完善了薪酬体系。

首先，从经济性福利考虑，增加节假日双薪或三薪、超时加班费等；为员工提供免费住宿或住房补贴等；报销上下班以及出差交通费用；为外出施工的工人提供免费用餐；一年一次免费为员工进行体检；根据员工在公司的工作年限提供事假、探亲假、带薪休假等。这些经济性福利都是以严格的标准标示在员工工作手册上的。

其次，非经济性福利的基本目的在于全面改善员工的工作生活质量，这类福利形式包括：弹性工作时间、缩短工作时间、员工参与民主化管理等。对于非日常性的工作，普通工人比较倾向于这种福利待遇。

最后，保险。实际上，保险与福利一样备受关注，并且它在薪酬体系中占有越来越重要的位置。主要包括养老保险、医疗保险、失业保险、工伤保险和生育保险。目前，保险是《劳动法》明文规定的项目，也是企业必须缴纳的薪酬项目。

讨论题

1. GHC公司对人力资源管理进行了哪几个方面的改革？
2. 你认为GHC公司的做法对中小企业人力资源管理有哪些启发？

参考文献

1. 邓瑾轩主编：《人力资源管理》，重庆大学出版社2002年版。
2. 余凯成、程文文、陈维政：《人力资源管理》，大连理工大学出版社2001年版。
3. 戴良铁、伍爱：《人力资源管理学》，暨南大学出版社1999年版。
4. 贾华强、翁天真等：《经济可持续发展的人力资源开发》，中国环境科学出版社2002年版。
5. 关淑润主编：《人力资源管理》，对外经济贸易大学出版社2001年版。
6. 李燕萍、余泽忠、李锡元编：《人力资源管理》，武汉大学出版社2002年版。

7. 谌新民：《新人力资源管理》，中央编译出版社 2002 年版。

8. 金润圭主编：《人力资源管理教程》，立信会计出版社 2004 年版。

9. 王昊：《人力资源管理》，华文出版社 2003 年版。

10. 〔美〕劳埃德·拜厄斯、莱斯利·鲁：《人力资源管理（第 7 版）》，李业昆等译，人民邮电出版社 2004 年版。

11. 张振华：《对人力资源概念内涵与外延的界定》，载《阴山学刊》2004 年第 6 期。

12. 滕玉成、周萍婉：《人力资源与人力资本》，载《山东大学学报》2004 年第 6 期。

13. 谭光兴：《人力资源与人力资本》，载《中国人力资源开发》2002 年第 4 期。

14. 赵宏燕、许诗倩：《人力资源与人力资本的联系与区别》，载《辽宁经济》2006 年第 8 期。

15. 葛玉辉：《基于价值链的人力资源管理目标搭建与运行系统模型》，载《商业研究》2007 年第 3 期。

16. 王丽、焦小澄：《人力资源管理的演进》，载《现代管理科学》2004 年第 6 期。

17. 吴坚：《面向知识经济的人力资源管理》，载《学海》2000 年第 5 期。

本章思考题

1. 人力资源有哪些特点？
2. 人力资源管理包括哪些内容、意义和目标？
3. 中小企业人力资源管理存在哪些问题？有哪些改进方法？

第二章

中小企业人力资源战略与规划

引导案例

明高企业是化工领域新崛起的一家小型企业,其主要产品是洗涤剂。明高企业的经营大致分成两个阶段:第一阶段是贸易阶段,从1993年到1998年,主要将一些产品销往国外;第二阶段是投资阶段,从1998年在安徽建立第一家工厂开始,到2007年它已经是拥有100多名员工的企业了。从一个初创贸易型企业发展成为兼顾贸易和生产的小型企业,其生存和不断发展的逻辑是:一是有明确的战略;二是配备与这种战略相对应的组织结构;是企业文化。这三个方面使企业有了非常明确的使命,明确了企业的愿景,并决定了企业应该做什么和应该怎样做。

明高的使命是什么呢?是向客户提供优质的服务,以及向直接客户提供最好的产品。明高的口号是:优质生活的保证。明高的原则说明了应如何去完成这样的使命,其中最核心的原则是:必须能够吸引并且保留优秀员工。

那么,应该怎样理解人力资源管理战略呢?首先要明确企业所面临的挑战和发展战略,然后再明确人力资源管理战略。人力资源管理的战略基础是:第一,优质的客户服务,企业内部除人力资源部的所有人外都是人力资源部的客户;第二,与客户密切联络和合作;第三,以解决问题为导向合作,而不是做旁观者。

在这样的基础上,有四个核心的问题需要人力资源部去解决:一是如何提高员工的技能,使他们具有适应和不断完善企业的能力;二是通过一种制度来改变和规范员工的行为;三是应用一个大家认同的价值观来统一思想,也就是改变思想意识;四是在企业里形成先进的企业文化。

明高把一个人的综合能力分成三种能力,即动手能力、动心能力和动脑能力。一个企业要完成使命和愿景规划,就要有量化系统和原则性规划。在企业里,大家应当协同工作,在信任的基础上进行合作,在职责范围内迅速有效地作出决定,严谨尽责地对业绩进行评估,主动分享信息,绝不保留,在处理纠纷时既要考虑对方的意见,也要顾及个人的情感。

案例思考

1. 在实施人力资源战略管理过程中要注意哪些问题？
2. 人力资源战略管理与企业战略、企业文化、企业竞争优势之间有什么关系？

第一节 中小企业人力资源战略与企业竞争优势

一、中小企业人力资源战略的概念

长期以来，学者们对人力资源战略的定义并不完全一致。美国人力资源管理学者舒勒和沃克（Schuler & Walker）将人力资源战略定义为："程序和活动的集合，它通过人力资源部门和直线管理部门的努力来实现企业的战略目标，并以此来提高企业目前和未来的绩效及维持企业竞争优势。"库克（Cook）则认为：人力资源战略是指员工发展决策以及对员工工作有重要的和长期影响的决策。它表明了企业人力资源管理的指导思想和发展方向，而这些指导思想和发展方向又给企业的人力资源计划和发展提供了基础。企业人力资源战略是根据企业战略来制定的。而科迈斯—麦吉阿（Comez-Mejia）等人则把人力资源战略定义为："企业慎重地使用人力资源，帮助企业获取和维持其竞争优势，它是组织所采用的一个计划或方法，并通过员工的有效活动来实现组织的目标。"国内学者李佑颐认为："人力资源战略是根据企业战略来制定人力资源管理计划和方法，并通过人力资源管理活动来实现企业的战略目标。"盖勇在《人力资源战略与组织结构设计》一书中指出："所谓人力资源战略就是指企业根据内部、外部的环境分析，确立企业目标，从而制定出企业的人力资源管理目标，从而通过各种人力资源管理职能活动来实现企业目标和人力资源目标以及维持和创造企业的可持续发展竞争优势的过程。"

综上所述，笔者认为：中小企业人力资源管理战略是根据中小企业战略制定的人力资源管理与开发的纲领性的长远规划，并通过人力资源管理活动来实现中小企业的目标。它包含三个层次：战略层次、管理层次、操作层次。其中，战略层次是中小企业人力资源管理的最高层次，是中小企业人力资源管理的核心理念，是中小企业人力资源管理活动实施的出发点和指导方向。它主要包括中小企业人力资源战略环境条件的分析，中小企业人力资源战略的制定和选择，以及中小企业人力资源战略活动的实施和控制。管理层次主要包括：招聘、选拔、培训、绩效管理、报酬、员工关系的处理等活动。这些活动构成中小企业人力资源战略管理的实践主体。操作层次主要包括：人事记录、文件处理、员工的福利管理、政策和程序的解释、员工服务等基础性活动。这些活动是战略人力资源管理的基础，是中小企业人力资源管理的日常操作，对人力资源的管理起到最基本的管理支撑作用。

二、中小企业人力资源战略与中小企业战略

（一）中小企业战略

中小企业战略可以定义为：中小企业根据市场状况，结合自身资源，通过分析、判断、预测，设立愿景目标，并对实现目标的发展轨迹进行总体性、指导性的规划。它界定了中小企业的使命、经营范围、愿景目标、发展方向、经营方式等坐标，明确了中小企业的经营方针和行动指南。

（二）中小企业战略分类

中小企业的战略可以分为以下几类：

1. 成长战略

（1）集中式成长战略，是指在原有产品基础上，发展系列产品，或开发与原产品相关联的产品系列。

（2）纵向整合式发展战略，是指向原有企业产品的上游或下游产业发展。

（3）多元化发展战略，是指在原有产品或产业的基础上，向其他不相关或不密切相关的产品或产业发展，形成通常所说的多角化经营格局。

2. 维持战略

坚守自己的市场份额、客户和经营区域，防止企业利益被竞争对手蚕食，同时保持警惕，防止新的对手进入市场。这种战略的目标不再是高速发展，而是维护已有的市场地盘，尽可能大地获取收益和投资回报。常用的方法包括：培养客户的忠诚感、维护品牌的知名度、开发产品的独特功能、挖掘潜在的顾客等。

3. 重组战略

通过资产重组的方式寻求发展战略。常见的资产重组方式有兼并（即一家中小企业收购另一家中小企业，被收购的中小企业法人主体被撤销，整体并入收买中小企业）、联合（两家以上的中小企业合并在一起，组成新的企业，原中小企业法人主体撤销，全部并入新的中小企业）、收购（一家中小企业对另一家中小企业的产权进行收购，直至达到控股，从而控制被收购的中小企业）。

4. 中小企业的竞争战略

波特指出：一个企业在严酷的市场竞争中能否生存和发展的关键在于其产品的独特性和顾客价值，二者缺一不可。

（1）成本领先战略，是指力求在生产经营活动中降低成本、扩大规模、减少费用，从而用低价格保持竞争优势。

（2）产品差异化战略，是指企业使自己的产品区别于竞争对手的产品，保持独特性。如生产创新性产品、竞争对手无法生产的产品，或具有竞争产品所不具有的独特功能。中小企业也可通过生产高品质产品来实现这一目的，以优质品质超过竞争对手，使自己的产品在质量、功能、设计、品牌、包装、服务等方面优于竞争对手的产品。

（3）市场焦点战略，是指中小企业在某一个较小的市场细分中进行生产经营，努

力使自己在这一市场缝隙中实现专门化,弥补其产品的不足。这一战略主要是通过巧妙地避开竞争求得生存与发展。

5. 中小企业文化战略

中小企业要成长,就必须形成自己的价值观和行为规范。因此,中小企业也要有自己的文化战略。什么是中小企业的文化战略?它指的是中小企业在成长中形成的并为全体员工认同的价值观念和行为规范。它来源于中小企业经营管理者的思想观念、企业的传统、工作习惯、社会环境和组织结构等。具体可分为家族式企业文化、官僚式企业文化、市场式企业文化、发展式企业文化。

家族式企业文化的特点:强调企业内部的人际关系,具有大家庭般的温情主义,最受重视的价值是忠诚和传统。

官僚式企业文化的特点:强调企业内部的规章制度,重视企业的结构、层次和职权,注重企业的稳定性和成长性。

市场式企业文化的特点:强调工作导向和目标的实现,重视按时完成各项生产经营指标。

发展式企业文化的特点:强调创新和成长,组织结构较松散,运作非条规化。

三、中小企业人力资源战略和企业战略的配合

(一)战略性人力资源管理的核心是与企业战略一致

这里所称的匹配指外部匹配,即强调在中小企业发展的任何一个阶段,都要保证人力资源管理的目标和企业战略的一致。这就要求中小企业高层管理者在进行人力资源活动的战略分析和战略选择时,既要有科学的理论为指导,又要保证其与企业在任何阶段的活动都相适应。只有相互匹配,才能发挥战略人力资源管理的作用。

(二)中小企业获取竞争优势的来源是战略匹配

中小企业的竞争力来自于企业的核心能力,而企业的核心能力要依赖员工来创造,只有员工真正理解并且执行企业的发展战略,才能创造出有利于企业长期发展的核心竞争力。管理者要认识到,企业的人力资源管理战略要与其长期战略相匹配。所以,员工所具备的知识、能力和技能等成为中小企业的重要资产,是实现企业战略的关键因素。人力资源管理战略帮助实现企业的战略目标,并实现企业的可持续发展。

四、中小企业人力资源战略与企业竞争优势

不论什么企业,只要它从事生产经营活动,就必须拥有人力、物力、财力三大基本资源,其中人力资源是最重要,也是最关键的资源,中小企业也不例外。知识经济的一个重要特征,就是市场竞争的焦点从资金、产品等物化资源的竞争转为智力资源(人才)的竞争。因为人才是先进科技、先进文化的载体,代表着先进的生产力。而知识经济与经济全球化的结合,更使这场人才争夺战狼烟四起。中小企业管理者已经开始意识到,企业业务流程的各个环节,如产品的设计、生产、销售、服务等,都离不开员工的参与,员工的素质成为企业生存与发展的基础。而当一个中小企业拥有独

特的人力资源时,在企业战略实施中将会成为决定力量。良好的人力资源管理与开发将直接改善中小企业的内外部环境,优化业务流程,同时提升竞争能力。从这种意义上讲,中小企业中人力资源部门工作的有效性,已经成为促进企业发展的战略性因素。它是一种能动资源,在经济和管理中起主导作用和处于中心地位;它发起、使用、操纵、控制着其他资源,使其他资源得到合理、有效的开发、配置和利用;同时,它是唯一起创新作用的因素。整体而言,人力资源是组织系统的动力。正因为如此,维持与提升企业人力资源的质量就成为组织持续经营与发展的关键。

第二节 中小企业人力资源战略的相关因素分析

一、外部环境

外部环境由那些从外部影响中小企业的人力资源管理的因素构成,一般说来,影响中小企业人力资源战略的外部因素可分为五大类:经济因素、人口因素、科技因素、政治与法律因素、社会文化因素。

(一) 经济环境

经济方面的各种变化改变了中小企业用工的数量和质量,主要体现在以下几个方面:

1. 经济形势

经济形势的变化对中小企业人力资源规划的影响是最为明显,也是最为复杂的。经济萧条时,劳动力成本下降,但受经济形势的影响,中小企业对人力资源的需求减少;经济繁荣时,劳动力成本上升,但中小企业对人力资源需求量增加。

2. 劳动力市场供求关系

当某类人才供不应求时,中小企业从外部补充人力资源受到一定限制;相反,当某类人才供过于求时,中小企业比较容易获得此类人才。我国普遍存在的情况是高级管理人才和高级技术人才不足,而没有技能或只有一点初级技能的劳动力供给相对充裕。

3. 消费者收入水平

中小企业对人力资源的需求是一种派生的需求。当消费者的收入水平提高时,对商品的需求会增加,从而使中小企业提高质量,同时增加对人力资源的需求;相反,当消费者收入水平降低时,中小企业对人力资源的需求就会减少。消费者的收入水平不仅受经济形势的影响,也受国家宏观调控的影响。

(二) 人口环境

人口环境尤其是中小企业所在地区的人口因素对中小企业人力资源的获取有重要影响,主要包括以下几个方面:

1. 人口规模

社会总人口的多少影响社会人力资源的供给。总人口越多,中小企业的人力资源供给就越充足；总人口越少，中小企业的人力资源供给就越不足。在考虑人口规模对人力资源规划的影响时，还要注意劳动年龄人口的数量，这与人力资源的供给最为相关。

2. 年龄结构

在制定中小企业人力资源规划时，一定要考虑年龄对人力资源规划的影响。不同年龄段的员工有不同追求，在收入、生理需要、价值观念、生活方式、社会活动等方面的差异性，决定了中小企业在获取人力资源时会因人而异。比如，临近退休的员工可能对升职没有太大的兴趣，但对退休后的福利待遇可能有较大的兴趣；年轻小伙子则可能对升职有比较浓厚的兴趣等。

3. 劳动力质量和结构

许多中小企业在选址的时候，对企业所在地的劳动力质量和结构很重视。如在北京的高科技企业比较多，企业看中的是北京的科研机构和高级科研人员比较多。同样，对于中小企业来说，制定人力资源规划时，一定要考虑当地劳动力质量的结构。

（三）科技环境

计算机网络技术的快速发展为中小企业的人力资源管理创造了较好的条件。例如，运用计算机网络技术进行招聘不但可以为中小企业节约招聘成本，也扩大了招聘对象的范围；新机器的使用使机器可以部分代替人，这将减少中小企业对人力资源的需求；中小企业将不会使用无技能员工，但会增加对高级技术工人的需求。因此，中小企业人力资源管理部门应密切关注科学技术的发展动向，预测技术进步会给人力资源管理带来的影响，及时制订和实施有效的人才培养开发计划。

（四）政治与法律环境

中小企业时刻都在政治与法律环境下运行。影响人力资源活动的政治环境因素包括：政治体制、经济管理体制、政府与中小企业关系、人才流动活动的法令法规、方针政策等。例如，政府有关人员招聘、工时制、最低工资的强制性规定，现行的户籍制度、住房制度、人事制度和社会保障制度，这些都会对中小企业的人力资源战略产生重要影响。另外，政治环境中有关人力资源发展的政治民主化进程，如机会均等、择业自由、人格尊重等，也会对组织的人力资源管理产生影响。但从我国的实情来看，政治与法律环境对高级人才的限制比较少，而对低层次的劳动力限制比较多。

（五）社会文化因素

中小企业在进行人力资源开发与管理时，必须注意其文化背景。社会文化反映着个人的基本信念、价值观。如果人们崇尚职业的新奇性和变换性，那么人力资源在各企业之间的流动频率就高，如美国公民普遍喜欢市场的契约制度。如果人们追求工作的安全感和稳定性，那么人力资源在各企业之间的流动频率就相对较低，如日本公民喜欢终身雇佣制。我国社会文化的复杂性则决定在人力资源规划时要考虑企业所在地的文化因素，如我国沿海地带的公民可能喜欢与雇主保持契约关系，而内地公民可能喜欢传统的、稳定的雇佣制度。

二、组织结构

组织结构，也可以理解为一种组织形式，这种形式由组织内部的部门划分，是权责关系、沟通方向和方式构成的有机整体。就本质而言，组织结构反映的是组织成员之间的分工协作关系。组织结构是否合理对于组织的效率影响极大。中小企业中存在的官僚主义现象，如职责不清、权限不明、办事拖拉、相互扯皮等问题都与不合理的组织结构有关。从另一个角度看，中小企业的正规化程度不高、授权较大、跨度宽、员工自主性大、组织控制相对松散，员工行为变化范围大。因此，中小企业人力资源战略要适应组织的结构特点。

三、员工需要与激励

中小企业如何才能吸引和留住人才？如何使用和利用人才，才能做到人尽其才，各尽其能，把他们的智力、能力最大化地转化为优异的业绩，为中小企业总体目标服务？

20世纪20年代，霍桑实验结果表明影响生产率的根本因素不是外部工作条件，而是工人的自身因素和被团体接受的融洽感和安全感。驱使人们工作的最大动力是社会需要、心理需要，而不是经济需要，人们追求的是良好的人际关系。霍桑实验启发了越来越多的管理学家，使他们认识到工人生产积极性的发挥和工效的提高不仅受物质因素的影响，更重要的是受社会因素和心理因素的影响。于是，管理理论开始从过去的"以人适应物"，转向"以人为中心"，在管理中一反过去层层控制式的管理，转而注重调动员工参与决策的积极性。因此，中小企业也需要以"人为中心"进行人事管理。

第三节 中小企业人力资源战略管理过程

对于所有中小企业来说，人力资源战略是一项系统工程，是中小企业开展人力资源管理必不可少的路径，也是目前很多中小企业人力资源管理中的薄弱环节。人力资源战略是解决当前困扰许多人力资源管理者疑难问题的根本和基础，它将确定一个中小企业如何从人力资源的角度进行战略管理以实现战略目标，同时提供了通过人力资源管理获得和保持竞争优势的发展思路。

一、战略准备阶段

人力资源战略作为一种重要的职能战略受中小企业战略支配，并反作用于中小企业战略，不同的中小企业战略对人力资源战略的需求亦不相同。同样，中小企业的核心价值观也影响并决定人力资源战略。道理似乎很简单，但如何才能从中小企业的战略导出人力资源战略？核心能力（core competency）是贯彻于中小企业战略，竞争对手所无法仿效的独一无二的一种系统能力。不同的中小企业战略要求不同的核心能力。然而，核心能力蕴藏于个体，并经由文化与机制对员工承载的能力予以放大。这样，管理者就能通过企业战略与人力资源战略之间的桥梁——企业核心能力，结合企业核心价值观，明确企业需要建设怎样的职业化人才队伍。

回答了中小企业需要建设怎样的职业化人才队伍，接下来就要界定员工的价值定位，并对中小企业的三个选择性战略要素作出选择：

1. 明确员工的价值定位

员工的价值定位（position）是从员工个人角度界定个人与中小企业的隐含关系。价值定位决定了中小企业能够吸引和保留怎样的人才，特别是核心团队、职位、人才。从某种意义上讲，核心人才决定了员工的价值定位。

2. 三个选择性战略要素

（1）人才获取（obtain）方式，即中小企业人才主要通过何种方式获取。它主要有外部招聘和内部培养两种。所有的中小企业都需要培养人才，问题是招聘过程中有经验的人选应占多少比例，以及配置于什么级别？如内部人才不足以协助中小企业增长或改善，则应考虑把重点暂时转移。

（2）权责（duty）承担方式，即员工工作与责任以团队还是以个人为重点，两者间需要保持适当的平衡。

（3）绩效衡量（appraise）方式，即强调短期效益还是强调长期成就，中小企业业务性质在很大程度上影响管理者的抉择。

通过以上对中小企业人力资源战略主要内容的界定，结合企业内、外部环境与业务发展状况，就可采用 SWOT 这一战略分析工具作进一步的分析，并最终制定中小企业人力资源战略。

二、战略制定阶段

对于中小企业来说，在确定未来几年的发展战略和经营目标后，首先需要确定与之相配套的组织框架和运作模式。同时，为达成发展战略需要配套制定人力资源发展战略，使中小企业在适当的时间和需要的场合具备相应的人员作为实施战略目标的资源保障，更为重要的是，这些个体资源能在整体运作过程中发挥其应有的作用，使人力资源作为中小企业资本的一部分发挥综合能力。

（1）确定人力资源开发与管理的基本战略和目标，这是对未来组织内人力资源所要达到的数量与结构、素质与能力、劳动生产率与绩效、员工士气与劳动态度、中小企业文化与价值观、人力资源政策、开发与管理成本、方法水平提出更高层次的具体要求。

（2）根据人力资源开发与管理的基本战略和目标，从组织结构与岗位设计、招聘、人员配置、个人发展、绩效与激励等方面确定中小企业人力资源管理策略与管理流程。然后是人力资源战略总体目标的分解，即将目标层层分解到部门和个人身上。确定子目标时，既要根据部门、员工的自身条件与能力，切不可制定不切实际的子目标，又要保证分解后的目标是具体的任务，具有可操作性和可监控性。

（3）确定人力资源战略实施计划，将人力资源战略分解为行动计划与实施步骤。主要解决如何完成和何时完成人力资源战略目标两大问题。前者主要提出人力资源战略目标实现的方法，后者从时间上对每个组织、部门与个人应完成的目标或任务作出规定。

（4）人力资源战略实施条件的保障计划，对人力资源战略的实施从政策、资源（包括人、财、物、信息）、管理模式、组织发展、时间上、技术等方面提供必要的保障。

（5）战略平衡，是指人力资源战略、财务战略、市场营销战略、生产战略等之间的综合平衡。由于上述战略一般来自于不同的部门和不同的制定者，因而往往带有部门和个人倾向性，并过分强调自身的重要性，以获得组织的政策优惠与更多的资源援助，因此，组织必须对各项战略进行综合平衡。人力资源战略是中小企业整体规划和财政预算的组成部分。人力资源战略规划是一个涉及多种因素，平衡和协调中小企业内外部劳动关系的过程，因此人力资源战略规划不仅涉及中小企业人力、物力和财力三个资源的有效配置，还需要积极协调中小企业中人与物、人与人、人与事、人与组织等多种关系。

（6）合理配置组织内的资源，实施保障计划是需求，资源配置过程是供给。这个过程包括根据战略目标、实施计划与实施保障计划所必需的一切资源。

（7）制定人力资源规划，它是人力资源战略实施计划的具体体现，必须具有非常强的可直接操作性。

三、战略实施阶段

实施过程中的重要工作：

（1）日常人力资源开发与管理工作，将人力资源战略与人力资源规划落到实处，并检查战略与规划实施情况，对管理方法提出改进方案，提高员工满意度，改善工作绩效。

（2）协调好组织与个人间的利益关系。过分强调组织利益而忽视个人利益，则会导致员工的不满；过分强调个人利益而忽视组织利益，则会给组织带来损失。

在战略实施过程中，应善于利用一切资源，以帮助人力资源战略的实现。如信息处理的工具和方法，员工潜能的发挥，中小企业文化与价值体系的利用等。

四、战略评估阶段

人力资源战略评估是在战略实施过程中寻找战略与现实之间的差异，发现战略的不足之处，及时调整战略，使之更符合组织战略和实际的过程。同时，战略评估还是对人力资源战略的经济效益进行评估的过程，即进行投入与产出或节约的成本的分析。

第四节　中小企业人力资源规划的内容与程序

一、中小企业人力资源规划的含义和种类

（一）中小企业人力资源规划的含义

1. 含义

中小企业人力资源规划是为了实现中小企业的战略目标，根据发展规划，通过诊断现有人力资源状况，结合经营发展战略，并考虑未来人力资源的需要和供给状况的分析及估计，对职务编制、人员配置、教育培训、人力资源管理政策、招聘和选择等内容进行的人力资源部门的职能性规划。其任务是分析中小企业发展中的人力资源供求关系，采取相应措施，确保在适当的时间获得适当的人员，实现人力资源的最佳配置，使组织与员工的需要得到满足。

2. 目的和原则

（1）目的

① 规划人力资源发展

人力资源发展包括人力资源预测、人员增补及人员培训，这三者紧不可分。中小企业人力资源规划一方面是对目前的人力现状予以分析，以了解人事动态；另一方面是对未来的需求作一些预测，以便对中小企业人力资源的增减进行通盘考虑，再据此制订人员增补和培训计划。所以，人力资源规划是人力资源发展的基础。

② 促使人力资源的合理运用

只有少数中小企业的人力资源配置完全符合理想的状况。在相当多的中小企业中，一些人的工作负荷过重，而另一些人则工作过于轻松；一些人的能力有限，而另一些人则感到能力有余，未能充分利用。人力资源规划可改善人力资源分配不平衡的状况，进而谋求合理化，以使人力资源能满足组织的发展需要。

③ 满足中小企业发展的需要

任何组织都在不断地追求生存和发展，而生存和发展的主要因素是人力资源的获得与运用即如何适时、适量及适质地使中小企业获得所需的各类人力资源。由于现代科学技术日新月异，社会环境变化多端，因此针对这些多变的因素，实现中小企业发展目标，对人力资源进行恰当规划就显得甚为重要。

④ 降低用人成本

影响中小企业结构用人数目的因素很多，如业务、技术革新、机器设备、组织工作制度、工作人员的能力等。人力资源规划可对现有的人力结构作一些分析，并找出影响人力资源有效运用的瓶颈，降低人力资源成本在总成本中所占的比率。

⑤ 调动员工的积极性

人力资源规划对调动员工的积极性也很重要。因为通过人力资源规划，员工可以看到自己的发展前景，从而去积极地争取。人力资源规划有助于引导员工进行职业生

涯设计，使职业生涯得到发展。

（2）原则

制定中小企业人力资源规划必须遵循以下四个原则。第一，必须充分考虑内部、外部环境的变化。人力资源规划只有充分地考虑了内外部环境的变化，才能适应发展需要，真正做到为中小企业发展的目标服务。为了更好地适应这些变化，在人力资源规划中应该对可能出现的情况作出风险预测，同时最好能有面对风险的应对策略。第二，明确人力资源规划的根本目的，确保中小企业的人力资源。只有有效地保证了对人力资源供给，才可能去进行更深层次的人力资源管理与开发。第三，人力资源规划的最终目的是使企业和员工都得到发展，实现预期目标。人力资源规划不仅要面向企业规划，而且要面向员工规划。企业的发展和员工的发展是互相依托、互相促进的关系。如果只考虑企业的发展需要，忽视员工的发展，则会有损企业发展目标的实现。优质的人力资源规划，一定是能够使员工实现长期利益、企业和员工共同发展的规划。第四，优质的人力资源规划是企业内部相关人员共同完成的，绝非人力资源部单独所能完成的。因此，人力资源部在进行人才资源规划时，一定要注意充分吸收各个部门以及高层管理者的意见，只有这样，人力资源规划才能够符合实际并落到实处。

（二）中小企业人力资源规划的种类

中小企业人力资源规划按时间可分为中长期规划、年度计划、季度规划；按范围可分为企业总体规划、部门规划。

二、中小企业人力资源规划的内容

中小企业人力资源规划一般包括人员总体规划、职务编制规划、人员配置规划、人员需求规划、人员供给规划、人员补充规划、人员考核规划、薪酬规划、人才分配规划、人力资源管理政策规划、投资预算规划等。

（一）总体规划

中小企业人力资源总体规划阐述人力资源规划的总原则、总方针和总目标。

（二）职位编制规划

职位编制规划阐述中小企业的组织结构、职位设置、职位描述、职位资格要求等内容。

（三）人员配置规划

人员配置规划阐述中小企业每个职位的人员数量、职位变动、空缺数量等。

（四）人员需求规划

通过总规划、职位编制规划、人员配置规划，可得出人员需求规划。需求计划中应阐明需求的职位名称、人员数量、希望到岗时间等。

（五）人员招聘（供给）规划

人员供给规划是人员需求计划的对策性规划。主要阐述人员供给的方式（外部招聘、内部招聘等）、人员内部流动政策、人员外部流动政策、人员获取途径和获取实施计划等。

（六）培训开发规划

培训开发规划包括培训开发需求、培训开发内容、形式、考核、管理等内容。

（七）人力资源管理政策调整规划

人力资源管理政策调整规划明确了规划期内人力资源政策的调整原因、调整步骤和调整范围等。

（八）投资预算

投资预算包括上述各项规划的费用预算。

三、中小企业人力资源规划的过程

在制定中小企业人力资源规划时，需要制定者解决以下问题：中小企业的发展目标是什么？为实现这一目标，人力资源如何进行代谢和替换？组织结构如何变化？人力资源现状如何？未来的人员结构是怎么样的？需要哪些人？怎么找到这些人？怎样才能让这些人发挥才能？怎样才能使人员为中小企业创造最大效益等。因此，人力资源规划应包括以下几个过程：

第一步，搜集准备有关信息资料。它包括中小企业的经营战略和目标、职务说明书、组织现有人员情况、员工的培训、教育情况。这些是制定中小企业人力资源规划的基础。

第二步，根据中小企业战略，结合企业在竞争中的优势和劣势来预测未来人力资源的需求情况。进行需求预测时，应以历史数据、销售量或营业额、生产定额、直接生产人员与间接生产人员的比例等为基础，同时要对未来的经营活动进行预测。需求预测的结果是要了解为实现组织目标，中小企业需要人才的质量和数量。

第三步，预测企业未来人力资源的供给情况。这项工作应建立在对现有人力资源进行详细分析的基础上，分析目前的组织结构、岗位设置、任务分配、人员数量、技能、受教育程度和接受的培训等，同时还要充分考虑未来一段时期组织规模和结构的变化，以及组织内部可能的人员变动情况，如退休、晋升、调离等。

第四步，将需求预测和供给预测进行比较。通过需求预测和供给预测可以掌握企业对人员的实际需要，发现企业中可能存在的人力资源供求不平衡的问题，并制定相应政策，采取措施以应对人力资源的供求不平衡。

第五步，对人力资源规划的结果进行评估。这可以从多方面进行，如人力成本的降低、业务量产率的提高、组织中岗位空缺的数量和空缺的时间等。如果一个企业某些岗位长期空缺或长期人力资源不足，且未能及时补充人员，那么该企业的人力资源规划就是无效的。

最后需要强调的是，中小企业在制定人力资源规划之前，需要重新审视企业的战略、流程和组织结构的设置，梳理岗位信息。制定规划时，必须结合业务发展计划和工作分析结果进行，切忌简单问题复杂化。还应在科学的人力资源规划方案基础上，进行相应的员工职业生涯和培训规划，设计客观的薪酬体系和绩效考核体系，为企业的持续性发展提供有价值的人力资源开发系统。

第五节 中小企业人力资源需求预测

一、中小企业人力资源需求预测的含义

中小企业人力资源需求预测就是估计组织未来需要多少员工，以及需要什么类型的员工。因此，中小企业人力资源的需求预测应该以企业的目标为基础，既要考虑现行的组织结构、生产率水平等因素，又要预见未来由于组织目标调整而导致的一系列变化，如组织结构的调整、产品结构的改变、生产工艺的改进、新技术的采用，以及由此而产生的人力资源需求在数量和技能两方面的变化等。

中小企业人力资源需求预测是指根据企业的发展规划和内外条件，选择适当的预测技术，对人力资源需求的数量、质量和结构进行预测。首先，要在内部条件和外部环境的基础上预测，必须符合实际情况；其次，预测是为中小企业的发展规划服务，这是预测的目的；再次，应该选择恰当的预测技术，要考虑科学性、经济性和可行性，综合各方面作出选择；最后，预测的内容是未来人力资源的数量、质量和结构，这些应该体现在预测结果中。

在预测人员需求时，应充分考虑以下因素对人员数量、质量以及构成的影响：市场需求、产品、服务质量升级或决定进入新的市场；产品和服务的要求；人力稳定性，如计划内更替（辞职和辞退的结果）、人员流失（跳槽）；培训和教育（与公司变化的需求相关）；为提高生产率而进行的技术和组织管理革新；工作时间；预测活动的变化；各部门可用的财务预算等。

二、中小企业人力资源需求预测的方法

进行人力资源需求预测的方法很多，定性预测法中常用的有经验预测法、专家预测法、现状规划法、描述法、工作研究预测法、驱动因素预测法等；而定量预测法中常用的有趋势外推预测法、回归分析法、比率分析法和计算机模拟预测法等。我们在实际操作中，可以根据手头掌握的资料、信息和数据，结合中小企业人力资源的特点，合理选择适合中小企业人力资源预测的方法。

（一）经验预测法

经验预测法就是利用现有的情报和资料，根据有关人员的经验，结合中小企业的特点，对中小企业人力资源需求加以预测。因中小企业人力资源数量少，非常适合使用经验预测方法。经验预测法可以采用"自下而上"和"自上而下"两种方式。"自下而上"就是由部门经理向自己的上级主管提出用人要求和建议，征得上级主管的同意；"自上而下"就是由公司经理先拟出公司总体的用人目标和建议，然后由各级部门自行确定用人计划。

最好的预测方法是将"自下而上"和"自上而下"两种形式结合起来。由最高管理层为部门经理准备一份人力资源规划指南，该指南明确公司未来经营活动的基本设想，以及预期所要实现的目标。部门经理根据规划指南对本部门的人力资源需求进行预测，人事部门则为业务部门的人力资源需求预测提供咨询和帮助。同时，人事部门要对公司整体的人力资源需求进行预测，具体为由主要部门负责人组成人力资源规划小组对业务部门和人事部门的需求预测报告进行审核和协调，将修改后的人力资源需求预测报告提交最高管理层审批。

经验预测法是人力资源预测中最简单的方法，它适合于较稳定的中小企业。经验预测法就是用以往的经验来推测未来的人员需求。不同管理者的预测可能有偏差，但可以通过多人综合预测或查阅历史记录等方法提高预测的准确率。要注意的是经验预测法只适合于中小企业的发展状况没有发生方向性变化的情况，对于新的职位或者工作方式发生变化的职位则不合适。

(二) 现状规划法

现状规划法假定当前的职位设置和人员培养是恰当的，并没有职位空缺，所以不存在人员总数的扩充。人员的需求完全取决于人员的退休等情况的变化。所以，人力资源预测就相当于对人员退休等情况的预测。因中小企业人力资源数量少，人员流动不大，对人力资源现状清楚。因此，现状规划法比较适合中小企业。人员的退休是可以准确预测的，人员的离职包括人员的辞职、辞退、病假等情况，是无法预测的，通过历史资料统计和分析比例，可以更为准确地预测离职人数。现状规划法适合于中、短期的人力资源预测。

(三) 工作分析法

工作分析法使用的前提是完成一项工作所需的时间和人员数量是可以测定的。在生产中小企业中应用这种方法时，首先要确定中小企业计划的生产量或者每个部门的任务量，然后根据直接生产工人的标准工时和每个工人每年正常的工时计算所需的直接工人数量。因为中小企业工作量的确定是非常方便的，因此，这种方法非常适合中小企业。该公式为：

$$N=W/q(1+R)$$

式中，N 为人力资源需求量，W 为中小企业计划期任务总量，q 为中小企业定额标准，R 为计划期劳动生产率变动系数。

$$R=R_1+R_2-R_3$$

其中，R_1 表示中小企业技术进步引起的劳动生产率提高系数，R_2 表示经验积累导致的生产率提高系数，R_3 表示由于劳动者及某些因素引起的生产率降低系数。

(四) 集体预测方法，也称德尔菲法

德尔菲法是归纳专家对影响组织发展的某一问题达成一致意见的程序化方法。这里的专家可以是基层的管理人员，也可以是高层经理，可以来自组织内部，也可以来自组织外部。总之，专家应该是对所研究的问题有发言权的人员。这种方法的目标是通过综合专家们各自的意见来预测某一领域的发展状况，因此适合对人力需求的长期趋势预测。相对来说，企业越小，影响人力资源变动的因素就越少，预测结果就越准确。因此，德尔菲法非常适合中小企业人力资源需求预测。

德尔菲法的基本原理按预测的程序可简要概括为四步。首先，预测筹划。预测筹划工作包括：确定预测的课题及各预测项目，设立负责预测组织工作的临时机构，选择若干名熟悉所预测课题的专家。其次，专家进行预测。预测机构把包含预测项目的预测表及有关背景材料寄送给各位专家，各专家以匿名方式对问题作出判断或预测。再次，统计与反馈。专家意见汇总后，预测机构对各专家意见进行统计分析，制成新的预测表，并把它分别寄送给各位专家，由专家们对新预测表作出第二轮判断或预测。如此经过几轮，专家的意见趋于一致。最后，公布预测结果。即由预测机构把经过几轮专家预测而形成的结果以文字或图表的形式公布。

德尔菲法的特征是：(1) 吸收专家参与预测，充分利用专家的经验和学识；(2) 采用匿名或背靠背的方式，使每一位专家能独立自主地作出自己的判断；(3) 预测过程经过几轮反馈，使专家的意见逐渐趋同。德尔菲法的这些特点使它成为一种最为有效的判断预测法。但应注意的地方是：(1) 由于专家组成员之间存在身份和地位上的差别或其他一些原因，其中一些人可能因不愿批评或否定其他人的观点而放弃自己合理主张。要防止这类问题的出现，就必须避免专家们进行面对面的集体讨论，由专家单独提出意见。(2) 对专家的挑选应基于其对中小企业内外部情况的了解程度。专家可以是一线管理人员，也可以是中小企业高层管理人员或外请专家。例如，在估计未来中小企业对劳动力需求时，中小企业可以挑选人事、计划、市场、生产及销售部门的经理作为专家。

利用德尔菲法进行人力资源的需求预测应注意以下原则：(1) 为专家提供充分的信息，使其有足够的根据作出判断，如为专家提供有关中小企业人员安排及经营趋势的历史资料和统计分析结果等。(2) 所提出的问题应是专家能够解决的问题。(3) 允许专家粗略地估计数字，不要求精确，但可以要求专家说明预计数字的准确程度。(4) 尽可能将过程简化，不问与预测无关的问题。(5) 保证所有专家从同一角度去理解有关定义。(6) 向专家表明预测对中小企业和下属单位的意义，以争取他们对德尔菲法的支持。

（五）统计预测法

统计预测法（statistical forecast method）是运用数理统计形式，根据过去的情况和资料建立数学模型并由此对未来趋势作出预测的一种非主观方法。常用的统计预测法有比例趋势分析法、经济计量模型法、回归分析法等。只要中小企业存续时间足够长，数据资料较全，就比较适合使用统计预测方法。如果中小企业属新创企业，这种方法则不适合。

1. 回归分析法

回归分析法通过绘制散点图确定商业因素（自变量），例如，通过考察中小企业的业务活动量和人员水平（因变量）这两种因素之间是否相关，来预测中小企业未来人员需求。如果两者相关，那么一旦中小企业能预测其业务活动量，就能预测出中小企业的人员需求量。当只有一个自变量时，为一元回归；当有多个自变量时，为多元回归。人力资源需求预测中，如果只考虑某一因素对人力资源需求的影响，如只关注中小企业的产量，而忽略其他因素的影响，就可以使用一元线性回归预测法；如果考虑两个或两个以上因素对人力资源需求的影响，则须使用多元线性回归预测法；如果历史数据显示，某一因素与人力资源需求量之间不是一种直线相关的关系，那么就要使用非线性回归法来预测。回归分析法是从过去的用人情况推断未来的人力需求。

2. 比例趋势法

这种方法通过研究历史统计资料中的各种比例关系，如管理人员同工人之间的比例关系，考虑未来情况的变动，估计预测期内的比例关系，进而预测未来各类职工的需要量。这种方法简单易行，关键在于历史资料的准确性和对未来情况变动的估计。

第六节 中小企业人力资源供给预测

一、中小企业人力资源供给预测的含义

中小企业人力资源的供给预测就是为满足组织对员工的需求，对将来某个时期，组织从其内部和外部所能得到的员工的数量和质量进行预测。

二、中小企业人力资源供给预测的基础

中小企业在进行人力资源供给预测前一般要再进行以下几方面的分析：

（一）现有人员状况分析

根据人力资源信息系统或人员档案所收集的信息，按不同要求，从不同的角度进行分析。例如，分析员工的年龄结构可以发现组织是否存在年龄老化或短期内是否会出现退休高峰等问题；对员工的工龄结构进行分析有助于了解员工的流失状况和留存状况；对现有人员的技能和工作业绩进行分析便于了解哪些员工具有发展潜力，具有何种发展潜力，是否能成为管理梯队的成员，以及未来可能晋升的位置是什么。除此之外，还可以根据需要对中小企业的管理人员与非管理人员的比例、技术工人与非技术工人的比例、直接生产人员与间接生产人员的比例、生产人员与行政人员的比例等进行分析，以便了解组织的专业结构、不同人员的比例结构等。核查现有人力资源的关键在于人力资源的数量、质量、结构及分布状况。人力资源信息包括：个人自然情况、录用资料、教育资料、工资资料、工作执行评价、工作经历、服务与离职资料、工作态度、工作或职务的历史资料等。

（二）分析目前中小企业员工流动的情况及其原因

通过该分析预测将来员工流动的态势，以便采取相应的措施避免不必要的流动，或及时给予替补。员工流失是造成人员供给不足的重要原因，因此，在对人力资源供给进行预测时，员工流失分析是不容忽视的。它可以借助以下指标来进行：

1. 员工流失率分析

员工流失率分析的目的在于掌握员工流失的数量以及分析员工流失的原因，以便及时采取措施。

员工流失率＝一定时期内（通常为一年）离开组织的员工人数÷同一时期平均的员工人数×100%

由于该指标计算方便且便于理解，因此被广泛使用，但这一指标有时也容易误导管理者。假定某公司有100人，该公司一年的员工流失率为3%，根据员工流失率计算公式，预测第二年将有3人可能会离开公司，这意味着公司可能会出现3个工作空位。但仔细分析后会发现3%的员工流失率是由公司一小部分人员的频繁流失造成的，比如，程序员这一岗位一年中有3人次离开公司，虽然流失率仍然是3%，但实际空缺的岗位只有一个。所以在利用员工流失率进行分析时，既要从公司角度计算总的员工流失率，又要按部门、专业、职务、岗位级别等分别计算流失率，这样才有助于管理者了解员工流失的真正情况，分析员工流失原因。

2. 员工服务年限分析

不同服务年限的员工的流失率是不同的。通常而言，员工流失的高峰发生在两个阶段，第一阶段发生在员工加入企业的初期。员工在加入前对企业有一个期望或一个理想模式，入职后可能会感到现实与所期望的不一致，或者对企业文化或工作不适应，在这种情况下，员工会很快离开。若顺利度过此阶段则会出现一段相对稳定的阶段。第二个离职高峰期通常会发生在服务4年左右。经过几年的工作，员工积累了一定的工作经验，同时也对原有工作产生了厌烦情绪。如果这个阶段企业不能激发起员工新的工作热情，或者员工看不到职业发展的希望，他们会很快离开。员工服务年限分析既可以为员工流失分析提供补充信息，又可以为员工发展提供有益信息。

3. 员工留存率分析

员工留存率分析也是员工流失分析的一个重要指标。它是计算经过一定时期后仍然留在组织的员工人数占期初员工人数的比率。比如，组织期初有10名程序员，两年后留在组织的有7名，则两年留存率为70%；五年后仍留在组织的有4人，则五年留存率为40%。通过留存率计算，组织可以了解若干年后有多少员工仍留在企业，有多少员工已离开企业。

（三）掌握中小企业员工提拔和内部调动的情况，保证工作和职务的连续性

企业内部的岗位轮换、晋升或降级是管理工作的需要，也是员工发展的需要。因岗位轮换、晋升或降级而导致的内部人员的变动往往会发生一系列连锁反应。例如，财务总监退休，财务部的财务经理被提升为财务总监，一位会计被提升为财务经理等。中小企业内部员工的流动既是人力资源供给的内部来源，又会产生新的岗位空缺。很多企业通过管理人员梯队计划、退休计划和岗位轮换计划了解掌握内部员工的流动情况，发现工作空缺，为人力资源供给预测提供信息。

（四）掌握中小企业员工的供给来源和渠道

员工可以来源于中小企业内部（如富余员工的安排、员工潜力的发挥等），也可

来自于中小企业外部。

另外，还要分析工作条件（如作息制度、轮班制度等）的改变和出勤率的变动对员工供给的影响。

三、中小企业内部人力资源供给预测

人力资源需求预测只是人力资源规划的一个方面，通过需求预测，企业可以了解未来某个时期为实现其目标所需的人员数量和人员技能要求。除此之外，还需要了解所需人员的数量，以及从何渠道获得这些人员。人力资源供给预测就是测定企业可能从其内部和外部获得人力资源的数量，它应以对企业现有人员状况的分析为基础，同时考虑组织内部人员的流动状况，了解有多少员工仍然留在现在岗位，有多少员工因岗位轮换、晋升、降级离开现在的岗位到新岗位工作，有多少员工因退休、调离、辞职或解雇等原因离开中小企业。在完成需求预测和供给的基本分析后，企业就会明确在何时何处获得何样人员来补充什么样的位置，这个过程叫人力资源供给预测。

（一）影响中小企业内部人力资源供给预测的因素

人力资源供给受诸多因素的影响，但人们通常从工资因素和非工资因素来加以分析。经验证明，工资是影响人力资源供给最为基本的因素，因为它是满足人们各种需要的基础。如果没有这个因素的作用，人力资源流动将大受影响。经济越不发达的国家，这个因素的制约性就越大；工资越高的企业、行业和地区，就越优先获得所需的人力资源。但非工资因素的影响也是存在的。非工资因素主要指文化因素和劳动者因素两个方面。文化因素包括职业声望、环境、工作条件、组织文化及安全保障等因素。人们总是选择那些有职业声望和备受社会关注的工作，如管理、律师、财务等工作。工作条件的好坏、工作环境的优劣以及安全情况等，这些都是劳动者择业时考虑的主要因素。自身因素的影响也是不可忽略的。一般情况下，身体状况、心理品质、人格特质等对职业的选择都会存在一定的影响。当然，个人拥有多少以及何种资源或个人的专业技能水平更具有根本的意义。

（二）中小企业人力资源供给预测的方法

下面介绍一些通用的基本方法：

（1）技能清单。技能清单是用来反映员工工作能力特征的列表，这些特征包括培训背景、经历、持有的证书、已经通过的考试、主管的能力评价等。技能清单能够反映员工的竞争力，可以用来帮助人力资源部门估计现有员工调换工作岗位的可能性，决定有哪些员工可以补充中小企业当前的空缺岗位。

技能清单一般用于晋升人选的确定、管理人员的接续计划、对特殊项目的工作分配、工作调动、培训、工资奖励计划、职业生涯规划和组织结构分析等方面。对于岗位调动频繁的中小企业，其技术档案中应该包括所有的员工。而对于那些使用技能清单来制订管理人员接续计划的中小企业，技能清单中可以只包括管理人员。

（2）替换单法。此方法是在对人力资源彻底调查和现有劳动力潜力评估的基础上，指出中小企业中每一个职位的内部供应源。具体而言，即根据现有人员分布状况及绩

效评估的资料，在未来理想人员分布和流失率已知的条件下，预先安排各个职位尤其是管理阶层的接班人，并且记录各职位的接班人预计可以晋升的时间，作为内部人力供给的参考。经过这一规划，由待补充职位空缺所要求的晋升量和人员补充量即可知道人力资源供给量。

（3）管理人员置换图。也称职位置换卡，用于中小企业管理人员的供给。该图记录各个管理人员的工作绩效、晋升的可能性和所需要的培训等内容，由此来决定哪些人员可以补充重要职位空缺。这一计划需要确定计划包括的工作岗位范围，确定每个关键职位上的接替人选，评价接替人选目前的工作情况是否达到提升的要求，确定职业发展需要，并将个人的职业目标与组织目标相互结合。它的最终目标是确保组织在未来能够有足够的合格的管理人员供给。

（4）马尔可夫矩阵模型。该方法用来预测相同时间间隔（一般为一年）的时刻点上各类人员的分布状况。模型规定给定时间内从低一级向高一级或从一职位转移向另一职位的转移人数是起始时刻该类总人数的一个固定比例，即转移率。若各类人员起始人数、转移率和未来补充人数已给定，则各类人员的未来数（即未来人员分布状况）就可以预测。

这种方法能否适用于中小企业人力资源供给预测，关键在于中小企业的存续时间。如果存续时间太短，则此法不适合。如果存续时间长，则适用。马尔可夫矩阵模型的基本思想是找出过去人力资源变动的规律，来推测未来人力资源变动的趋势。

模型前提为：

① 马尔可夫假定，即 $t+1$ 时刻的员工状态只依赖于 t 时刻的状态，而与 $t-1$、$t-2$ 时刻状态无关；

② 转移概率稳定性假定，即不受任何外部因素的影响。马尔可夫模型的基本表达式为：

$$N_i(t) = \sum N_i(t-1)P_{ji} + V_i(t) \quad (i,j = 1,2,3,\cdots,k \quad t = 1,2,3,\cdots,n)$$

式中，k 为职位类数；$N_i(t)$ 为时刻 t 时 I 类人员数；P_{ji} 为人员从 j 类向 I 类转移的转移率；$V_i(t)$ 为在时间 $(t-1, t)$ 内 I 类所补充的人员数。

某类人员的转移率（P）＝转移出本类人员的数量/本类人员原有总量

转移矩阵法已经被许多组织所采用，但是转移矩阵中的概率与实际情况可能会有差距。特别是现在，快速变化的环境和人才竞争的加剧，使员工流动速度加快。所以应用转换矩阵法时需要考虑其他相关因素。

（5）目标规划法。这是一种结合马尔可夫分析和线性规划的综合方法，它指出员工在预定目标下为最大化其所得，是如何进行分配的。目标规划是一种多目标规划技术，其基本思想源于 Simon 的目标满意概念，即每一个目标都有一个要达到的标靶或目标值，然后使这些目标的偏差最小化。当类似的目标同时存在时，决策者可确定一个应被采用的优先顺序。

四、中小企业外部人力源供给预测

人力资源供给预测的任务一是了解组织所需的人力资源的数量,二是了解从何渠道获得这些人员。供给渠道分析则提供了第二方面的信息。

中小企业的人力资源供给主要有两个途径:组织的内部和外部。当组织出现工作岗位空缺时,可以首先考虑是否能够通过岗位轮换、晋升等方式从组织内部填补岗位空缺;当组织内部无法满足或无法全部满足岗位空缺所产生的人力资源需求时,就必须通过外部供给渠道来解决。

(一)影响因素

影响中小企业外部人力资源供给的因素较为复杂。整个社会经济发展状况、人口因素及国家政策等均会严重影响人力资源供给状况,特别是国家的教育政策、产业政策、人力资源政策等,对人力资源供给的影响更大。对于一个国家来说,要及时有效地供给人力资源,除了要掌握有关信息外,还要从政策环境和运行机制上努力培育劳动力或人才市场,完善劳动力或人才市场体系,健全各种必需的法律与法规,充分发挥劳动力或人才市场对人力资源的有效配置作用。同时,组织的外部人力资源供给受到许多因素制约,主要是:

(1)劳动力市场或人才市场。它包括:人力资源供给的数量;人力资源供给的质量;求职者对职业的选择;当地经济发展的现状与前景;招聘者提供的工作岗位数量与层次;招聘者提供的工作地点、工资、福利。

(2)人口发展趋势。这也是影响人力资源供给预测的重要因素。从我国人口发展情况看,呈以下趋势:人口绝对数增加较快、人口老龄化、男性人口的比例增加、沿海地区人口的比例增加、城市人口的比例增加。

(3)科学技术发展。科学技术的发展对组织人力资源供给有以下影响:掌握高科技的白领员工需求量增大、办公室自动化普及、中层管理人员大规模削减、特殊人才相对短缺、人们用于生产的时间逐渐减少、闲暇时间逐渐增多、第三产业人力资源需求量逐渐增加。

(4)政府(包括地方政府)颁布新的政策法规,外部因素制约力度加大,工会的作用增强。

综合考量上述因素是搞好组织外部人力资源供给预测的关键。通过对上述因素进行分析,中小企业可以对劳动力市场各类人才的供给状况以及组织在劳动力市场的优势与劣势有清醒的认识。如果中小企业发现在短时期内很难招聘到满足组织需要的人才,就必须考虑采用其他方式,如对现有员工再培训,使其能够满足组织未来发展的需要等。

(二)供给渠道

中小企业外部人力资源供给的主要渠道有:大中专院校应届毕业生、复员转业军人、技职校毕业生、失业人员、其他组织在职人员、流动人员。

第七节　中小企业人力资源供需平衡分析

对中小企业人力资源需求预测和供给预测进行比较后发现，许多中小企业的人力资源存在供给与需求的不平衡，其原因很多，表现形式也不相同。有些是人力资源供求总量的不平衡，即人力资源不足、人力资源过剩；有些是人力资源供求结构方面的不平衡。因此，人力资源规划的一个任务就是要制定适当的政策，采取相应的措施调节人力资源供求的不平衡。

一、防止或制止人力资源过剩的措施

当今，技术迅猛发展，环境变化速度快，市场竞争激烈，不少中小企业不得不通过减员提高效率，降低成本。因此，采取适当方法调节人力资源过剩是人力资源规划的一个重要内容。防止或制止人力资源过剩的措施主要有：限制聘用、提前退休或鼓励辞职、减少工作时间或工作量、工作分享、人才储备、暂时解聘、裁员等。

（一）限制雇佣

采取限制雇佣政策实际上是通过自然减员的方式减少人力资源的需要量。一般情况下，当员工因退休、调离的原因离开岗位，该岗位不再补充。只有当空缺的岗位会影响整个组织时，才需要补充该岗位空缺。

（二）减少工作时间

减少工作时间也是解决中小企业人力资源过剩的一种方法。但是这种方法更适合采用计时工资制的中小企业。这些企业通过减少工作时间调节人员过剩，降低成本。

（三）鼓励提前退休

许多中小企业通过提前退休的优惠政策，鼓励那些接近退休年龄的员工提前退休，以此减轻人力资源过剩的压力。但是这种方法同时也存在一些问题，一是成本较高，二是会导致一些对企业有用的员工离开。

（四）减少工资或限制工资增长

在很多情况下，裁员或减员会引起员工和工会的反对，甚至会在全体员工中产生恐慌。中小企业可以通过限制工资增幅或者适当减少工资的办法来降低人工成本，提高市场竞争力。

（五）工作轮换或工作分享

中小企业有时通过工作轮换或工作分享来减少内部人力资源过剩的问题，这种方法尤其适用于企业内部结构性过剩，通过这种办法，既可以解决组织内部人力资源过剩和人力资源短缺的问题，也可使员工获得更多的技能。

（六）暂时解雇

暂时解雇是指企业使部分员工处于没有报酬的离职状态，如果企业的经营有了改善，那么员工就可以重新回企业工作。当企业暂时处于不景气状态时，暂时解雇不失

为一个适当的减员策略。不过，对减员解雇必须进行细致的规划。管理人员必须考虑下列问题：

(1) 谁应当被暂时解雇（依据资历、工作表现还是其他）？

(2) 如果不需要同时将被暂时解雇的员工全部召回，企业应怎样确定召回方案？

(3) 是否为被暂时解雇的员工提供某些福利？

(4) 如果被暂时解雇的员工找到了其他工作，是否意味着他们自动放弃了重返企业的权利？

从法律的角度来看，企业并没有义务为被暂时解雇的员工提供财力上的照顾，但许多公司还是这样做了。在企业提供离职金的情况下，通常的方案是每工作一年补偿一周的工资。但对遭到临时解雇的员工来说，如果失去了医疗保健福利，问题就比较严重。

（七）裁员

裁员无论对管理者还是对员工来说，都是一次痛苦的经历，所以企业应尽量避免通过裁员解决组织人力资源过剩的问题。然而，有些企业为了缓解强大的市场压力，求得良好的发展，不得不进行裁员。虽然裁员是最为有效的办法，但会造成劳资双方的敌对，也会带来众多的社会问题，需要有一个完善的社会保障体系为后盾。

裁员会产生许多问题，例如，裁员会导致关键性人才和技术的流失，公司可能会失去那些最能焕发中小企业竞争活力的员工；裁员还会使在职员工士气低落；实施过裁员的公司，其中大多数最后又不得不重新聘请原来的员工作为顾问，除了直接的雇佣成本外，为了替代流失的关键人才的成本也很惊人。通过解聘或裁员的方法解决人力资源过剩，还可能产生一系列的法律或社会问题。

管理学家罗伯特·瑞克（Robert Reich）谈到裁员时说："采取什么样的裁员措施，比是否裁员更为重要。"如果必须裁员，专家建议分四阶段进行：

第一阶段，当不得不裁员时，一定要对裁员的利弊作出清楚的预测和分析，对裁员后企业的发展前景有明确的规划。

第二阶段是制订详细的裁员计划，包括成立裁员领导小组，确定裁员的范围，向有关专家咨询，并对相关管理者进行培训。

第三阶段是向员工宣布裁员决定，并向员工解释原因，力求得到员工的理解和支持。

第四阶段是实施裁员计划。为了减少裁员给员工带来的痛苦，企业应该为员工提供必要的帮助。新职介绍服务是企业为被解雇员工提供支持和帮助的一系列服务之一，通常包括有针对性的职业咨询、简历的准备和打印服务、面试安排、介绍和推荐等。

二、招聘替代方案

当中小企业业务发展或业务结构发生调整时，都有可能产生人力资源短缺的问题。有很多方法可以用来解决人力资源短缺的问题。

（一）充分有效地利用现有员工

充分有效地利用现有员工是解决中小企业人力资源不足最常采用的方法。

(1) 重新配置。当中小企业出现人力资源短缺，特别是结构性短缺时，可以考虑将员工从人员过剩的岗位转换到人员短缺的岗位。

(2) 培训员工。有些员工缺乏新岗位所需的技能，无法胜任新的工作，这就需要通过对员工进行培训，使员工掌握新技能，适应新工作。

(3) 提高效率。可以通过改进工作方法和工作流程，制定一系列激励政策，或者改善员工的工作技能等途径提高员工的工作效率。

(4) 加班加点。如果人力资源短缺的矛盾并不十分突出，那么可以通过适当增加工作时间的办法加以解决。

（二）增加雇佣，补充人力资源不足

如果中小企业存在总量上的人力资源缺短，且无法通过内部员工轮换来解决，同时现有人员的知识、技能都无法适应新业务发展的需要，那么就必须通过外部招聘，增加雇佣来解决。采取增加雇佣的方法补充人力资源的不足，关键要对劳动力市场人力资源的供给情况有准确的了解。如果企业人力资源的短缺是临时性的或季节性的，那么企业可以通过雇用临时工或小时工的办法来解决。

（三）减少对人力资源的需求

当中小企业由于突然得到一个大订单，造成临时性人员短缺，且无法在短时期内招聘到合适的员工，或者雇佣成本很高时，可以通过将生产任务转包给其他中小企业，或者增加设备，利用设备代替人工劳动等途径，减少企业对人力资源的需求。

第八节　中小企业人力资源战略规划存在的问题

随着市场经济的发展，对于中小企业来说，人力资源规划应该被管理层重视起来，以此来改变企业可能存在的缺乏竞争力的情况。总的来说，人力资源规划的成功与否主要取决于人力资源部门怎样有效地将人员规划与组织的经营业务计划过程整合。

在中小企业中，由于资金少等原因，管理者将重点放在企业的战略规划和经营生产上，而忽视了人力资源规划，有时是在做完其他事之后才想起人力资源规划，对人力资源规划不是十分重视，有的中小企业甚至根本没有人力资源规划。之所以大多数中小企业不重视人力资源规划，一般来说有以下几种原因：

(1) 中小企业的管理者并没有真正认识到人才是企业最大的竞争性优势，导致根本没有根据中小企业战略制定人力资源战略。

(2) 有些中小企业在制定人力资源规划时，将短期的替代需要作为重点，但这不是严格意义上的人力资源规划，而是一种人事计划。这是没能把人力资源规划与战略规划整合起来的一种必然后果。这种结果导致人力资源规划者被迫应付短期危机，而不是真正制定适合中小企业战略发展的人力资源战略规划。

（3）尽管已经有一部分中小企业认识到人力资源规划的重要性，但是在实际规划时，没有真正使用有效科学的人力资源预测规划方法，而且忽略了中小企业战略对人力资源的影响，从而导致规划的失败。

（4）尽管目前许多中小企业已经根据市场发展的需要将传统的人事部换成人力资源部，但在某种意义上，人力资源部仍然是特殊人员的"安置所"。在这种情况下，人力资源部工作人员缺乏专业知识和技能，无力进行人力资源规划工作。

中小企业面临的生存竞争压力越来越大，但随着中小企业中管理者素质的逐步提高，已经有很多管理者认识到人才对企业的重要性，他们开始在制定中小企业战略的同时考虑人力资源的问题，并在企业中逐渐增加了预测未来人员需求与供给的专业人员。在实际预测的过程中，中小企业应该根据自己的企业性质、内外部环境、预测对象等的不同，不断调整预测方法和规划手段。

学习案例 ▶ 某液压公司战略性人力资源规划方案

该公司是生产液压元件等装置的中小型集体企业。2003年，它完成企业改制，由集体企业转变为民营企业。重组以后的企业无疑充满了新的希望，同时也面临着全新的挑战，随着外部市场环境竞争的加剧，可以说今后的3—5年是该公司生存与发展的关键时期。

公司目前人力资源状况：人力资源数量方面，截至2005年底，共有103人，其中总经办、财务部、人力资源部、生产办等管理部门人员10人，技术部门人员10人，3个业务部门共83人。管理部门人员占总员工比例为10.3%，业务部门员工占比为80.6%。人力资源结构方面，公司没有明确的岗位体系，公司人员分为正式员工、协议工、返聘人员，岗位结构主要分为技术管理、后勤辅助、一线员工三个层次。人力资源素质方面，公司在职员工中研究生学历1人，本科5人，大专30人，中专技校67人。

目前公司人力资源中存在的问题：第一，人力资源配置没有与企业战略结合。公司的发展战略、经营目标都由领导层制定，焦点主要是经营收入、利润等财务指标，作为利润中心的业务部门、生产部门是公司的重点规划部门。到了年底，各业务部门完成的经营指标情况参差不齐，对于业绩较差的分公司只在经营方面找原因，却忽视时常出现的人员编制不当现象，这与提高人均劳动生产率相背。公司在总人数及质量控制方面缺乏根据经营指标配置人力资源的思路和方法，也就是不能实现将资源的投入和收益挂钩。第二，没有明确的人力资源战略。公司对人才十分重视，也采取了不少措施来引进、留住优秀人才，但都是临时或针对某一类特定人员。公司一直没有长远的人才战略储备构想，没有根据管理层或用人部门的意见进行人员招聘，导致大量人员素质较低，知识结构单一。第三，缺乏人力资源战略规划相关政策。公司虽然一直以来都有相关的人力资源规划，但都是具体的计划，如人员招聘计划、人员调整计划、人才培训计划等，没有从人员数量、人员结构、人员素质上进行总体性人力资源规划，因此也就没有根据总体规划的分解而制订相关的业务计划和其他人力资源计划，更没有把计划转变成公司相关的政策制度。

讨论题

1. 你认为该公司人力资源战略规划中出现问题的原因有哪些？
2. 你认为该公司应如何改进人力资源战略规划？从哪几个方面改进？改进的步骤有哪些？

参考文献

1. 李佑颐、赵曙明、刘洪：《人力资源管理研究评述》，载《南京大学学报》2001年第4期。
2. 王雁飞、朱瑜：《战略性人力资源管理与组织绩效关系研究》，载《科学管理研究》2005年第11期。
3. 彭良英、孟莉、郭鑫：《现代企业战略性人力资源管理体系构建初探》，载《森林工程》2006年第5期。
4. 牟晓娜、王立民：《进入21世纪中国管理的新趋势》，载《吉林农业科技学院学报》2006年第3期。
5. 赵曙明主编：《人力资源战略与规划》，中国人民大学出版社2005年版。
6. 〔美〕雷蒙德·A.诺伊等：《人力资源管理：赢得竞争优势（第7版）》，刘昕译，中国人民大学出版社2013年版。

本章思考题

1. 中小企业人力资源战略管理与企业战略之间有什么关系？
2. 影响中小企业人力资源战略管理的因素有哪些？
3. 中小企业人力资源战略管理的具体步骤是什么？
4. 中小企业未来人力资源供需预测的方法有哪些？

第三章

中小企业工作分析与工作设计

第一节 中小企业工作分析概述

一、基本概念与相关术语

（一）中小企业工作分析概念

中小企业工作分析是指采用一定的技术方法全面地调查和分析中小企业中各种工作的任务、职责、责任等情况，并在这一基础上对工作的性质及特征作出描述，对担任不同工作所需具备的资格条件作出规定。

（二）相关术语

工作分析这一定义包含若干与工作分析相关的术语，如任务、职责、工作研究、职位、工作簇、工作评价等术语。

（1）工作要素。它是指工作中不能再继续分解的最小动作单位，如开抽屉、拿文件等。

（2）任务。它是工作中所承担的某一项具体的活动，可以由一个或多个工作要素组成，如设计一份问卷、打字员打字等。任务是构成工作最基本的元素。

（3）职责。它是工作中所承担的若干项相关的任务，如秘书工作的职责之一是处理文件，包括起草文件、打印文件、收发文件等任务。

（4）职位。它是中小企业中由特定人员所承担的多种职责的集合，如办公室主任、销售部经理等分别是一个职位。职位与人员一一匹配，即有多少职位就有多少人，两者数量相等。人力资源管理经常讲到岗位和职位，岗位与职位在实际意义上相比较，没有太大的区别。那么，在什么情况下称为职位，什么情况下称为岗位呢？通常对于一些知识密集型中小企业或管理方面的岗位，叫作职位更恰当一点。对于劳动密集型中小企业或劳动密集型的岗位叫作岗位比较合适，例如工人就不要叫作职位。

（5）职务。它是中小企业中一组职责相似的职位的集合。如两个计算机程序员就构成一种职务。一个职位也可以成为一种职务，如某企业只有一名秘书，该秘书职位也就是一种职务。

（6）职权。即每个职位都有明确的职务工作规范，在管理中，既不能无职无权，也不能无责无权，更不能有权无责，必须职、责、权、利相结合，明确各个职务之间的分工和协作。

(7) 职业。它是不同企业、不同时间从事相似活动的一系列工作的总称。职务和职业的区别主要在于其范围不同。职务这个概念比较窄，一般是对组织内部而言；而职业则可以是跨组织的，是对整个行业而言的。

(8) 工作簇。它是一个组织中两种或两种以上性质相近且相关的工作的集合，如企业中的会计工作和审计工作可组成财务工作簇。公务员的职位分类中把工作簇称为职组。

(9) 工作研究。它是以企业中各类劳动者的工作岗位为对象，采用科学的方法，经过系统的岗位调查，收集有关工作岗位的信息及科学的工作分析、评定，制定工作规范、工作说明书、工作分类图等各种人力资源管理文件，为员工的招聘、调配、考核、培训、升降、奖罚以及劳动报酬等提供客观依据。

(10) 工作分类。它是指按照一定的标准及程序对工作簇中的众多工作所作的归类。工作分析可以看作一种工作分类，但工作分析作为一种人事分类，不同于职位分类（position classification）。工作分析适用于各种组织，尤其是企业组织，职位分类适用于行政组织的公务员系统。因此，尽管工作分析与职位分类之间存在很多相似或相同之处，但不应把两者简单等同。

(11) 职位分析。职位分析也称岗位分析或职位描述。职位分析最核心的内容是编制岗位说明书，这项工作的实用性很强。

(12) 工作评价。工作评价也称岗位评价、职位评价、职位评估或者岗位评估。在工作说明书的基础上，对某一个岗位进行整体性、综合性的评价，以确定该岗位在企业中的重要程度并确定其薪酬。

二、工作分析对中小企业发展的作用

工作分析是人力资源管理的基础性工作（如图3-1所示），对于中小企业也一样。中小企业人力资源管理的每一项工作，几乎都需要用到工作分析的结果。具体来说，工作分析中所进行的工作描述、工作规范以及工作评价，为中小企业人力资源计划、招聘任用、培训发展、考核测评、工资报酬等环节的人事决策提供了客观依据，进而为这些环节的科学管理奠定基础。工作分析在中小企业的人力资源管理中的作用主要表现在以下方面：

(1) 工作分析是中小企业人力资源管理计划的基础。企业中各项工作责任的大小、任务的轻重、时间的约束、工作条件的限制等因素决定了所需的人员不同。通过对部门各项工作的分析，确定各部门的人员编制，进而制订企业的人力资源需求计划。通过工作分析，可以确定具体的职位数目，详细说明各个职位的特点和要求，明确纵向指挥关系和横向协调关系。另外，通过工作分析可以对工作进行详尽的归类、合理安排，统一平衡供求关系，从而提高人力资源规划的质量。

(2) 工作分析有助于中小企业员工的选拔和任用。由于中小企业对于员工的选拔和任用没有较严格的流程，所以工作分析对中小企业来说非常重要。通过工作分析

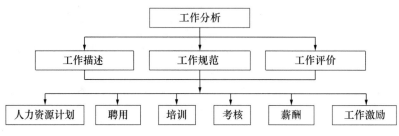

图 3-1　工作分析作用图

能够明确地规定企业中各项工作的近期和远期目标，规定各项工作的要求、责任，掌握工作任务的静态和动态特点，提出任职人员的心理、生理、技能、知识和品格要求，在此基础上确定任用标准。这些信息构成工作说明书，可以通过素质测评和工作绩效评估，选拔和任用符合工作需要和工作要求的合格人员。只有工作要求明确，才可能保证工作岗位安排的准确，做到每个岗位人尽其责。

（3）工作分析为中小企业员工的培训发展提供指导。在中小企业的发展中，为使工作人员不断提高素质，以适应工作的新要求，需要对各类各层次的工作人员进行培训。工作分析可提供工作内容和任职人员技能等完备的信息资料，企业可据此设计和制订培训方案，根据实际工作需要和参加人员的不同情况有针对性地选择培训内容和方法，实施积极的员工发展计划。

（4）工作分析可以为中小企业的绩效评估提供客观的标准。绩效考核是企业人力资源管理的重要环节。相对来说，中小企业没有科学的绩效考评体系，而工作分析能提供客观标准，这对中小企业绩效考核来说更显重要。

（5）工作分析为薪酬管理提供依据。中小企业薪酬制度不健全，且具有非常强的随意性。因此，科学评价每项工作对中小企业的相对价值或重要性是报酬的基础。而工作分析所提供的信息可用于评价工作的相对价值，进而确定薪资水平，实现中小企业内报酬的相对公平。

（6）工作分析促进中小企业激励机制的形成。工作分析对工作内容、职业资格、工作相对价值、员工职业生涯流动路线作出明确规定，因此，从公平管理的角度看，它有利于促进中小企业激励机制的形成。

第二节　中小企业工作分析的内容和步骤

一、中小企业工作分析的信息

中小企业工作分析需要大量的信息，收集适量的、高质量的信息是中小企业工作分析的核心工作。中小企业进行工作分析是为了解决七个问题，即"6W1H"（如图 3-2 所示）。

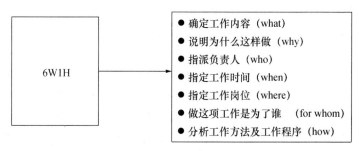

图 3-2 工作分析的信息

二、中小企业工作分析的内容

一般来说,中小企业工作分析由两部分组成:工作描述和工作规范。工作描述即确定工作的具体特征;工作规范指工作对任职人员的各种要求。

(一)中小企业工作描述

工作描述又称工作说明,是指一种提供有关中小企业内部的工作任务、工作职责等方面信息的文件。它所提供的这些信息应该是真实的、准确的,能够简要地说明企业期望员工做些什么,同时确切地指出员工应该做什么、怎么做和在什么样的情况下履行职责。它主要包括以下八个方面的内容:

(1)职位标识。它包括工作名称和工作地位,其中工作地位是指员工在企业中所属的工作部门、直接上级职位、工作等级、工资水平、所辖人数、定员人数、工作地点、工作时间等。

(2)工作概述。即描述在企业中该工作的总体性质,包括其主要功能或活动。如中小企业市场营销经理的工作可概述为"规划、指导、协调公司产品和服务的市场营销"。

在工作说明书中要慎重使用像"完成领导指派的其他任务"这样的表述。虽然这种说法可以为主管人员分派工作提供更大的灵活度,但一些专家一针见血地指出,"一项经常可以看到的工作内容如果不被明确地写进职位说明书,而只是用像'需要完成的其他任务'这样'躲躲闪闪的句子'来表述的话",就很可能成为逃避责任的托词,因为这使得对该职位性质以及任职者工作任务的描述出现了漏洞。

(3)工作职责和任务。它是工作描述的主体,必须详细描述,并列出内容。所谓职责,就是在企业中这项工作的权限和责任有多大,主要包括以下几方面:①对原材料和产品的职责;②对机械设备的职责;③对工作程序的职责;④对其他人员的工作职责;⑤与其他人员合作的职责;⑥对其他人员安全的职责。分析人员应尽量采用"量"来确定某一工作所有职责的情况。

(4)任职者的工作权限。中小企业中,每个职位都有明确的职务工作规范,既不能无职无权,也不能无责无权,更不能有权无责,必须职、责、权、利相结合,明确各个职位之间的分工和协作关系。

（5）工作绩效标准。有些工作说明书中还包括一部分有关工作绩效标准的内容。这部分内容主要说明任职者在执行工作说明书中的每项工作任务时所要达到的标准。

对于中小企业来说，确立工作绩效标准绝非易事。大多数管理者已经意识到，仅仅告诉下属人员"要尽最大努力地工作"，却不为他们提供足够的指导是不够的。确定工作绩效标准的一个比较简便的方式就是，按以下句型将内容填写完整："如果你……我就会对你的工作感到完全满意。"如果对工作说明书中的每一项工作任务都按这个句型叙述完整，那么就会形成一套切实有效的工作绩效标准。

（6）工作条件。它是对工作地点的温度、湿度、光线、噪音、安全条件、地理位置、可能发生意外事件的危险性、室内或室外等工作条件和物理环境的说明。

（7）工作关系，又称工作联系。工作联系说明任职者与中小企业内部及外部的其他人之间的联系。它包括中小企业工作群体中的人数及关系、完成工作所要求的人际交往的数量和程度、中小企业各部门之间的关系、工作点内外的公益服务、文化设施、社会习俗等。

（8）工作规范。它是根据工作内容拟定的最低要求的任职资格，列明适合从事该项工作的人员必须具备的条件、个人特质、接受的训练等，供招聘使用。工作规范的内容通常包括所需知识、技能和能力、体能条件、个性特点、教育程度、工作经验、专业资格等。对任职资格与任职条件的说明必须清楚、简明、直接和详尽。

工作说明的内容根据使用目的或者用途的不同而有所不同。一般来说，职位标识、工作概述、工作职责三个项目是所有工作说明都应该有的，其他项目则视需要而定。例如，工作说明如果是用于招聘和选择的，则必须包括工作规范和工作环境；如果是用于授权，则必须包括工作权限和工作关系；如果是用于绩效评价，则应包括绩效标准和工作规范。

工作说明的格式不尽相同，每家企业都可能有不同的写法，有的详尽，有的简略。一般来说，工作说明的详略程度没有绝对的标准。对于一些简单的或者技术性不强的工作，可以十分清楚地描述；但是对一些复杂的或者技术性很强的工作，要详细具体地描述该项工作的内容就非常不容易，只能用一些含义宽泛的词句概括其工作内容。

中小企业除自己编写工作说明之外，也可以参考一些标准化的工作说明。

（二）中小企业工作规范

中小企业工作规范是中小企业中的员工为了完成某种特定的工作所必须具备的知识、技能、能力以及其他特征的一份目录清单。知识指的是为了成功地完成中小企业某项工作任务而必须掌握的知识性或程序性信息；技能指的是完成中小企业某项特定的工作任务所具备的熟练水平；能力指的是一个人所拥有的通用的且具有持久性的才能；其他特征主要是指性格特征，如一个人对目标的坚持不懈等。这些特征都是与人有关的特点，且不能被直接发现，只有当一个人实际承担工作任务与职责的时候，才有可能对这些特点进行观察。

中小企业工作规范的内容主要包括：

（1）一般要求：包括年龄、性别、学历、工作经验等；

（2）生理要求：包括健康状况、力量与体力、运动的灵活性、感觉器官的灵敏度等；

（3）心理要求：包括观察能力、逻辑思维能力、记忆能力、理解能力、学习能力、解决问题能力、创新能力、数学计算能力、语言表达能力、决策能力、交际能力、性格、气质、兴趣、爱好、态度、事业心、合作性、领导能力等。

中小企业工作规范的确定应与工作本身的客观要求相一致。因此，首先必须明确中小企业某项工作需要具备哪些基本资格因素，即确定任职资格的因素范围；其次是必须明确中小企业某项工作需要达到何种程度的资格条件，即确定各项资格因素的等级要求。在工作分析中，应明确确定与工作相关的资格因素，并对担任工作所需资格的最低标准作出规定。

工作描述和工作规范可以采用文字描述的形式，也可用表格的形式，有时两者合并成一份"中小企业工作说明书"（如表 3-1 所示）。

表 3-1　某中小企业办公室主任工作分析文件

工作名称	办公室主任	工作编号	D005	工资等级	4 级
职位数	1	所属职组	行政管理	所属部门	办公室
管辖人数	办事员 3—5 人	直接上级	总经理	升迁职位	副总经理
工作分析员		批准人			
工作概述	在公司总经理的直接领导下，协调各部门关系，综合管理公司的行政事务及总务，监督办公室人员的各项工作。				
工作职责	1. 协助总经理协调公司各部门各科室的关系 2. 综合处理公司的各种文件及资料 3. 拟订公司的发展规划和规章制度 4. 制作和核发员工的各种证件（如工作证、工号牌等） 5. 处理公司的突发事件及员工争议事件 6. 策划和开展公司外部的公共关系 7. 领导和监督办公室人员的各项工作 8. 总经理交办的其他工作任务				
工作设备	电话机、传真机、计算机、复印机、电脑				
工作条件	工作场所	室内 80%，室外 20%	工作时间	白天 8 小时，偶尔需加班	
	工作环境	较为舒适	工作危险性	1	
工作资格	1. 学历：本科毕业，行政管理、企业管理或相关专业 2. 知识：行政管理学、领导与决策学、公共关系学、经济学和法律学知识等 3. 经历：3 年以上实际管理工作经验（行政管理、总务管理、人事管理等） 4. 能力：协调能力、计划能力、沟通能力、决策能力、激励能力、指导能力、表达能力 5. 个性：责任心（4），忍耐性（4），主动性（3） 6. 体能：工作姿态（坐 60%、走动 25%、站立 15%）；紧张程度（3），工作耐力（3）				

资料来源：余凯成、程文文、陈维政：《人力资源管理》，大连理工大学出版社 1999 年版。

三、中小企业工作分析的步骤

中小企业工作分析是一个系统的分析过程。其主要步骤可分为四个阶段：准备阶段、调查阶段、分析阶段和完成阶段。这四个阶段关系十分密切，它们既相互联系，又相互影响（如图3-3所示）。

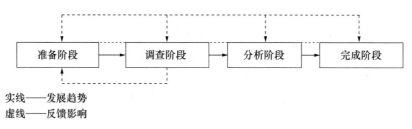

实线——发展趋势
虚线——反馈影响

图3-3 中小企业工作分析各个阶段的关系

（一）准备阶段

准备阶段主要解决"为什么进行工作分析"和"怎样进行工作分析"两个方面的问题。它的任务主要是熟悉情况、确定样本、建立联系和组成工作小组。具体工作如下：

1. 明确中小企业工作分析的意义和目的

有了明确的目的，才能确定调查的范围、对象和使用的方法。因此，在进行中小企业工作分析时，首先要明确目的，做到有的放矢。

2. 确定中小企业工作分析时所需信息的收集类型和范围，识别工作信息来源

成功完成中小企业工作分析，需要收集大量的信息。为了确保信息的质量，减少信息分析的工作量，必须事先确定信息的种类和范围、信息来源、任职者、下属、管理监督者、工作分析人员等，据此确定调查和分析对象的样本，并考虑样本的代表性。

3. 制订中小企业工作分析计划

中小企业工作分析计划包括整个工作的进程、企业内进行分析的各个职务的名称和任职者人数，估计工时需要和分析人员人数，所需费用和其他条件、分析过程中各个环节的责任划分等。

4. 选择中小企业工作分析人员，组成工作小组

中小企业工作分析人员应具有丰富的经验，较高的受教育程度，分析时要具有公正性、独立性和认真负责的精神，同时需要具有良好的分析能力、合作能力以及视觉记忆能力，同时熟悉多方面的工作、工艺及机器。工作小组要具有代表性，应由工作分析专家、主管和任职者组成。

5. 取得认同和合作

中小企业工作分析需要取得各方面的支持和合作。应当把分析的有关设想上报企业高层并力争取得他们的同意。同时，要取得中层管理者的支持，因为在分析的实施

过程中,他们起着举足轻重的作用。此外,还要把中小企业工作分析的目的和意义、拟采取的步骤、分析进度等向有关人员进行宣传和解释,使他们充分理解计划方案,更好地配合分析工作。

6. 培训中小企业工作分析人员

组织分析人员学习把握中小企业工作分析的内容,熟悉具体的实施步骤和方法,制定规范用语。必要时可先以一两个重点工作为试点,从中取得经验。

(二) 调查阶段

这一阶段的任务是按照规定的程序和方法收集信息,对中小企业分析工作的过程、环境、内容、人员等各个方面全面调查。具体工作包括:

1. 编制、拟定收集信息所需的各种文本

所需的文本包括观察提纲、访谈记录表、调查问卷等。

2. 综合运用各种调查方法

收集信息的方法多种多样,主要有:工作实践法、直接观察法、面谈法、问卷法、关键事件法等,工作人员按选定的程序和方法收集信息。

(三) 分析阶段

这是中小企业工作分析中十分重要的一个阶段,该阶段的主要任务是对各不同职务的工作特征、人员特征的调查结果进行深入全面的分析和总结。具体工作如下:

(1) 仔细审核已收集到的各种信息;

(2) 对工作分析信息进行分类,分析有关工作和工作执行人员的关键信息;

(3) 归纳总结工作分析的要点,包括关键岗位的职责、人物、工作关系、职务范围等;

(4) 针对工作分析提出的问题,提出改进建议,重新划分工作范围、内容、职责,确保所提出的问题都能得到解决。

(四) 完成阶段

这是中小企业工作分析的最后阶段,该阶段的具体任务是根据中小企业工作的要求与有关信息编制工作分析文件,制定职务描述书与任职资格说明书。具体工作如下:

(1) 根据工作分析文件规范标准和经过分析处理的信息,草拟"工作说明书""任职资格说明书";

(2) 将草拟的"工作说明书""任职资格说明书"与实际工作作对比;

(3) 根据对比的结果决定是否需要进行再次调查研究;

(4) 修改"工作说明书""任职资格说明书";

(5) 若需要,可重复第2—4点的工作,对于特别重要岗位的"工作说明书""任职资格说明书"应多次修改;

(6) 形成最终的"工作说明书""任职资格说明书";

（7）将"工作描述书""任职资格说明书"应用于实际工作，并收集应用的反馈信息，不断完善"工作说明书""任职资格说明书"；

（8）对中小企业工作分析工作本身进行总结评估，将"工作说明书""任职资格说明书"归档保存，为今后的工作分析提供经验与信息基础。

四、中小企业工作说明书的编写

中小企业工作分析的目的是对企业内相关工作的性质特点作出描述，对工作任职资格作出规定，并在各项人力资源管理活动中应用。因此，在收集和分析工作信息基础上形成的工作分析成果须以文字形式记录下来。工作分析文件包括工作描述和工作任职资格说明两大部分，工作描述也称为工作说明。

工作说明书是关于任职者实际做什么、如何做，以及在什么条件下做的一种书面说明。要利用工作说明书中的信息编写任职资格说明书，说明任职者为圆满完成职位工作所必须具备的知识、能力以及技能。

工作说明书在中小企业管理中的地位极为重要，它不但可以帮助任职人员了解其工作、明确其责任范围，还可为管理者的某些重要决策提供参考。健全中小企业人力资源管理制度的基础性工作就是对企业开展工作分析，而工作说明书是中小企业人力资源管理的基础性文件，在编写时应注意以下几个方面：

（1）清晰。工作说明书对工作的描述要清楚透彻，任职人员阅读以后，无需询问其他人就可以明白其工作内容、工作程序与工作要求等。

（2）具体。在说明工作的种类、任职者须具备的技能、任职者对工作各方面应负责任的程度这些问题时，应尽量使用具体的动词。一般地，企业中较低职位的任务最为具体，工作说明书中的描述也最具体。

（3）指明范围。在界定职位时，要确保它的范围和性质，如用"为本部门""按照经理的要求"这样的句式来说明。此外，还要包括所有重要的工作关系。

（4）简单。在囊括了所有基本工作要素的前提下，工作说明书的文字描述应简明扼要。

（5）共同参与。为了保证中小企业分析工作的严肃性和科学性，工作说明书的编写不应当"闭门造车"，应由中小企业中担任该职务的工作人员、上级主管、人力资源专家共同分析协商。只有综合考虑各方面的意见，制定出来的工作说明书才会为各方面所接受，才能在工作中真正发挥作用。

第四节 中小企业工作分析的方法

中小企业工作分析方法较多，但是每种方法都有各自的优点和不足，同时也有一定的适应性和局限性，没有一种方法能够提供非常完整的信息，所以要根据工作分析的需要，综合运用各种分析方法。相对来说，实践法、观察法和面谈法都比较适合中小企业工作分析。理由很简单：中小企业规模小，无论是实践法、观察法还是面谈法，工作量都不大。

一、实践法

实践法是指工作分析人员通过直接参与某项工作，细致深入地体验、了解、分析企业工作的特点和要求以达到工作分析目的的方法。它的优点是既可以克服有经验的员工并不总是很了解自己完成任务的方式和有些员工不善于表达的缺点，还可以弥补一些观察不到的内容。缺点是对涉及企业中一些高度专业化的工作，工作分析人员往往不具备从事某项工作的知识和技能，这时就无法采用实践法。因此实践法适用于比较简单的工作，对那些在中小企业中需要大量训练方能胜任或者危险的工作不适用。

二、观察法

观察法是指在企业工作现场运用感觉器官或其他工具，观察员工的实际工作过程，用文字或者图表的形式记录某一时期工作的内容、程序、形式和方法，并在此基础上分析有关的工作因素以达到分析目的的一种方法（参见表3-2）。这种方法适用于大量标准化的、周期短的、以身体活动为主的工作，如保安人员、流水线作业工人所做的工作。同时，被观察的工作应相对稳定，即在一段时间内，工作内容、工作程序以及对工作人员的要求不会发生明显变化等。

表3-2　工作分析观察提纲

被观察者姓名：_____	日期：____年____月____日
观察者姓名：_____	观察时间：____时____分至____时____分
工作类型：_____	工作部门：_____部
观察内容：	
(1) 什么时候开始正式工作：____时____分	(9) 与同事交谈了几次：____次
(2) 上午工作多少时间：____分钟	(10) 每次交谈约____分钟
(3) 上午休息几次：____次	(11) 抽了_____支香烟
(4) 第一次休息时间：____分钟	(12) 喝了_____次水
(5) 第二次休息时间：____分钟	(13) 什么时候开始午休：____时____分
(6) 上午完成产品_____件	(14) 室内温度：_____度
(7) 次品的数量_____件	(15) 搬了_____原材料
(8) 一件产品的生产时间：____分钟	(16) 噪音是_____分贝

观察法的优点是分析人员能够比较全面和深入地了解企业工作要求，适用于那些工作内容主要是由身体活动来完成的工作。而且采用这种方法收集到的资料多为一手资料，排除了主观因素的影响，比较客观和正确。观察法的缺点是不适用于工作周期长和主要是脑力劳动的工作，以及紧急而非常重要的工作。因为观察的工作量太大，要耗费大量的人力、财力，时间也过长。

直接观察法经常和面谈法结合使用，工作分析人员可以观察并记录员工在中小企业的工作活动，然后和员工进行面谈，并请员工进行补充。工作分析人员也可以一边观察员工的工作，一边和员工交谈。前一种结合方式比较好，因为工作分析员可以专心观察和记录，而且不会干扰员工的工作。

为了使观察更加有效和准确，需要注意以下问题：工作分析人员应事先准备好观察表格，以便随时进行记录。不能只观察一名员工的工作，应尽量多观察几名，然后综合工作信息，这样，可以保证观察不只是针对某一特定个体的特定操作。同时，观察人员要注意工作行为样本的代表性，尽可能不要引起被观察对象的注意，至少不应干预被观察者的工作。

三、面谈法

工作分析人员采用三种面谈方式来收集工作分析信息，分别是：与每位员工单独面谈；与一群从事相同工作的员工集体面谈；与了解目标职位工作情况的一名或多名基层主管面谈。在许多员工从事相似或相同工作的情况下，一般采取集体面谈，因为这可能是一种多快好省的收集信息的方式。作为一种管理，这些员工的直接主管要参加这种集体面谈会；如果主管没有参加，则可以单独与他面谈，了解他对目标职位的任务和职责的看法。

无论采用哪一种面谈方式，工作分析人员都必须确定被访谈者完全了解面谈的目的，因为这种面谈常常被理解为"效率评价"，基于这种理解，被访谈者可能不愿意准确地描述自己的工作。

中小企业规模小，面谈工作量不大，面谈法在中小企业工作分析中运用得最广泛。它具有很多优点。首先，它是一种比较简单、快捷的信息收集方法，它所收集的信息包括那些从未以书面形式表达的信息。经验丰富的访谈员可以发掘出只会偶然发生的重要工作活动，或在中小企业组织图上看不到的非正式联系。其次，面谈还提供了一个向大家说明工作分析必要性和作用的机会。借此机会雇员可以表达由挫折感而导致的不满，在其他场合管理人员可能不会听取这些意见。

面谈法的主要问题是，由于弄虚作假或误解，收集上来的信息有可能失真，而工作分析往往是改变职位工资率的一个前奏，所以，员工自然会选择最可能对其工资产生影响的一种效率评价。于是，他们通常可能会夸大某些职责而缩小另一些职责。因此，获取有效信息可能是一个缓慢的过程。而且，谨慎的工作分析人员要搜集来自多方面的信息。

最富有成效的面谈是依据结构化问卷或者核对式问卷进行的。当然,结构化问题清单不只是为面谈员所用,那些亲自进行工作观察或以问卷调查来收集信息的工作分析人员,也可以使用这样的清单。

在进行工作分析面谈时,必须牢记以下几件事情:

(1) 工作分析人员和管理人员应当找到那些最了解目标工作的员工,更确切地说,就是那些能够十分客观地描述其工作任务和职责的人。

(2) 尽快与被访谈者建立起融洽的关系。其要点包括,熟悉对方的姓名、用通俗的语言交谈、简要介绍面谈的目的、说明怎么会挑选他/她为面谈对象。

(3) 依照一张结构化提问指南或逐项核对式问卷来提问,问题清单上不仅要列出提问的问题,还要留出回答的空白处。这将确保工作分析人员在面谈之前就能了解哪些是关键问题。在不只有一个被访谈者的情况下,还可以确保所有被访谈者都能回答这些问题。但是,一定要允许被访谈者在回答问题时有一定的发挥余地,因此要向他们提一些开放性问题。

(4) 当完成工作任务的方式没有规律性,如在任职者不是一天多次重复相同的工作任务时,应当要求该任职者按照工作任务的重要性和频率将它们一一列出。这将确保工作分析人员不会遗漏非常重要但很少发生的活动。

四、问卷调查法

获取工作分析的另一种比较好的方法是让员工填写问卷,描述其工作任务和职责。问卷调查法适合所有类型的企业。在采用这种方法的情况下,工作分析人员必须确定如何设计问卷结构以及问卷中要提出什么问题。一种极端的情况是,问卷是完全结构化的,这种问卷给企业中的每位员工列出了具体工作职责或人物,员工只需选择是否执行每项工作任务;如果是,则再说明在每项工作任务上一般要花多长时间(如表 3-3 所示)。而另一种极端的做法是,完全将问卷设计成开放式的,只要求员工回答"描述你的主要工作任务"之类的问题。实际上,最好的问卷往往是介于这两个极端之间的。一个典型的工作分析问卷既可以有结构化问题,也可以有几个开放式的问题。

无论是结构化问卷,还是非结构化问卷,都有其优缺点。一方面,问卷法是一种快速高效地从员工处获取信息的方法,比如,与跟上百个员工面谈的做法相比较,问卷法能节省大量时间;但是另一方面,设计问卷和对问卷进行分析可能是件费钱费时的事。

表 3-3　一般职务分析问卷

```
1. 职务名称_____
2. 比较适合任此职的性别是____
   A. 男性                              B. 女性
3. 最适合任此职务的年龄____
   A. 20 岁以下      B. 21—30 岁      C. 31—40 岁      D. 41—50 岁
   E. 51 岁以上
4. 能胜任此职务的文化程度____
   A. 初中以下       B. 中专          C. 高中          D. 大学本科
   E. 本科以上
5. 此职务的工作地点在____
   A. 本地市区       B. 本地郊区      C. 外地市区      D. 其他
6. 此职务的工作主要在____
   A. 室内           B. 室外          C. 室内外各一半
7. 任此职位的一般智力最好在____
   A. 120 以上       B. 90 以上       C. 69—90         D. 无特殊要求
8. 此职位所需工作信息的主要来源有____
   A. 书面材料（文件、客户、顾客等）      B. 数字材料（图表、数据等）
   C. 人员（消费者、客户、顾客等）        D. 视觉显示（仪器、信号灯）
   E. 测量装置（气压表、气温表等）        F. 模型装置（模式、模板等）
```

五、关键事件法

关键事件法是工作分析人员向一些对某职位各方面情况比较了解的人员进行调查，要求他们描述该职位半年到一年内能观察到并能反映其绩效好坏的一系列事件来获得工作信息，从而达到分析目的的方法。

这种方法可直接描述任职者在工作中的具体活动，因此可以解释工作的动态性质；同时，提出的问题更具有可操作性，由于所研究的工作可以观察和衡量，因此用这种方法获得的资料适用于大部分的工作。但收集归纳事例需要大量的时间，而且所描述的是具有代表性的工作行为，可能最终会遗漏掉一些不明显的工作行为，难以把握完整的实际工作。

六、记录法（工作日志法）

这种方法就是要求员工每天写工作日志，记录下他们一天的活动。这种方法的基本依据是：员工本人对所从事工作的情况与要求最了解，这样他对于高水平和高复杂性工作的分析就显得比较经济和有效。员工将自己的每一项活动按时间顺序以日志的形式记录下来，这样就可以生成一张非常完整的工作图，在此基础上补充与员工及其主管面谈的内容，效果会更好。当然，员工可能会夸大某些活动，或缩小某些活动。但无论如何，工作日志这种详尽、按时间顺序记录的特点通常能弱化这种后果。

第五节 中小企业工作设计

一、中小企业工作设计的含义

人与工作之间的适应与匹配，是现代企业管理中的重要问题。中小企业工作设计是指为了有效地达成中小企业目标与满足个人需要而进行的关于工作内容、工作职能和工作关系的设计。中小企业工作设计是根据中小企业需要并兼顾个人需要，规定某个职务的任务、责任、权利以及在企业中与其他职务关系的过程。这种设计的好坏，经常对中小企业的工作绩效有直接影响。

二、中小企业工作设计的形式

早期的工作设计方法可以追溯至泰罗的科学管理原理，其理论基础是亚当·斯密的职能专业化，他在《国富论》中详细论述了劳动分工对提高工作效率的重要性。泰罗的基本方法是把工作简单化，把每项工作简化到最简单的任务，然后让员工在严格的监督下完成。这种工作设计强调工作任务的简单化、标准化和专业化，并以此来使工作活动高效。在工作设计中强调劳动分工细化，作业活动的高度标准化和简单化。这方面最为经典的，影响最大的就是流水作业线式的工作设计。它采用固定运行节律，工作活动单调重复，技能要求低，限制工作中的社会交往。这样设计出来的工作，安全、简单、可靠；但同时，这也产生了很大的副作用，包括工作单调、离职率和缺勤率高、怠工和工作质量下降等。迄今为止，科学管理原理对工业社会的工作设计仍具有很大影响，在对教育水平、个人判断和决策活动等要求较少的加工制造业的工作中应用广泛。

依据心理学的行为活动理论，在活动刺激总是一成不变的情况下，个体的"唤起"水平与活跃水平均会下降，从而出现工作中的白日梦、无休止的闲谈、频繁停止活动、变形的工作姿态等不良工作现象。如果能在工作中经常变化刺激模式，就能使员工保持较高的活动水平和敏感性。人际关系运动否定了科学管理方法非人性倾向，从员工的角度出发来考虑工作设计，起点是20世纪20年代的霍桑试验。人际关系思想在工作设计中运用的方法是在按照传统方法设计出来的枯燥的工作内容中增加管理成分，以增加工作对员工的吸引力，强调工作对承担这一工作的员工心理的影响。

根据人际关系哲学提出的职务设计方法主要包括工作扩大化、工作轮换和工作丰富化等。

（一）工作轮换

工作轮换并不改变工作设计本身，而是让中小企业中的员工先后承担不同内容但有相似性的工作，定期从一个岗位转到另一个岗位。这样，会使员工有较强的适应能力，同时感受到工作的挑战性以及在新岗位上所产生的新鲜感，能够充分调动员工的积极性。

这种方法的主要不足在于：员工实际从事的工作没有真正得到重大改变，只是一种为了解决员工对这份专业化的、单一的重复性工作所产生的厌烦感，在一定范围内作适当的缓冲，轮换后的员工长期在几种常规的、简单的工作之间重复交替工作，最终还是会感到单调与厌烦。但不容忽视的是，此种方法给员工提供了一个发展技术和全面了解整个生产过程的机会，使其对组织的全局有更好的认识。

（二）工作丰富化

工作丰富化是一种使员工明确其工作意义，取得工作自主权后运用多种技能去全面完整地完成工作任务并得到反馈，从而提高员工积极性的方法，它为员工创造了自我发展与成功的机会，也使员工面临新的挑战。

工作丰富的理论基础是赫茨伯格的双因素理论。这一理论认为，当工作中缺乏保健因素时，员工会产生不满情绪；而当保健因素增加时，员工的不满情绪虽然会被消除，但并不会对员工产生激励。只有当设计工作内容本身的激励因素增强时，才会提高对员工的激励水平，使员工能获取较高的工作绩效。因此，关键的问题是如何提供充分的保健因素以防止员工不满，同时提供大量的激励因素来促进员工努力工作。赫茨伯格为了应用该理论，设计了一种工作丰富化方法，即在工作中添加一些可以使员工有机会获得成就感的激励因子，以使工作更有趣，更富有挑战性。这一般要给员工更多的自主权，允许员工做更多有关规划和监督的工作。他认为，激励员工的最佳手段是通过工作丰富化为他们提供有挑战性的机会，让他们在工作中产生成就感。

工作丰富化的方法有如下几种：

1. 任务组合

任务组合是指对中小企业中现有的零散工作任务进行清理，将这些零散的工作任务组合在一起，形成新的、内容丰富的工作单元。这种做法主要是为了增加技能的多样性和任务的统一性。

2. 建构自然的工作单位

这种方法就是让中小企业中的员工独立地负责一个有意义的工作整体，而不是仅仅负责工作整体中的一个环节。它要求员工自己对工作进行全面计划、执行和监控，使他们感到工作非常有意义，从而提高他们对工作的责任感。这样他们会认为自己的工作是很重要的，而不是像以前那样是无关紧要的。

3. 建立员工—客户关系

客户是指中小企业中员工的工作所指向的对象，也就是接受者。这些客户可能是外部的，也可能是内部的。当一个员工与客户建立直接关系时，他们会从客户那里得到重要的反馈，同时也会使他们感受到一种自主性。另外，与客户建立直接的关联也需要员工具备为客户服务的技能和人际交往技能，这就意味着技能的多样化。

4. 纵向的工作负荷

所谓纵向的工作负荷就是使中小企业中员工的工作职责向纵向发展。员工不仅仅要做执行性的工作，还要有控制权，而这以前都是由更高级的管理人员负责。这样做的目的是使员工感受到自己所拥有的权利,他们会认为工作任务更加重要,而且也会使员工的工作自主性增强。

5. 开通反馈渠道

如果中小企业中的员工看不到对自己工作的反馈,那么他们就无法了解自己的绩效如何。在这种情况下,员工的工作积极性不高,而且也无从知道如何提高自己的绩效。如果给员工提供一条反馈渠道,那么就像有了一面镜子,使得员工的绩效能够反映出来。员工在了解了自己什么地方做得好,什么地方做得不够好之后,就明确了今后努力的方向,有助于提高绩效。

工作丰富化的优点是明显的,它与常规性、单一性的其他工作设计方法相比,能够提供更大的激励和更多的机会,从而提高工作者的生产效率和产品质量,还能降低员工的离职率和缺勤率。美国许多公司和工厂均采用工作丰富化及其他改革来减少离职率和缺勤率。此种职务设计方法的不足之处在于:要使工作丰富化得以实现,就必须使员工掌握更多的技术,因此,企业会增加培训费、整修和扩充工作设备费,同时需要付给员工更高的劳动报酬。

需要注意的是,丰富化并不适合中小企业中所有的工作,因为并不是所有员工都愿意承担丰富化的工作。不过,一般来说,遵守以下原则可以取得比较好的效果:

第一,员工绩效差一定是因为激励不足。如果绩效差是因为生产流程规划不当或者员工训练不足,工作丰富化就没有意义。

第二,不存在其他更容易的改进方法。

第三,保健因子必须重组。如果在薪水、工作环境和领导方式等方面让员工不满,工作丰富化也不会有意义。

第四,工作本身应该不具有激励潜力。如果工作本身已经足够有趣,或者已经具有挑战性,实施工作丰富化就没有必要。

第五,工作丰富化必须在技术上和经济上可行。

第六,质量第一。工作丰富化的主要收益通常在于工作的质量,而不在于工作的数量。

第七,员工必须愿意接受。有些员工不需要也不想承担富有挑战性的工作,他们就喜欢单调枯燥的方法,而把兴趣寄托在工作时间以外。

(三) 工作扩大化

与工作简单化相对应的是工作扩大化。工作扩大化旨在改变中小企业简单、高效率的工作所带来的单调和枯燥乏味,通过增加职务的工作内容,增加员工的工作内容,同时要求更多的知识和技能,从而提高员工的工作兴趣。它包括横向扩大工作和纵向扩大工作。

横向扩大工作的方法很多。例如,将分工细致的作业单位合并,由一人负责一道工序改为几个人共同负责几道工序;在单调的作业中增加一些变动因素,分担一部分维修、保养、清洗、润清等辅助工作;采用包干负责制,由一个人或一个小组负责一项完整的工作;降低流水线转动速度,延长加工周期,用多项操作代替单项操作;

等等。

纵向扩大工作是将经营管理人员的部分职能转由生产者承担，工作范围沿组织形式的方向垂直扩大。例如，生产工人参与计划制订，并自行决定生产目标、作业程序、操作方法、检验衡量工作质量和数量，最后进行经济核算。再如，生产工人不但承担一部分生产任务，还参与产品试验、设计、工艺管理等项技术工作。

工作扩大化的本质是增加每个员工应掌握的技术种类和操作工作的数目，其目的在于降低对原有工作的单调感和厌烦情绪，从而提高员工的工作满意程度。但工作扩大化也有一定的局限性：职务扩大化虽可避免工作过度专业化造成的多样化缺乏，但它并没有给工人的活动造成多少挑战和意义。一位经历过这样一种职务再设计的员工评论道："以前，我只有一份烦人的工作；现在，因为职务扩大化，我有三份烦人的工作。"

（四）以员工为中心的工作再设计

以员工为中心的工作再设计是指从中小企业的员工角度出发，员工全面参与中小企业的工作再设计过程。它是将中小企业的战略、使命与员工对工作的满意度相结合，在工作再设计中，充分采纳员工对某些问题的改进建议，但要求他们必须说明这些改变对实现组织的整体目标有哪些益处，且是如何实现的。

三、工作设计的方法

（一）激励型工作设计

激励型工作设计的思想来源于组织行为学与人力资源管理学。在中小企业工作设计中，它所强调的是能够对工作承担者的工作价值感以及潜力产生影响的那些工作特征，并且把态度变量（如满意度、内在激励、工作参与）以及出勤、绩效这样的行为变量看成工作设计最重要的结果。激励型的工作设计方法所提出的设计方案往往强调通过工作扩大化、工作丰富化等方式来增加工作的复杂性，它同时还强调要围绕社会技术系统来进行工作的构建。

极大影响激励型工作设计思想的一个重要理论是赫茨伯格的双因素理论，这一理论指出，相对于工资报酬这些工作的外部特征而言，个人在更大程度上受到像工作内容有意义这类内部工作特征的激励。赫茨伯格指出，激励员工的关键不在于金钱刺激，而是在于通过对工作进行重新设计来使工作变得更有意义。

关于工作设计如何影响员工反应的一个比较完整的模型是哈克曼的"工作特征模型"。根据该模型，可以从五个方面的特征来对工作进行描述：技能多样性是指工作要求任职者运用多种技能来完成任务的程度；任务完整性指的是工作要求任职者从头到尾完成该项"完整"工作的程度；任务重要性指的是工作对他人生活所产生影响的重要程度；工作自主性是指工作允许个人在工作完成方式方面进行自我决策的程度；工作反馈是指一个人能够从工作本身获得关于自己完成工作的有效信息的明确程度。

这五种工作特征通过影响三种关键的心理状态——"工作意义""责任"以及

"对结果的认识",进而决定了工作的激励潜能。根据这一模型,当核心工作特征以及关键的心理状态非常强时,个人就会受到较高水平的内在工作激励。这种状态会带来较大的工作数量和较高的质量,同时也会带来较高水平的工作满意度。强调激励的工作设计方法通常倾向于强调提高工作的激励潜力。工作扩大化、工作丰富化以及自我管理工作团队等管理实践都可以在激励型的工作设计方法中找到自己的影子。大多数针对这些工作设计方法所进行的研究都表明员工的满意度和绩效质量获得了较大的改进。

(二) 机械型工作设计

机械型工作设计的思想来源于古典工业工程学。在中小企业工作设计中,运用机械型工作设计方法强调的是寻找一种能够使效率最大化的工作方式。在一般情况下,人们首先想到的是通过降低工作的复杂程度来提高工作效率,也就是让工作变得尽量简单,从而使得任何人都能在快速培训后容易地完成工作。机械型工作设计方法强调要按照任务专门化、技能简单化、活动重复化的基本思路进行工作设计。

机械型工作设计模式最早出现在科学管理阶段,在科学崇拜的影响下,认为只要在工作设计的过程中采用科学的方法,就能够使生产率达到最大化。科学管理首先要做的是找出完成工作的"最好方法"。这通常需要进行"时间—动作"研究,从而找到工人在工作时可以采用的最有效的运动方式。一旦找到了完成工作最有效的方式,就应当根据工人完成工作的潜在能力来对他们进行甄选,同时按照完成工作最有效方式的标准对工人进行培训,同时还需要对工人提供金钱刺激,从而激励他们在工作中发挥出自己的最大能力。

机械型工作设计方法要求将工作人员系统最大可能地拆散与分割,工作设计得越简单越好,从而使得工作任务十分容易完成,甚至让人感到单调乏味。如果按照这种方法来进行工作设计,组织就能够降低对能力水平较高的员工的需求,从而减少组织对个人的依赖。每个人都是很容易被替代的,也就是说,新员工经过快速并且费用低廉的培训就能够胜任工作了。

(三) 生物型工作设计

人体工效型工作设计思想来源于工程心理学、人类工效学等。在中小企业工作设计中,人体工效型工作设计所关注的是个体身心特征与工作环境之间的交互关系,它的基本思想是以人在工作活动中的身心特点为中心进行工作设计安排,以缓解工作中的疲劳、紧张与痛苦,避免工作对个体身心健康的伤害。人体工效型工作设计大体可分为生物型的工作设计法与知觉运动型工作设计法两方面。

在对工作体力要求较高的工作进行工作再设计时,生物型的工作设计方法得到普遍采用,这种工作再设计的目的通常是降低某些工作的体力要求,从而使得每个人都能够去完成。此外,许多生物型工作设计法还强调,对机器和技术也要进行再设计,比如,调整计算机键盘的高度来最大限度地减少工作中的机体不适。对于许多办公室工作来说,座椅和桌子的设计符合人体工作姿态的需要也是非常重要的,这是许多生物型方法运用到工作设计之中的一个例子。

(四）知觉运动型工作设计

知觉运动型工作设计法所注重的是人类的心理能力和心理界限。在中小企业工作设计中，这种工作设计法的目标是，通过采取一定的方法来确保工作的要求不会超过人的心理能力和心理界限。这种方法通常通过降低工作对信息加工的要求来改善工作的可靠性、安全性以及使用者的反应性。在进行工作设计的时候，首先需要了解工人所能够达到的能力水平，然后再按照具有基础能力水平的人也能够完成的标准来确定工作要求。

总体而言，现代组织更加强调通过工作设计使工作本身更具激励作用。尽管人性化的工作设计思想已得到普遍的认同，但这并不意味着机械型设计就一无是处，没有应用价值。几种工作设计类型有着不同的特点和优劣，工作设计活动应根据企业的具体情况进行选择，表3-4对不同类型的工作设计方法的积极与消极结果作了简要比较。

表3-4 中小企业工作设计中，不同工作设计方法的结果总结

工作设计方法	积极的结果	消极的结果
激励型方法	工作满意度提高 激励性提高 工作参与度提高 工作绩效提高 缺勤率降低	培训时间增加 利用率降低 错误概率提升 精神负担和压力增加
机械型方法	培训时间减少 利用率提升 差错率降低 精神负担和压力缓解	工作满意度降低 激励性降低 缺勤率提高
生物型方法	体力付出减少 身体疲劳度缓解 健康抱怨减少 工伤事故减少 缺勤率降低 工作满意度提高	由于设备或工作环境的变化而带来财务成本增加
知觉运动型方法	出现差错的可能性降低 发生事故的可能性降低 精神负担和压力出现的可能性降低 培训时间减少 利用率提高	工作满意度降低 激励性减少

资料来源：American Management Association, *Organizational Dynamics*, New York all rights reserved, 1987.

第六节 中小企业工作分析在企业实践中的典型问题

一、员工的个人需求没有很好地被关注和满足

目前在中小企业员工管理中存在一个误区,那就是管理者认为用一些所谓先进的科学管理理念、办法和手段就可以把人管好,却有意或无意地忽视了最具有决定性作用的人的因素。这体现在中小企业在进行工作分析的时候,总是以"企业对员工的要求"为出发点单方向来进行,企业的要求在工作分析中占绝对统治地位,员工只是被动地接受工作分析和企业要求并被期待着优秀绩效的产生。能够被允许提供的信息反馈和建议也被要求和限制在如何改进工作效率,提高产量等方面,在这种环境下所得出的结果可想而知。造成的负面影响具体表现在:

(1) 员工对工作分析积极性不高,甚至有员工担心工作分析会对自己已熟悉的工作环境带来变化或者导致自身利益的损失,而对工作分析怀有恐惧心理。

(2) 员工在工作分析信息提供的过程中提供虚假的工作情况,故意夸大所在岗位的实际工作责任、工作内容和工作范围,而贬低其他岗位的工作。

(3) 员工对工作分析的结果持无所谓的态度,认为工作分析纯粹是公司在浪费时间走"形式主义"。因此,在工作分析和工作设计完成后的实际岗位操作和业务执行上,积极性不高,认为结果跟自己关系不大。

二、企业内外部环境的迅速变化使中小企业工作分析无法有效进行

(1) 随着中小企业生命周期的变化,公司的经营战略、工作结构、职位安排、组织框架等都会发生变化,从而影响很多工作的实际内容、人员要求和职责范围。这些变化会使工作分析的复杂程度加大。

(2) 为了最大限度地配合企业的发展战略,有时候不得不通过缩短工作分析实施周期、减少参与人员、取消部分环节和减少(或取消)操作步骤的方法来保证及时完成短期目标,这样所得出的结论往往与实际情况不符。

三、对工作分析的目的不明确

(1) 如今,部分中小企业管理者已经认识到进行工作分析的必要性,但没有具体的实施目标和期望,或者工作分析不契合自身情况。

(2) 有些中小企业管理者对工作分析赋予太多或太高的期望,以至于分不清适合本企业的、现阶段的工作分析重点。分不清主次的结果只能是使该工作分析针对性不强,最终可能一个目标也达不到。

学习案例

M公司是一家中小型物流公司,其资金、服务网络、客户资源都有限,但公司业务一直保持着飞速增长的势头。公司在2002年通过推出一系列"一站式"综合物流解决方案,成为许多大公司的物流服务商。从2006年开始,公司通过对市场的分析和追踪,计划推出一套新型物流仓储增值服务方案。该物流方案能够有效地降低仓储及分拨运输成本,具有良好的市场前景并符合公司的发展规划,公司领导层对该产品的市场反应和回报也寄予很高的希望。

2007年初,有一大客户委托M公司进行试运行,根据运行情况确定下一步的合作方向。但由于客户内部意见不统一,致使双方前期商务谈判一拖再拖,耽搁了太多的时间。等到双方就商务和操作细节达成一致后,距客户要求的项目实施期只剩下大约一个半月的时间。如此短的时间无论如何也无法按照公司正常的业务流程来完成前期准备工作,尤其是人员配备和培训方面。

在得到客人的正式确认后,忧心忡忡的项目经理,第一时间向总经理做了汇报。总经理在详细听取了他的报告并仔细审阅了项目计划和项目成员的工作描述书后,表示人员安排和前期准备将不会是问题,他很有把握利用现有的人力资源,在不影响现有业务的基础上及时、准确地达到项目的各项要求。项目经理十分惊讶,因为他已经预先了解现有操作团队的构成情况,依他自己对目前局势的了解,现有人员根本无法满足项目要求,那么总经理的信心又是从何而来呢?

总经理自然有他的高招。首先,他充分利用现有的工作成果进行个性化的工作计划和安排。他参阅员工入职时的情商和智商测验结果(主要是个人性格、职业倾向性和智力水平等方面)和面试评语,并根据新公司新业务的发展,圈定了两位有潜力的员工,作为公司日后"核心员工"进行重点培养。两人具体情况如下:X员工是一位进公司较晚的员工,但有物流行业的从业经验,性格稳重,实习期工作表现优秀、绩效平稳可靠,集体观念强。若短时间内(一到两年内)在较为薄弱的人员管理和团队组织能力上有大幅提升的话,该员工日后将成为企业紧缺的具有丰富专业知识的中级管理人员。Y员工,进公司较早,有较好的英语表达能力和与人沟通的意愿,工作热情极高。但由于物流专业知识的缺乏,日常操作中时常会犯一些小错误,影响自身的绩效。但她的主管坚信该员工潜力大,因为他富有钻研精神、效率高且自身愿意承担更多的责任。鉴于此,总经理仍然将其划入潜在核心员工群体中。其次,总经理让员工制订符合自身发展的个人发展计划。他与人力资源经理进行了讨论,并请他在不违反公司政策的前提下,就两位员工的心理测验结果和职业发展管理理念与他们进行单独交流和解读。希望他们能够通过与人力资源专家面对面的沟通,结合自己直接上级的评价反馈来更好地了解自己现阶段的长处、短处,进而明确自己的发展方向。随后,两位员工应总经理的要求,根据各方面提供的信息，结合自己现阶段的个人需求和中长期目标进行分析，总结现阶段自己的优势、劣势，并根据自己的人生目标、价值观和长期目标来制订自己的中长期职业计划。最后，两名核心员工就此项目制订工作计划书。

讨论题

1. 你认为 M 公司的总经理为什么对项目有信心？
2. 你认为总经理的工作分析和设计还有哪些欠缺之处？

参考文献

1. 常亚平、赵应文、池永明主编：《人力资源管理》，武汉理工大学出版社 2006 年版。
2. 〔美〕加里·德斯勒：《人力资源管理（第 9 版）》，吴雯芳、刘昕译，中国人民大学出版社 2005 年版。
3. 钱斌、刘德妍等：《人力资源管理理论与实务》，华东师范大学出版社 2006 年版。
4. 许小东：《人力资源管理理论与实务》，高等教育出版社 2006 年版。

本章思考题

1. 工作分析的内容和步骤具体有哪些？
2. 工作分析的方法有几种？
3. 工作设计的形式和方法有哪些？

第四章

中小企业员工的招聘与录用

引导案例 G百货公司基于战略的核心人才招聘选拔[①]

G公司是一家中小型百货公司,成立于1991年。为适应市场和竞争的需要,经过分析和研究,G公司确定了未来的发展方向、总体目标及近期发展计划,并对公司的整体组织架构进行了相应调整。公司领导认识到,缺乏核心人才是主要的发展瓶颈之一。公司的总体战略目标是要成为"区域百货连锁100强"。为此,公司确立了核心人才规划原则和思路。公司核心人才规划的基本步骤是:战略前提和依据—识别公司核心能力—识别核心人才—核心人才的需求预测—建立核心人才素质模型—核心人才供给预测及内部人才盘点—核心人才供求计划—核心人才培养计划。

基于战略发展需要,该公司的核心人才招聘选拔工作主要是这样开展的:公司依据自身发展的需要,在明确了所需核心人才的种类,同时掌握各类人才素质的前提下,通过对外部劳动力市场人才供给状况的考察和内部人才的盘点分析,预测通过外部招聘和内部选拔能否满足自己的需要。通过对公司多年招聘人才实践的分析,发现由于核心人才素质的独特性,通过外部直接招聘的方式很难满足企业需求。通过内部盘点发现企业内部具有一定数量有潜力的人才,但由于公司前期培养人才缺乏系统性,没有对有潜力的人员进行针对性的培训,导致他们的素质提升很慢,不能满足企业快速扩张时期的需要。为此,G公司通过核心人才的供给预测分析,结合企业发展对人才的需求,提出了核心人才招聘选拔策略,主要包括以下四个方面:(1)及时补充策略。关键岗位人才缺口应尽快补充,否则随着业务的扩展,人才缺口将急速扩大,最终成为企业成长的瓶颈。因此,发现和培养合适的人才应成为各级管理人员和人力资源部门的核心工作之一。(2)内部优先培养策略。关键岗位人才应着眼于自身培养,特别是门店高层次管理类人才(门店总经理等)应

[①] 参见张春虎、朱益宏:《G百货公司基于战略的核心人才规划管理》,载《中国人力资源开发》2009年第5期。

尽可能通过培养现有员工来提拔。（3）基层加速策略。对于较容易培养的基层岗位可适当加快培养速度，这一方面可以增加人才供给，另一方面也可以增强对基层员工的吸引力，减少人才流失。（4）人才储备策略。可以在一定程度上扩大基层管理岗位的数量，并储备一定数量的基层管理人员和可以培养为管理人员的应届大学生，以便从中挑选和培养更高层级的人才。

1. 企业的招聘策略为什么要配合企业的战略？
2. G公司的核心人才招聘策略对其他企业的招聘有什么值得思考和借鉴的地方？

第一节　中小企业人员招聘与录用概述

员工招聘与录用是中小企业人力资源管理的重要环节，也是最基础的工作。员工招聘是指根据中小企业自己制订的人力资源计划，按照一定的程序和方法，募集、挑选、录用具备资格并符合条件的求职者担任一定职位工作的系列活动。一般来说，可以满足中小企业的三个目标，即中小企业的现实需要、未来需要和效率需要。

一、招聘与录用对于中小企业的重要意义

中小企业的生存与发展离不开诸多资源的支撑，在众多资源中，人力资源的重要性不言而喻。中小企业的发展与经营战略的实现离不开人才资源的支持，因此提升人才招聘管理水平对提高中小企业人力资源管理整体水平意义重大。

目前，中小企业面临诸多挑战与机遇，对人员的素质和能力的要求与时俱进，对人员的管理也面临着不断提高和更新的问题。如何在有限的时间内以最少的成本招聘到合适、优秀的员工不仅是人力资源工作者梦寐以求的目标，也是中小企业管理层孜孜不倦的追求。因此，在当前形势下对员工招聘活动进行科学管理以提高招聘有效性，确保人才优势，对于中小企业人才开发和人力资源管理来说，不仅具有理论意义，而且更具有现实的指导意义。

第一，有利于中小企业提高资源利用率。随着市场竞争的日趋激烈，中小企业要想在复杂多变的环境下求得生存与发展，就得利用有限的资源成功地吸引、激励、留住人才。招聘工作是人力资源系统的输入环节，其质量的高低直接影响着企业输入和引进人才的质量。一个有效的招聘系统，将会使企业有更多的机会获得胜任工作并对所从事的工作感到满意的人才资源，并能有效促进员工通过合理流动找到适合岗位，实现职能匹配、群体相容，同时调动人的积极性、主动性和创造性，使员工的潜能得以充分发挥，人员得以优化配置。反之，则会使企业中存在大量不称职的员工或产生

较高的人员流动率，使企业遭受巨大损失。

第二，有利于解决中小企业人才匮乏的困境，创造组织的竞争优势。在当前企业竞争就是人才竞争的背景下，一个组织拥有什么样的员工，在一定程度上决定了其在激烈的市场竞争中处于何种地位。人才的获得是通过招聘环节来实现的，招聘是组织创造竞争优势的基础环节，对于企业急需的紧缺人才来说，人员招聘更是有着特殊的意义。中小企业规模小、资金少、管理水平低，对人才缺乏吸引力，对员工招聘管理的研究能为企业招聘活动提供现实的指导意义，从而解决中小企业人才匮乏的困境。

第三，有利于拓宽和发展中小企业招聘理论。目前，人力资源管理的研究对象主要是大型企业，而中小企业在人力资源管理、人才储备、资金能力等方面，均与大型企业存在很大的差距，从而无法直接套用这些理论。这就需要我们在分析中小企业优势和劣势的基础上，应用权变理论找出一些符合自身特点的招聘管理办法来指导中小企业的招聘选拔工作，以推动企业的可持续发展。

第四，有助于中小企业形象的传播。经验表明，企业员工招聘的过程既是吸引、招募人才的过程，又是向外界宣传企业形象、扩大企业影响力和知名度的一个窗口。因此，中小企业利用招聘能向外界进行形象宣传，同时扩大影响力和知名度。

第五，可降低中小企业招聘成本，提高招聘效率。招聘成本一般包括三方面：一是直接成本，如招聘过程中的广告费、场地的租用费、招聘人员的工资以及聘请专家等相关费用；二是重置成本，即因招聘不慎，重新招聘时所开支的相关费用；三是机会成本，因新员工未完全胜任工作导致其离职造成的费用。因此，招聘活动的有效进行不仅能够大大降低其招聘成本，而且能降低中小企业人力资源的管理成本以及企业的整体成本。

二、中小企业招聘与录用的基础工作

（一）人力资源规划

人力资源规划，又称人力资源计划。它是指中小企业根据内外环境的发展制订的有关计划或方案，以保证中小企业在适当的时候获得合适数量、质量和种类的人员补充，从而满足中小企业的发展需求。

人力资源规划对于中小企业来说非常重要，是发展的奠基石。因此，中小企业人力资源规划必须注意以下几点：

1. 充分考虑中小企业内部、外部环境的变化

无论什么时候，规划都面向未来，而未来总是含有不确定的因素，这些因素有内部的，也有外部的。内部因素包括中小企业发展战略的变化、员工流动的变化等；外部因素包括政府人力资源政策的变化、人力供需矛盾的变化，以及竞争对手的变化等。为了更好地适应这些变化，在起初的人力资源规划中就要充分考虑并为应对这些变化作好准备。

2. 开放与动态

开放就是强调中小企业在制订人力资源规划时，思路要开阔。没有开放性的理念，人力资源规划就会陷入被动局面。动态就是强调中小企业在人力资源规划时要做好预期。中小企业发展规划的作用期为五年，如果刚刚制订出来马上就修改，说明制订规划时没有考虑动态性的原则，这将给企业带来不必要的损失和浪费。

3. 与员工共同发展

人力资源管理不仅为中小企业服务，同时也要促进员工发展。中小企业的发展和员工的发展相互依托、相互促进。只有找到员工和企业的最佳结合点，才能实现企业和员工的共同发展。

（二）工作分析

工作分析是中小企业人力资源管理的一项基础性工作，占有非常重要的地位，发挥着非常重要的作用。

三、中小企业招聘与录用的影响因素

一般来说，影响中小企业招聘工作的因素从其影响的范围可以分为外部影响因素和内部影响因素。

（一）影响企业招聘工作的外部因素

外部因素主要包括：国家的政策法规、国家的宏观经济形势、劳动力市场、技术进步、社会文化以及教育状况等。这里就国家的政策法规、国家的宏观经济形势、劳动力市场、技术进步方面作基本介绍。

1. 国家的政策法规

国家的政策法规对中小企业招聘活动的影响主要表现在客观上约束着人力资源招聘对象的选择和限制条件。涉及招聘规定限制的具体法律法规有：《劳动法》《国有企业招用工人暂行规定》《女职工禁忌劳动范围的规定》《集体合同规定》《未成年工特殊保护规定》《企业劳动争议处理条例》等。中小企业在制订招聘计划和实施招聘录用工作时要充分考虑这些国家规定，防止出现违反法律的行为，也避免产生法律纠纷。

2. 国家宏观经济形势

一般来说，宏观经济形势良好，招聘机会就多，反之亦然。国家经济运行良好时，失业率相对较低，同时员工就业难度降低，企业裁员压力也会降低。国家经济低迷时，失业率相对较高，招聘机会相对较多。

同时，宏观经济中通货膨胀对招聘的影响直接体现为招聘成本的快速上升，包括交通成本、招聘者工资、面谈开支、招聘信息的宣传成本增加等。

3. 劳动力市场

劳动力市场是中小企业进行招聘工作的主要场所。它对中小企业招聘带来的影响表现在：劳动力市场的供求关系直接影响企业招聘的数量和质量。供不应求的劳动力市场将使得中小企业很难招聘到符合企业需求的人才。同时，劳动力市场的条件直接影响企业的招聘成本。在完善的劳动力市场，供求双方信息充分，交易成本降低；相反，交易成本则会提高。

4. 技术进步

技术进步对中小企业的招聘影响很大。中小企业技术进步的差异直接影响其招聘工作的效率和成本；技术进步改变了某些职位的技能、技巧要求；技术进步影响了人们的工作生活方式，如弹性工作制可能在一些行业岗位能更好地适应新技术发展的要求，这也将对招聘工作直接产生深远影响。

（二）影响企业招聘工作的内部因素

1. 中小企业的职位要求

中小企业招聘的目的就是要满足其职位需要，职位的决定因素体现在两个方面：一是人力资源计划决定职位空缺的数量和种类；二是工作分析决定的空缺职位的职责和素质要求等内容。

2. 应聘者的个人条件和偏好

对于中小企业的职位需求，应聘者的条件适合与否将决定应聘者的命运，同时，涉及应聘者的个人偏好，包括性格、薪酬期望、个人发展目标、工作内容等。在招聘过程中要充分考虑这些个人因素与中小企业需求的契合点，只有充分考察个人的相关条件才能选择到合适的人才，提高企业的招聘效率和效益。

四、中小企业招聘的原则

（1）公开招聘原则。招聘信息、招聘方法应公之于众，一方面接受公开监督，杜绝不正之风；另一方面可吸引大批的应聘者，从而有利于找到一流的人才。

（2）平等竞争原则。中小企业招聘时，应创造一个公平竞争的环境，对所有应聘者一视同仁，不得人为地制造各种不平等的限制。以严格的标准、科学的方法对候选人进行测评，根据测评结果确定人选，这样既可以选出真正优秀的人，又可激励其他员工。

（3）效率优先原则。即以尽可能少的招聘成本录用到合适的人员。选择最适合的招聘渠道、考核手段，在保证任职人员质量的基础上节约招聘费用，避免长期职位空缺造成的损失。

（4）双向选择原则。该原则是指中小企业根据职位说明书的要求自主地选择需要的员工，同时劳动者也可根据自己的条件自主地选择企业。在招聘过程中，招聘者不能仅以自己的主观意志一味地去选择，更要考虑所需人员的需求，创造吸引他们的条件，使他们愿意为企业工作。

五、我国中小企业员工招聘存在的问题

目前，我国中小企业的招聘整体水平还处在相对初级阶段，与大型企业和跨国企业差距还很大，还没有一套具备高度应用价值的职位体系和标准。在招聘的各个环节上，基于主观经验的招聘方式占据首要位置，远未实现招聘的标准化、流程化。同

时，中小企业由于自身规模小、资金少、人力资源管理水平较低等原因，在吸引、选拔人才等方面存在许多问题，严重影响企业招聘的有效性。主要表现在以下方面：

（一）招聘组织机构不健全，人事部门职能履行不足

目前大部分中小企业看重短期经济效益，对招聘管理工作甚至人力资源管理工作重视性不够。在部门设置的时候并没有单独设置人力资源部，更别说配备专职招聘管理人员，有的企业即使有专职人员也缺乏必要的组织和培训，职业化水平普遍较低，不能根据企业总体发展战略对人力资源需求进行适当的预测，企业的招聘活动组织不严密，难以为企业的发展提供及时高效的招聘服务。同时，人事部门职能履行不充分，对于员工的入职条件不清楚，员工与工作出现错配现象。

（二）招聘缺乏战略规划

中小企业一般都是在人员或者岗位出现空缺后才去招聘新员工，很少在企业总体发展战略的基础上进行，对未来的人力资源需求没有进行适当的预测，做好充分的准备。而当企业长时间找不到合适的员工时，就会降低人员录用的标准。中小企业没有一个长远的战略眼光去为人力资源作积极的规划，从而使招聘成为表面的事情。

（三）招聘机制不够科学规范

很多中小企业在进行员工招聘时，没有选择正确的、科学的招聘渠道，大多数都是将招聘信息发布在媒体上，希望以此来吸引更多的人才来应聘。

在招聘时，企业没有系统科学的人才测评工具，过多依靠招聘人员的主观判断，也造成对应聘者的不公正评价。并且大多数中小企业在招聘的时候过分看重学历，而忽视求职者真正的才能，如不管招聘什么职位的员工，首先问是否是本科、研究生毕业或者有没有工作经历等问题。中小企业对所需岗位的任务说明缺少明确的定位，也使其无法找到精准的员工。此外，中小企业往往忽视精神的激励方式，如员工的内在需求激励、愿望激励等，使得企业和员工的忠诚度不高，在一定程度上造成员工的流失。

（四）招聘者专业素质不够

招聘时，招聘人员的素质以及个人形象会直接影响应聘者对中小企业的整体评价。求职者对于中小企业的第一印象来自于企业的招聘人员，而从总体上讲，中小企业的招聘人员在专业知识、经验、面试技巧等方面都存在不足。

（五）人力资本意识淡薄，薪酬设计没有吸引力

在中小企业，人力资本意识极为淡薄，只顾眼前利益，不愿意对人力资本进行投入，在招聘成本、薪酬设计、培训经费方面能省则省，更谈不上对员工职业生涯的设计。对员工而言，薪酬不仅仅是劳动所得，它在一定程度上代表着自身的价值，也代表企业对自己工作的认同，甚至还代表自己的个人能力和发展前景等。没有薪酬优势是中小企业招不到人、留不住人的重要原因。

（六）法律意识淡漠，员工没有安全感

中小企业中劳资关系的主要问题是双方存在不平等、不公平现象，主要表现为劳资关系不规范、员工利益得不到法律的保护、员工缺乏劳动保障、违反《劳动法》的规定、随意延长员工的工作时间、经常克扣和拖欠员工工资、劳工条件差、工作环境恶劣等。

在招聘过程中，就业歧视和侵犯他人隐私的现象在中小企业中也较为普遍。例如，在招聘活动中，经常会出现缺乏依据的学历歧视、年龄歧视、性别歧视、地域歧视等情况，在面试时更是经常侵犯他人隐私。

六、中小企业员工招聘的优、劣势分析

中小企业在招聘方面的优、劣势可以从公司产业的特点、地理位置、工资待遇的竞争性以及公司管理和文化的先进性方面进行分析。

（一）优势分析

中小企业在人力、物力、财力等方面都远逊于大型企业，但是中小企业也有很多优势。

（1）成长快，机会多。相对来说，大企业的持续经营依靠完善的制度，中小企业则大多靠个体员工的力量。个体对中小企业的贡献大，影响也大。因此在中小企业中，个体容易发挥特长，体现自己的能力，并富有成就感。对于追求成功的人来说，中小企业有吸引力。

（2）招聘成本低。中小企业多数不属"高、精、尖"行业，对员工素质要求低，因此满足要求的员工多；同时，中小企业招聘多依托当地人才市场现场招聘或熟人推荐，招聘成本低。

（3）中小企业组织结构和人际关系简单。中小企业组织结构简单，工作效率高，工作强度和节奏也不高，同时员工关系简单，工作愉悦。

（二）劣势分析

当然，中小企业的劣势也是明显的。

（1）规模小、稳定性差。中小企业因规模小，资金缺乏，薪酬只能尽量维持在市场平均水平，有些甚至低于市场平均水平。这就导致中小企业管理人员以及技术熟练的工人稳定性差；优秀人才的稳定性差。加上中小企业抗风险能力低，市场变化也会导致中小企业经营具有较大的不稳定性；反过来，又会导致中小企业的优秀人才更加不稳定。

（2）地域性强，不利于引进人才。中小企业由于规模小，企业市场地域色彩明显。而市场的地域性，又形成员工的地域性，导致包容性不够，从而影响优秀人员的引进和保留。

（3）中小企业管理制度不健全。中小企业多缺乏长远规划，发展愿景不明，目标不清。缺乏系统、完善和科学的人事管理制度，这也阻碍了优秀人才的引进和保留。

（4）中小企业社会知名度不高，缺乏品牌效应。多数中小企业及其产品的影响只限于地区，品牌知名度不高，这也影响优秀人才的引进。

（5）文化建设滞后。中小企业还没有建立良好的企业文化以及企业发展价值导

向，更没有建立起协调员工利益与企业利益的机制，因此中小企业发展缺乏凝聚力，员工缺乏归属感。

第二节　中小企业人员的招聘与录用

一、确定招聘的时间与地点

（一）招聘时间的确定

面试双方必须事先约定好时间，约定的时间应该是双方都可以全身心地投入面试。为保证新聘人员准时上岗，需挑选最合适的时间进行招聘。一般来说，招聘日期的具体计算公式为：

招聘日期＝用人日期－准备周期＝用人日期－培训周期－招聘周期

说明：式中培训周期是指新聘员工进行上岗培训的时间；招聘周期指从开始报名、确定候选人名单、面试、直到最后录用的全部时间。

（二）招聘地点的确定

在场地的选择上，一般公司会选择办公室作为面试场所，但要注意的是，应避免电话和突发事件干扰面试的进行。同时，面试的环境要舒适、安静、整洁，桌椅摆放要合理，因为任何一点不恰当的摆设都可能影响被面试者的心情，进而影响他们水平的发挥，影响面试的效果。另外，面试的场所也可以突出中小企业的特点，便于双方交流。如果为了节省费用，中小企业也可将招聘放在劳动力市场进行。

二、确定招聘信息的发布渠道

（一）广告

1. 广播与电视广告

广播电视有较强的视听感觉。如果选择在黄金时段，则受众众多，容易留下深刻印象。但广播电视的成本较高，并且持续时间短，难查阅。一般不太适合中小企业招聘。

2. 报纸广告

报纸的优点在于它的发行量大，选择灵活。由于报纸将栏目分类编排，有专门的求职类型的报纸或版面，这容易引起求职者注意，也便于他们查找。缺点是应聘者的应聘材料处理工作量大；报纸保留时间较短，导致潜在候选人可能会错失应聘机会；报纸的纸质和印刷质量也会对广告的设计造成限制。

报纸广告比较适用于想在某个特定地区招聘一些短期内就需要填补空缺职位的中小企业。如果某中小企业的员工流失率高，那么通过报纸广告快速补充员工也是较好的选择。

3. 行业或专业杂志广告

杂志的优点在于接触目标群体的概率比较大，便于保存，信息保留时间长，且纸质和印刷质量好，可以产生较强的视觉冲击力。但杂志也有缺点，如每期的发行时间间隔较长、地域范围较分散、广告的预约期较长等。针对杂志的特点，中小企业在招聘高级管理人才或专业人才时可以采用。一般员工的招聘不需要使用杂志广告。

4. 互联网广告

互联网是新兴的广告发布载体，特别是近年来发展迅速，这一平台是年轻人特别喜欢关注的。选择适当的平台发布招聘信息可能取得事半功倍的效果，因此，互联网广告特别适合于中小企业的招聘。

三、招聘渠道与方法的选择

（一）内部招聘

招聘的渠道主要有内部招聘和外部招聘两种。这两种渠道各有利弊，要结合中小企业人力资源战略展开。

内部招聘渠道主要有：内部公开招聘、晋升、平级调动、岗位轮换、重新雇用或召回以前的员工等。相对来说，中小企业大量采用内部招聘来解决人力资源不足的问题。

内部招聘的方法主要有职业生涯开发系统和公告征召两种。

1. 职业生涯开发系统

职业生涯开发系统就是针对特定的工作岗位，在企业内挑选出最合适的候选人，将他们置于职业生涯发展路径上接受培养或训练。这种方式的优点是能够帮助中小企业留住企业的核心人才。并且，也确保当某个重要职位出现空缺时，能及时补充合格的人员，避免由于重要岗位上的人员突然离职而带来的损失。当然，没有纳入职业生涯开发系统的员工可能会产生不满，而纳入职业生涯开发系统的员工如果长久没有兑现也会产生挫折。但总体来说，职业生涯开发系统比较适合企业规模小的中小企业。

由职业生涯开发系统衍生出来的是技能清单。技能清单包括员工的资格、技能、智力、教育和培训等方面的信息，但需要对这些信息进行及时的更新，以便全面和及时地反映所有员工的最新技能状况。中小企业人力资源管理部门可以运用计算机建立资料库来开展这项工作。技能清单将减少中小企业的外部招聘，更好地用足本企业的员工。

2. 公告征召

公告征召是一种中小企业向员工通告内部职位空缺以进行内部招聘的方法。公告中应描述职位的责任、义务、工资水平、工作日程和必要的资格条件，并告知与这次公告相关的信息，如公告日期、截止申请日期、申请的程序、测试内容和联系方式等，所有被认为具备资格的员工都可以申请该职位，通过投票选出最合适的人选。

对中小企业来说，公司内部征召不仅可以留住公司中有能力的人员，也可以减少外聘的成本。公告征召给员工提供了一个平等竞争的机会，让员工看到了晋升的希望，这样他们就会更努力地提高自己的工作绩效。同时，公告征召还确保了最适合的员工从事该项工作的机会。工作公告是面向全体员工的，所以职位候选人的范围更大,从而保证选择的效果。但是这种方法也有很多的缺点,比如,这种方式比较费时,职位候选人的范围大,导致招聘花费的时间往往会很长。对于中小企业来说,这也会导致员工的不稳定,如有的员工由于不明确方向而在部门间跳来跳去。

(二) 外部招聘渠道

外部招聘渠道主要有:广告、人才招聘会、员工推荐、就业服务机构、校园招聘、猎头公司等。

(1) 广告招聘。一般来说,招聘广告的内容包括:本企业的基本情况,招聘是否经过有关部门的批准,空缺职位的情况,申请者必须具备的条件,报名的时间、地点、联系方式,以及需要的证件及材料等。职位的情况可以参照职位说明书,但应该把职位情况转换成应聘者的角度加以介绍。

(2) 人才招聘会。人才招聘会可以分为两大类:一类是专场招聘会,即只有一家公司举行的招聘会;另一类是非专场招聘会,即由某些人才中介机构组织的有多家单位参加的招聘会,通常是成百上千家单位参加的大型招聘会。对中小企业来说,应多参加非专场招聘会。若想在人才招聘会取得好的效果,就必须做好充分的准备,包括准备招聘职位的信息、公司宣传资料、配备经验丰富的招聘人员等。

(3) 员工推荐。员工推荐是指员工从他们的朋友或相关的人中推荐求职者。这种方法特别适合缺乏某种技术人员的中小企业。它能为中小企业节省招聘费用,同时有利于同事间的了解、沟通与协调。

(4) 就业服务机构。社会上有各种就业服务机构,其中有人事部门开办的人才交流中心、劳动部门开办的职业介绍机构,还有一些私营的职业介绍机构。

一般来说,企业使用就业服务机构来解决人力资源不足有三个原因:一是企业没有自己的人力资源管理部门,不能较快地进行人员招聘;二是某一特定职位需要立即有人填补;三是当企业发现自己招聘有困难,比如招聘对象目前仍在别的组织中工作,他们可能不太方便直接同当前组织的竞争对手接触时,就要通过就业服务机构来解决人员招聘问题。因此,使用中介机构解决中小企业的人力资源不足就具有重要意义。

(5) 校园招聘。由于社会上有经验的员工数量有限,而且获取这些人才成本往往比较高,因此,校园招聘也是中小企业获取人才的重要来源。校园招聘的优点是可以迅速在校园中找到足够数量的高素质人才,而且新毕业生的学习愿望和学习能力较强,可塑性很强;另外,与具有多年工作经验的人相比,毕业生薪酬较低。但校园招聘也存在不足:学生没有工作经验,需要进行一定的培训;往往有过于理想化的期待,对于自身能力也有过高的估计,且容易对工作和企业产生不满;在毕业后的前几年一般有较高的离职率;校园招聘需要经过系统的策划,在组织方面也需要付出较大的努力;更重要的是,因中小企业的规模有限,知名度不高,在校园招聘中也难以获得大量优秀人才。

(6) 猎头公司。猎头公司是指专门为企业招聘中高级管理人员或重要的专职人员的私人人才推荐机构。由于人才的短缺,导致主动求职的愿望相对较低,并且他们已经有很好的工作，因此运用公开的招聘方法难以吸引他们。而猎头公司拥有自己的人才数据库，并经常主动去发现和寻找人才，还能够在整个搜索和甄选过程中为企业保守秘密。对中小企业来说，通过猎头公司获取最紧缺的人才也是一条路径。但猎头公司服务费相对较高，一般是招聘职位年薪的1/3—1/4。因此，不到万不得已，中小企业一般不会找猎头。当企业做大做强以后，通过猎头公司寻找优秀人才是常用的做法。

中小企业在与猎头公司合作时，应该注意以下几个问题：第一，选择猎头公司时要对其资质进行考察，尽量与背景和声望较好的公司合作。第二，与猎头公司合作时，要在开始时就约定好双方的责任和义务，并就一些容易发生争议的问题达成共识，如费用、时限、保证期承诺、后续责任等。第三，要让猎头公司充分了解企业对候选人的要求，确立对理想候选人的技能、经验和个性的理解。第四，猎头公司所推荐的候选人应该已经与原来工作的公司解除聘用关系，特别是涉及企业技术开发的人员，必须小心。第五，避免与过多的猎头公司合作，如果与一家信誉好、服务质量高的猎头公司合作愉快的话，今后类似的招聘工作就可以继续与之合作。

四、中小企业招聘决策

中小企业招聘决策是指中小企业中的最高管理层关于重要工作岗位的招聘和大量工作岗位的招聘决定过程。个别不重要的工作岗位招聘，不需要经过最高管理层的决定，而重要岗位对于企业发展有着深远的影响，是人员招聘中非常重要的部分。

（一）招聘决策的运作

主要分为以下几步：

1. 用人部门提出申请

需要增加人员的部门负责人向人力资源管理部门提出需要人员的人数、岗位、要求，并解释理由。

2. 人力资源管理部门复核

人力资源管理部门应该到用人部门去复核申请，并根据复核情况写出相应的复核意见。

3. 最高管理层决定

根据企业的不同情况，可以由总经理工作会议决定，也可以在部门工作会议上决定。决定应该在充分考虑申请和复核意见的基础上产生。

（二）招聘决策的主要内容

（1）什么岗位需要招聘？人员需要多少？岗位要求如何？

（2）何时发布招聘信息？采用哪种渠道发布招聘信息？

（3）委托哪个部门进行招聘测试？

（4）招聘预算多少？

（5）何时结束招聘？

（6）新进员工何时到岗？

（三）招聘决策的选择

招聘决策的选择也是一个策略问题，随着竞争压力的加剧，招聘决策的选择对于中小企业来说至关重要。

（1）是招聘还是灵活雇用？

（2）是内部招聘还是外部招聘？

（四）发布招聘信息

1. 招聘信息的原则

发布招聘信息是一项十分重要的工作，它直接关系到招聘的质量。在发布信息时应当遵循以下原则：

（1）面广原则。发布招聘信息的面越广，接收到该信息的人就越多，应聘的人就可能越多，这样招聘到合适人选的概率就会越大。

（2）及时原则。招聘信息应该尽早向人们发布，这样有利于缩短招聘进程，而且有利于使更多的人获取信息，使应聘人员数量增加。

（3）层次原则。招聘对象均处于社会的某个阶层，要根据招聘岗位的不同，向特定层次的人群发布招聘信息。

2. 发布招聘信息的类型

一般来说，招聘信息的主要类型有：电视、电台、报纸、杂志广告，招聘布告、新闻发布会、其他口头的或非正式的方式等。应结合中小企业特点选取适合的招聘信息发布方式。

（五）招聘渠道的选择

招聘渠道有内部招聘和外部招聘两种。对于中小企业来说，更多的是先选择内部招聘。只有在内部员工无法满足需要时才开展外部招聘。

即使选择外部招聘，也要考虑招聘收益最大化的问题，尽量在节省招聘成本的前提下招到需要的人才。

（六）应聘者提出申请与报名材料的整理

应聘者在获得招聘信息后，可向招聘单位提出应聘申请。一般来说，应聘申请有两种方式：一是应聘者通过信函向招聘单位提出申请；二是直接填写招聘单位应聘申请表。

招聘单位的人力资源部门应当进行相关报名资料的有效整理，报名材料主要包括：应聘申请表，应说明应聘的职位；个人简历，包括学历、工作经验、技能、成果、个人品格等信息；各种学历、技能、成果证明；身份证（复印件）等资料。

五、中小企业人员招聘与录用方法

人力资源管理部门在运用面试、心理测验和情境测评等多种方法对职位候选人进行选拔评价之后，就得到了关于他们是否胜任的信息，根据这些信息，可以作出初步的录用决策。

(一) 对未录用应聘者的处理

在招聘时，很多中小企业往往只在那些将要被录用的应聘者身上做工作，而忽视了对未被录用应聘者的回复。其实，对未被录用的应聘者进行答复最能体现企业形象。对于中小企业来说，答复未被录用的应聘者最好采取书面的形式，例如，通过电子邮件答复，在邮件中，语言要尽量简洁、坦率、礼貌，同时应该具有鼓励性，并表示与应聘者建立长期的联系，这样就可以方便、快捷而且又不失尊重地传达公司的决定。

值得注意的是，在决定未被录用者时要留有一定的名额。对于一个职位，初步录用的人数要多于实际录用的人数。这样做是因为中小企业还要对初步录用的人选进行背景调查，因此可能会有一些人无法被录用。应聘者个人也可能由于无法离开原单位，或者找到了更好的职位等各种原因而不来任职。人力资源部门如果留有备选人名单，就能随时找到合适的人选来代替。

(二) 背景调查

背景调查就是对应聘者与工作有关的一些背景信息进行查证，以确定其任职资格。通过背景调查，一方面可以发现应聘者过去是否有不良记录；另一方面也可以对应聘者的诚信进行考察。

背景调查的主要内容有：

(1) 学历水平。目前，大学毕业证书已经逐渐进入互联网管理，可以在互联网上进行查询，这为招聘单位进行有关的背景调查提供了便利。

(2) 工作经历。对过去的工作经历的调查侧重了解受聘时间、职位和职责、离职原因、薪酬等问题。了解渠道是应聘者过去的雇主、过去的同事、客户。

(3) 不良记录。主要调查应聘者过去是否有违法犯罪或者违纪等不良行为。

在进行背景调查时要验证信息渠道，必要时可以委托专业的调查机构进行调查。

(三) 员工入职程序

当一名候选人经过层层选拔被录用后，在正式进入该单位工作前，还要经过以下一些入职程序：

(1) 人力资源经理与录用员工签订"聘用意向书"，该文件在双方签字后生效，人力资源部保存原件，录用员工留存复印件。

(2) 录用人员前往原单位开具离职证明，并加盖原单位的公章或人事章。

(3) 录用人员前往指定医院进行身体检查，并将体检结果交到人力资源部，以确保身体条件符合所从事工作的要求。

(4) 录用人员到人力资源部领取入职介绍信，前往人才交流中心开具档案转移的商调函，并回到原存档单位将人事档案转移到公司指定的档案管理机构。有的公司有自己的档案管理部门，有的公司的人事档案委托专业机构管理，无论采取哪种形式，新员工的人事档案都应该转入公司统一的档案管理机构。

(5) 人力资源部门把将要正式入职的员工信息录入员工信息管理系统，并与新员工约定到公司正式入职的时间。

在新员工入职后，让新员工填写档案登记表，并与新员工签订劳动合同，办理各种福利转移手续。

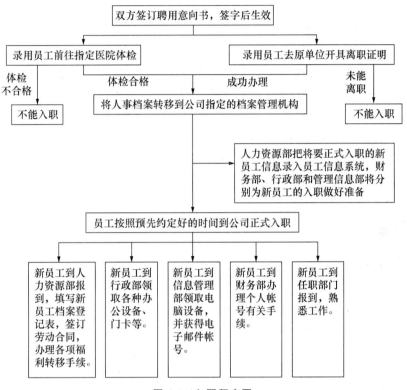

图 4-1 入职程序图

六、中小企业人员招聘与录用评价

（一）成本评价

招聘成本评价是指对招聘中的费用进行核实，并与招聘预算进行对比评价的过程。

1. 单位招聘成本

单位招聘成本是指录用单个人员的费用情况，一般表述方式为：

招聘单位成本＝总经费（元）/录用人数（人）

显然，这是招聘效率的重要指标，如果成本低，录用人员素质高，录用的人员多，就意味着招聘效率高，反之，则招聘效率低。

2. 招聘预算

每年的招聘预算应该是全年人力资源管理部门总预算的一部分，招聘预算主要包括：广告预算、测试预算、体检预算等。

3. 招聘核算

招聘核算是指对招聘的经费使用情况进行度量、审计、计算、记录等方面的总称。通过核算可以了解招聘中经费的使用情况，是否符合预算，检视主要差异所在的环节。

（二）录用人员评价

1. 录用人员评价概念

录用人员评价就是根据单位招聘计划和招聘岗位对录用人员进行数量、质量和结构等方面的评价过程。录用人员评价包括录用人员数量评价和录用人员质量评价。

2. 录用人员评价指标

录用人员评价指标分为数量和质量指标。

录用人员数量评价指标有以下几类：

（1）录用比＝（录用人数/应聘人数）×100%

（2）招聘完成比＝（录用人数/计划招聘人数）×100%

（3）应聘比＝（应聘人数/计划招聘人数）×100%

录用人员质量评价指标有以下几类：

（1）合适度（$P-J$），指人与工作的匹配程度。如果员工的知识、技能和工作能力能满足空缺职位，则 $P-J$ 高，反之则低。

（2）适应度（$P-O$），指人与组织的匹配程度。如果员工的知识、技能和工作能力与组织提供的职位有利于职业生涯发展，则 $P-O$ 高，反之则低。

（三）招聘小结

1. 撰写招聘小结的原则

（1）真实地反映招聘的全过程；

（2）由招聘主要负责人撰写；

（3）明确指出成功之处和失败（不足）之处。

2. 招聘小结的主要内容

（1）招聘计划；

（2）招聘进程；

（3）招聘结果；

（4）招聘经费；

（5）招聘评定。

范例 ××公司春季招聘小结

（一）招聘计划

根据2004年1月3日第二次董事会决议，向社会公开招聘负责国际贸易的副总经理1名、生产部经理1名、销售部经理1名。

该招聘由人力资源部经理张一觉在分管副总经理周伟的直接领导下进行。

招聘测试工作全权委托复旦大学企业人力资源管理咨询中心。

(二) 招聘进程

2月1日，在《解放日报》和《新民晚报》刊登招聘广告。

2月15日—2月20日，报名登记。

2月20日—2月28日，初步筛选。

3月1日—3月31日，面试和科学测试。

4月1日—4月10日，人事最终决策。

4月15日，新员工入职。

(三) 招聘结果

1. 副总经理应聘者38人、参加面试和科学测试者25人、最终候选人3名、录用0人。

2. 生产部经理应聘者19人、参加面试和科学测试者14人、最终候选人3名、录用1人。

3. 销售部经理应聘者35人、参加面试和科学测试者29人、最终候选人3名、录用1人。

(四) 招聘经费

1. 招聘预算人民币5万元；

2. 招聘广告费人民币2万元；

3. 招聘测试费人民币1.5万元；

4. 体检费人民币2000元；

5. 应聘者纪念品费人民币1000元；

6. 招待费人民币3000元；

7. 杂费人民币3500元；

以上合计支出人民币44500元。

(五) 招聘评定

1. 主要成绩。这次由于委托专业机构进行科学测试，录用的两位经理专业素质十分令人满意，同时测试结果指出：副总经理应聘者中无合适人选，因此最后没有录用。

另外，由于本次招聘确保了公平竞争，许多落选者都认为受到了一次锻炼，对树立良好的企业形象起到了促进作用。

2. 主要不足之处。由于招聘广告的设计有些问题，所以没有吸引到足够多的高层次应聘者来竞争副总经理岗位，导致副总经理最终没有合适人选录用。

人力资源开发管理部经理　签名：

年　月　日

第三节　提高中小企业员工招聘效率的途径

要提高招聘的有效性，就必须对中小企业招聘行为进行深入研究，并有针对性地提出有效招聘的管理措施。一个真正有效的招聘行为必定是全面的、客观的，同时也是双赢的。

一、制订完善的招聘计划

招聘工作是否成功，在很大程度上取决于招聘前的准备工作，只有在招聘前作好充分准备并制订科学完善的招聘规划，才能使招聘目标明确、标准科学、过程有序，才有可能确保招聘的有效性。这包括确定招聘目标、工作分析、岗位设定、员工胜任特征描述、招聘考官及其分工、招聘渠道、人员测试方法、编制招聘预算、招聘程序安排及要求、招聘营销等。中小企业不同，要求也会不一样，要根据中小企业特点制订具体的招聘计划。

二、强化招聘过程的管理

员工招聘质量的高低，很大程度上取决于招聘过程管理。只要每一个环节都按招聘计划执行并按标准严格把关，就能使招聘有效性大大提高。

（一）重视工作分析，建立岗位胜任模型

研究表明，招聘规划和岗位说明书在中小企业招聘过程中所起的作用常被忽视。因此，中小企业在招聘中遇到的困境，不仅仅是因为企业自身吸引力差，更多的是由于工作职责不清晰、选人标准不明确、招聘人才无据可依等原因，从而大大提高了中小企业招聘成本。

通过工作分析，设定明确清晰的职位并制定工作说明书，既可为人力资源招聘提供非常重要的依据，同时还可减少招聘工作的盲目性。

（二）推动用人部门参与，全面提升招聘人员的综合素质

用人部门对招聘的支持、配合程度决定了招聘的成败。仅仅由人力资源部单独完成招聘工作是不现实的。人力资源部门要不断向用人部门灌输理念，推动其主动参与招聘需求制定、面试、录用等全过程，并明确授权与分工，确保招聘工作的公平化和透明化，从而提高招聘的有效性，并遵循"谁用人，谁招聘，谁面试"的原则。例如，杰克·韦尔奇就曾亲自面试过通用几千名管理层人员。

招聘人员的专业素养很大程度上也决定着招聘质量。招聘是双向交流的过程，不仅中小企业选择应聘者，应聘者也在选择中小企业，应聘者通常根据招聘人员的素质形成对应聘公司的初步印象，特别是那些中高级人才更是如此。因此，招聘人员被认为是中小企业的窗口人员，必须具有良好的个人品质和修养、广阔的知识面及对本中小企业文化价值的认同。同时，在招聘开展前，除了要考虑招聘人员知识能力和年龄层次的合理搭配外，还要对其进行相关招聘专业知识的培训与指导工作，以提高其综

合能力。

(三) 合理定位，准确选拔企业所需人才

科学有效的定位决定了人才的质量和匹配度，是招聘管理的关键。在招聘工作开始前，中小企业要做好以下两点定位：

一是中小企业自身综合状况。中小企业所在行业、企业性质、发展前景、发展战略、地理位置、企业文化特征都是吸引应聘者的重要因素。在中小企业发展的不同阶段，管理人员的素质也影响着人才的选择。

二是对人才的定位。例如，用人策略是重德还是重才，重学历还是重能力，重潜力还是重经验等。

(四) 根据企业情况，选择招聘途径

招聘基础工作完成后，就进入实施阶段。首先是招聘信息的发布和招聘渠道的选择，它们是连接招聘主体和客体的重要介质，企业对招聘对象的定位决定了招聘信息发布方式和招聘渠道的选择。

招聘渠道指应聘人员来源路径。招聘渠道各有优缺点，对中小企业来说，招聘渠道没有最好的，只有最合适的。最重要的是能够在既定的时间内招到足够的、合适的人才，满足中小企业发展所需。因此，对招聘渠道的选择一定要慎重。

另外，招聘时间的规律也要和人才供应本身的时间规律一致。每年一、二月份和六、七月份是人才供应高峰期。近年来，我国人才市场的数据显示，春季已经取代秋季，成为人才供应高峰期。

(五) 选择科学的测评方法，对应聘者进行全方位甄别

对应聘者进行全面素质考察已成为招聘选拔中一项不可或缺的工具，这为科学用人和人尽其才提供了可靠有效的科学依据。

中小企业应根据不同的招聘对象选取合适的测评方法，这是提高招聘有效性的保障。中小企业有自己的局限性，面试是他们用得最多的甄选方法。但是，在面试中，第一印象、对比效应、晕轮效应、以点带面、录用压力等，都可能影响到选择的正确性。因此，传统面试要向具有标准化流程的结构化面试转变，同时要综合使用人才测评工具。测评的内容也要不断扩展，不仅要有知识和仪表，还要包括思维能力、反应能力、心理成熟度、求职动机和进取精神等，以实现对应聘者的全方位考察。

(六) 合理组织面试

当中小企业做好了充分的前期准备工作之后，接下来就是适时进行招聘面试了。面试的结果受很多因素影响，如面试环境、面试官、应聘者等。为了确保面试结果的科学性和可靠性，应对面试的每个部分进行研究，设计结构完整的面试，并对整个面试过程提供详细说明，这样的面试才是可靠有效的。

1. 选择合适的面试方式

根据面试实施方式可分为单独面试与小组面试等；根据标准化程度分为结构化和非结构化面试。结构化面试是指依照预先确定的题目、程序和评分标准进行面试。非

结构化面试是指在面试中事先没有固定的框架结构,也没有固定的试题和标准答案。根据内容和问题关注点可分为情景面试、行为面试、压力面试等。在情景面试中,面试题目主要是给定一个情景,观察应聘者在特定的情境中如何反应。中小企业应根据自身状况,选择合适的面试方式。

2. 分析面试各个阶段的任务

面试分为准备阶段和实施阶段,各个阶段有不同的任务。面试准备阶段的任务包括以下几点:

第一,制定面试指南。面试指南是促使面试顺利进行的指导方针,主要包括面试团队的组建、面试准备、面试提问分工和顺序、面试提问技巧、面试评分方法。

第二,准备面试问题。面试问题可以帮助考官获得应聘者是否具备合格的岗位才能方面的信息。

第三,确定评估方式。完整的评估方式是对面试中收集到的信息按工作岗位所需标准进行评估的体系。

第四,对面试官进行面试培训是一项复杂的工作。面试官必须掌握一定的面试方法,才能保证面试过程的有效实施,同时保证面试结果的客观性和科学性。培训内容包括提问技巧、追问技巧、评价标准的掌握等。

3. 面试方应注意的问题

一是简历不代表本人,工作经历比学历更重要。简历是应聘者教育背景、职业经历、成就和知识技能的总结。对于简历,应聘者有较大的自由发挥空间,每个应聘者都希望通过简历反映自己的优点,但简历的精美程度与应聘者的个人能力并无必然联系。招聘人员可以通过简历大致了解应聘者情况,初步判断是否需要安排面试。但应该尽量避免通过简历对应聘者作深入的分析。另外,对于有工作经验的人而言,工作经历远比学历重要。以前的工作环境和所从事的工作最能反映一个人的需求特征和能力特征。特别是一些从事高新技术的研发人员,如果两三年内未从事相关领域工作,那么他所掌握的技术就很难处于领先水平。另外,应聘者的工作经历还可以反映他的价值观和价值取向,这些远比他的学历重要。

二是面试官要充分准备,有效结合其他测评方式,如能力测试、心理测试、人格测试等,实现对应聘者更为客观、真实的测评。为了避免面试过程中经常会出现的面试目的不明确、标准不具体、缺乏系统性、题目设计不合理、考官主观偏见等问题,面试官应该灵活提问,多听少说,善于提取要点,并进行阶段性总结,同时排除各种干扰,不带有个人偏见,在倾听时要注意思考以及肢体语言的沟通。另外,面试官不能仅仅根据面试中标准的问答来确定应聘者,应该尽可能为应聘者提供更多表现机会。比如,让应聘者提供更详尽的能证明自己工作能力的材料。在面试时,应提问一些能够让应聘者充分发挥自己才能的问题。

三是关注"特殊"人才。优秀人才分为显露型和潜在型两种,对于前者,大多数已有工作成就,比较容易辨认,但此类人才因受大家关注不易招到或易被其他企业挖走,因此后者才应该是企业所需要吸引和培养的人才,只要给予他适合的成长环境,便可成为企业的优秀人才。招聘人员要练就"火眼金睛",善于发现这类人才。如果遇到能力超强或者是职业经历坎坷的应聘者,一定要给予特别关注,因为现实是往往坎坷的人必定有其自身的原因,而能力超强的,对工作感觉不充实的员工很快会对工作厌烦,可能会很快离职。有些应聘者具备充足的知识,但其个性限制其在岗位上发展,所以不仅要考察其专业技能和经验,还要看人品、价值观、团队精神等。面试官应该尽可能地选择那些个性特点与企业精神、文化相吻合的应聘者,即使他们没有相应的知识背景和工作经验,但这些可以通过培训而获得,而相对来讲,一个人的个性品质是难以改变的。

面试官一定要慎重选择,谨记招错人时所付出的代价有多高。一般情况下,第一候选人是企业认为最适合岗位的人选,但是,受工资、工作地点、候选人本身等各种因素的制约,有些时候企业选择的并不是第一候选人,而是最适合的候选人。

4. 应聘方应注意的问题

面试官个人的偏爱和过去的经历常常对面试有很大影响,如个人喜好、信仰等与工作无关的因素,都会在一定程度上影响他的选择。比如,第一印象又称首因效应,面试官根据开始几分钟,甚或是面试前的笔试和简历就已作出了评判。应聘者要做的就是尽可能给面试官留下良好的印象。又比如晕轮效应,面试官从某一优点或缺陷出发去评价应聘者其他方面,以点带面,以致不能全面了解应聘者。了解了这些,应聘者在面试时要注意以下两个方面:

首先,注意自身形象。从某方面来说,良好的职业形象也是竞争力,甚至是核心竞争力。从人力资源管理者的经验来看,那些在面试中邋邋遢遢,小动作不断的应聘者是很少得到高分的。要保证自己干净整洁,得体大方,以表示自己对这份工作感兴趣并且尊重对方,才有获得机会的可能。

其次,要讲究结束之术。求职过程要力求善始善终,虎头蛇尾很可能使你前功尽弃,因此要捕捉结束时机,适时地起身告辞,给对方留下好印象。

5. 面试结束后做好有效的人才信息储备

目前,大部分企业都没有做人才储备工作,通常的做法是现缺现招,从而一直处于被动招聘状态,而不是主动进行合理的人才储备、人才配置。为了克服这种与现代管理模式、管理理念严重脱节的现象,作为人力资源部门,应将未来有可能需要的应聘者的资料建档保存,以备不时之需,这样既解决了"遗珠之憾",又提高了招聘速度、降低了招聘成本,对招聘规划管理起到了促进作用。

三、重视招聘效果的评估

对招聘工作的效果进行评估,是为了提高效率效益,避免因招聘失误而造成的损失,这是人员招聘过程中不可缺少的重要阶段。

(一) 招聘评估的内容

当前,招聘评估内容一般包括两点:一是招聘结果的成效评估,如成本与效益评估、招聘时间的评估、录用员工的质量和数量的评估;二是招聘方法的成效评估,如信度与效度评估。

通常情况下应考虑招聘的匹配度、及时性、成本三个方面。招聘工作是企业的一种经济行为，其成本必定会纳入预算。企业应力争利用最少的成本在最短的时间内招募到最适合企业的人员，也就是说应当使招聘成本最小化、招聘效益最大化。如果招聘耗时过长、成本过高，即使企业最终招募到了合适的员工，也会因为招聘活动缺乏效益与效率而给企业带来过多的负担，影响企业的运营。

（二）招聘评估方法

招聘评估的方法主要分为定性方法和定量方法。这也是使企业招聘工作保持良好发展的重要保证。

定性方法主要是以职位填补及时性、用人部门满意度、招聘渠道对应聘者的吸引力、新员工对岗位的满意度来衡量。

定量方法可分为对招聘结果的评估和对招聘方法的评估。其中，对招聘结果的评估指标有招聘完成比、招聘时间、应聘比、录用比、录用合格比、基础比等。对招聘方法的评估主要是考虑招聘活动的效益，由招聘收益及招聘成本来确定。招聘收益包括：由于招聘工作的完成对空缺职位在人员质和量上的满足而增加的工作效益以及有效招聘活动对企业在员工激励方面的效益。招聘成本是指从确定员工需求数量到招聘实施再到录用全过程的支出以及由于招聘失误所带来的浪费和损失。

学习案例

H公司成立于2007年6月，现有500多名正式员工，以经营管理水平高、转型发展能力强、规模领先的发展态势，成为行业中比较有竞争力的服装公司。该公司不仅经济效益良好，服务水平优质，企业文化先进，更注重践行社会责任，赢得社会各界的广泛认可。

人力资源部在H公司现有的组织架构中，主要负责公司的薪酬福利、绩效考核、劳动关系管理、员工招聘、培训等工作，同时设计与人力资源有关联的实施细则、管理办法，并注重执行中的监督，宣讲企业文化体系，这些都充分实现和发挥了人力资源管理工作的价值。

以下为人力资源部的主要职责：

1. 制订符合企业发展战略的人力资源工作规划，促使人力资源部的工作能顺利进行。

2. 在设计招聘书和招聘流程时充分考虑企业的招聘预算，并确保在预算内结束招聘，吸纳相应的人才。

3. 结合人力资源工作规划，领导实施相关的调查分析，制订培训计划并测算成本，在培训结束后及时对效果进行评估。

4. 根据薪酬福利制度及工作安排，进行与薪酬福利相关的各项工作。

5. 执行绩效考核工作，对进入企业的员工，进行日常工作的持续监督，确保各员工关于企业的发展目标能有效完成，同时，负责跟进绩效评估工作。

6. 建立良好的上下级关系，利用员工座谈会及时了解员工需求，积极采纳优秀的建议和对策，并及时给予员工答复。

H 公司人力资源部为招聘制定了一系列流程。若某个职位空缺需要吸纳人才，则先由用人部门提出申请，在获得分管领导批准后，将招聘需求以及岗位要求提交给人力资源部，负责招聘的人员取得招聘材料、招聘需求后，与用人部门进行沟通，对该岗位的工作难点、胜任要求、用人部门要求、汇报对象、工作职责进行详尽的分析。招聘人员负责将招聘条件上传到 H 公司的官网上，同时与用人部门进行确认，即是否需要使用高收费渠道的网站或报纸传播招聘启事。

由于 H 公司允许内部竞聘，因此招聘人员首先会通过办公网络发送招聘公告，鼓励员工内部竞聘，但要求员工工作满 1 年并且年终考核结果为优秀或以上。内部竞聘需要按以下流程严格进行：内部竞聘者向人力资源部提交职位申请表，审核者会根据竞聘者的资历以及历年表现确定是否能进入笔试；通过资格审查的竞聘者进入笔试，笔试通过则可进入面试；面试后，人力资源部将面试成绩、笔试成绩以及该员工的日常表现结合，计算出面试结果，确认拟录用名单。人力资源部根据竞聘结果，与用人部门、拟录用员工现部门负责人进行协商沟通，确定该员工后续交接、到岗时间等事宜。

社会招聘则由人力资源部将招聘计划报总公司审批同意后，按照统一的选拔标准和招聘程序要求组织甄选。社会招聘的主要流程包括：

1. 渠道选择。通过公开渠道发布招聘信息，包括通过官方网站、报纸及网络媒体等发布招聘信息。根据实际需要，还可采用猎头服务、联合培养、员工推荐等多种方式招募人才。

2. 简历筛选。人力资源部与用人部门共同参与简历的筛选、甄别工作。

3. 测试。人力资源部可根据实际需要安排笔试或技能考试形式，用人部门配合。

4. 面试。笔试合格的应聘者进入面试，人力资源部负责面试的组织和实施。面试结果由成绩、评委推荐意见等部分组成。

5. 申报录用。面试结束后，人力资源部会同用人部门确定录取方案。

H 公司的校园招聘由人力资源部统一部署，具体执行过程与社会招聘流程一致。

 讨论题

1. 你认为 H 公司在员工招聘过程中还可以选择哪些招聘渠道？
2. H 公司员工招聘从准备到结束过程中有什么问题？你认为可以怎样改进？

参考文献

1. 王国庆:《现代企业人力资源工作创新管理百科全书》,中国科学教育出版社 2006 年版。
2. 陈维政等:《人力资源管理》,高等教育出版社 2002 年版。
3. 黄维德、董临萍:《人力资源管理》,高等教育出版社 2000 年版。
4. 杨蓉:《人力资源管理》,东北财经大学出版社 2002 年版。
5. 张春赢、陈洪艳:《人力资源管理》,中国铁道出版社 2004 年版。

本章思考题

1. 员工的招聘与录用对于企业来说有哪些重要意义?
2. 影响企业招聘的外部和内部因素有哪些?
2. 企业招聘时的流程是什么?
3. 哪些指标可以用来评价企业员工招聘的效率?
4. 在中小企业员工招聘中存在哪些问题?

第五章

中小企业员工培训与开发

引导案例 **A 公司的培训**

A公司是一家生产厨具和壁炉设备的小型企业,大约有100名员工。这个行业的竞争性很强,A公司努力使成本保持在最低的水平上。

在过去的几个月里,公司因为产品不合格已经失去了三个主要客户,原因是次品率高达10%,而行业平均水平仅为6%。总裁张山和副总经理王同一经讨论后认为,问题出在操作员工缺乏适当的质量控制培训。王同一认为,开展质量控制培训可以使次品率保持在合理水平,张山则担心培训可能会影响生产进度。王同一解释,培训费时不多,总共不会超过8个工时,并且可分解为4个单元,每个单元2个小时来进行,而每周实施一个单元不影响生产进度。

于是,王同一向所有一线主管发出培训通知,同时要求他们检查工作记录,确定哪些员工在生产质量方面存在问题,然后安排他们参加培训项目。通知附有一份培训提纲,并说明培训的目的是将次品率在6个月内降低到6%的标准水平。

培训计划包括讲课、案例讨论和观看电影。在准备课程时,教员把他讲义中的很多内容印发给每个学员,以便于学员准备每一章的内容。在培训过程中,学员花费了相当多的时间来讨论教材后面的案例。

由于缺少场所,培训被安排在公司的餐厅举行,时间则安排在早餐与午餐之间,这也正是餐厅的工作人员准备午餐和清洗早餐餐具的时候。

本来应该有大约50名员工参加每个培训单元,但是实际只有30名左右参加。很多主管人员强调生产更重要。有些学员对王同一抱怨,那些真正需要参加培训的人已经回到车间里去了。

王同一认为评价这次培训最好的办法是看在培训项目结束后培训的目标能否达到。结果,产品的次品率在培训前后没有发生明显的变化,培训结束6个月后的次品率同培训前一样。王同一对培训非常失望,他很不愿意与张山一起评估培训的结果。

案例思考

1. 王同一设计的培训项目有哪些缺点？培训项目的各个阶段存在哪些问题？
2. 针对这个案例，你认为应该怎么分析培训需求？
3. 请你为培训重新设定一个目标。
4. 你认为还可以使用哪些培训方法和技术？
5. 质量问题是否总是可以通过培训来解决？为什么？

第一节 员工培训概述

随着科学技术的发展，中小企业要使自己的员工不断适应新形势的发展，不断提高企业的经济效益，同时在国内外激烈的市场竞争中始终保持人力资源优势，并立于不败之地，就必须十分重视员工的培训和人力资源的开发工作，这是关系中小企业生存和发展的一项根本性战略任务。

一、员工培训的概念

培训是指企业为适应业务及培养人才的需要，用补习、进修、考察等方式，进行有计划的培养和训练，使其适应新的要求，并不断更新知识，拥有旺盛的工作能力，更能胜任现职工作，在将来能担任更重要的职务，适应新技术革命必将带来的知识结构、技术结构、管理结构和干部结构等方面的深刻变化。

员工的培训包括三个层次：知识培训、技能培训和素质培训。其中，位于第三层次的员工素质培训尤其重要，它注重培养员工正确的价值观、企业理念、积极的工作态度、良好的生活习惯以及较高的追求目标。例如，美国戴尔公司的培训内容涉及企业文化定位、技术技能、领导艺术及挖掘员工潜能等各方面的课程。IBM的基层经理在走上新岗位的第一年要接受80小时的课堂培训，内容包括公司的历史信念、政策、习惯做法以及如何对员工进行激励、赞扬、劝告等基本管理技能；部门经理还要接受有效沟通、人员管理、经营思想、战略计划等方面的培训。目前，中小企业的培训主要停留在知识与技能培训阶段，对第三层次的素质培训仍处于初始阶段。

对培训绩效的评估方式、评估指标主要着眼于知识能力、技术水平、员工工作行为的改变以及对企业经营业绩的影响等方面。为提高员工参加培训的积极性，西方一些国家的企业常常把培训的结果与员工的报酬、职务晋升、职业生涯设计紧密结合起来。目前，中小企业培训往往忽视对培训的考核，对培训成绩优秀者的奖励力度亦不够，将培训结果应用于员工职业发展规划还处于探索阶段。

二、中小企业员工培训的意义

我国中小企业虽然规模较小，但都具有独立的资源配置体制，这些特点使得企业能够迅速适应外部条件的变化，并且在这种变化中生存发展。但是，中小企业资金链相对于大企业来说比较薄弱，很难做到大企业对员工培训开发的程度，若想求得发展就必须在员工培训上多下功夫。首先要明确自己的企业需要什么样的人才，明确人才的要求；其次需要制定特定的培训工作；最后要合理地进行员工培训监督。目前我国中小企业员工培训开展量不够，且问题重重，例如，管理层缺乏重视、急于求成、过于效仿其他企业、培训体系不健全等。员工培训对中小企业的重要性主要体现在：

（一）培训能提高员工的业务能力和工作绩效

员工培训最直接的目的就是要提高员工的专业工作技能，使其更好地胜任本职工作。经过专业化培训的员工，他的工作效率、服务态度会给客户不一样的感觉。只有抓住这个重点，才能使中小企业在和国有大型企业、跨国公司等的竞争中立于不败之地。通过培训可以激发员工的创新意识，一方面，他可以用培训中所学到的知识来提升工作技能；另一方面，他在培训的过程也可以多思考，提高创新能力。员工的绩效并不是单纯依靠物质刺激提高的，对于中小企业员工来说，大型国有企业、跨国公司等所能提供的薪酬水平是可望而不可即的，通过培训或一定的方式积极引导并留住人才，是一种比较有效的激励手段。中小企业想要提高企业的生产率，增加经济效益，最重要的就是要充分调动员工的工作积极性和创造性，即进行有效激励。而培训作为激励手段之一，能够在增强各岗位员工的专业知识、业务技能，改善员工的工作态度的同时，为不同工种的员工提供学习和提升的机会，使员工取得更好的绩效。

（二）培训可以增强员工的企业责任感和使命感

中小企业通过组织培训，可以向员工灌输企业文化，使员工在接受新知识、新技能的同时，也能深刻地体会到企业的文化，理解企业的价值观，与企业共同进步和成长。通过培训，不仅可以使员工的知识技能得到提高，还可以增强员工对企业的认同感，形成良好、和谐的工作氛围。

（三）培训能够促进员工与管理层、员工与员工之间的沟通

培训作为员工与管理层、员工与员工之间联系的纽带，为中小企业内部的沟通提供了良好的途径。培训不仅可以增强员工的学习能力，还可以使他们在共同的学习与讨论中建立良好的同事关系，为企业营造一个轻松和谐的工作环境和人际交往氛围。

（四）培训可以有效提高企业经济效益

据美国教育机构统计，企业每投入1美元用于培训，便可有3美元的产出。也就是说，中小企业可以通过员工培训来实现公司的经济效益。中小企业只有通过培训才有可能降低工作成本、提升工作效率、增加企业利润、改善服务质量，并提高顾客的忠诚度。

三、员工培训的原则

培训作为人力资源开发的重要手段，可以为中小企业创造价值，但这种价值的实现，还要求遵循以下几个基本原则：

（一）爱护原则

对员工的关心和爱护是中小企业培训的重要原则之一。也就是说，任何培训除对企业负责，满足企业的发展要求外，更重要的是对员工负责，甚至是对其发展和幸福负责。所以在培训中，除去一些必要的专业技能训练外，还应该告诉员工如何有效处理工作和家庭之间的关系，如何度过自己的业余时间，如何保持好良好的心态，以及如何管理压力等。

（二）理论联系实际原则

员工培训和一般院校的教育不同，只有和实际相结合才能产生较好的效果。理论联系实际，就是要求培训要根据中小企业经营和发展状况以及员工的特点来进行，既讲授专业技能知识和一般原理，提高受训者的理论水平和认识能力，又解决一些企业在经营管理中存在的实际问题，以提高整体效益和管理水平。

（三）因材施教原则

培训也是教育的一种形式，因此运用教育的基本原理来指导培训，可以保证培训的有效性。因材施教原则要求承认员工个体之间的差异，这对于制订有针对性的培训计划是非常重要的。所以，培训要根据员工的不同状况，选择不同的培训内容，采取不同的培训方式。同时，即使是对同一员工，在不同的发展阶段，其培训也应有所差异。

（四）心态原则

员工以一种什么样的心态来对待培训，对培训效果有很大的影响。所以，开展培训时应注意员工的心态，要让员工做好开始学习的心理准备，换句话说，就是使其对培训内容、安排等各个方面都有一个初步的了解。同时要尽量使培训成为一个轻松的过程，不要成为员工的一种负担。

（五）兴趣原则

有了兴趣，员工才有可能全身心地参与和投入培训。如果员工对培训不感兴趣，是不会有什么效果的。要使员工对培训产生兴趣，就必须使培训的内容、方式等能最大限度地满足其需要。这样，培训才能由"要我学"变成"我要学"。

（六）自发创造原则

由于对象、形式、内容、手段等方面存在差异，所以从严格的意义上来说，每一次培训对组织者来说，都是新的挑战，创新的过程。因此在培训的过程中，要注意充分调动企业员工的主动性、创造性，强调员工的参与和合作，使他们在每一次培训过程中都能体验到创造的乐趣。

四、员工培训的形式

（一）国内企业八大基本培训形式

（1）讲授法：属于传统的培训方式。优点是运用起来方便，便于培训者控制整个过程。缺点是单向信息传递，反馈效果差。本方式常被用于一些理念性的培训。

(2) 视听技术法：通过现代视听技术再结合移动通讯技术，构建微课堂，对员工进行培训。优点是运用视觉与听觉的感知方式，直观鲜明，方便随时培训。缺点是学员的反馈与实践较差，且制作和购买的成本高，内容容易过时。本方式多用于企业概况、传授技能等培训内容，也可用于概念性知识的培训。

(3) 讨论法：按照费用与操作的复杂程度又可分成一般小组讨论与研讨会两种方式。研讨会多以专题演讲为主，中途或会后允许学员与演讲者进行交流沟通。优点是信息可以多向传递，与讲授法相比反馈效果较好，缺点是费用较高。小组讨论法是信息交流为多向传递，学员的参与程度高，费用较低。因此它多用于巩固知识，训练学员分析、解决问题的能力与人际交往的能力，缺点是对培训教师的要求较高。

(4) 案例研讨法：通过向培训对象提供相关的背景资料，让其寻找合适的解决方法。这一方法费用低，反馈效果好，可以有效训练学员分析解决问题的能力。另外，近年的培训研究表明，案例讨论的方式也可用于知识类的培训，且效果更佳。

(5) 角色扮演法：具体为受训者在培训者设计的工作情景中扮演角色，其他学员与培训者在学员表演后作适当的点评。由于信息传递多向化，反馈效果好，实践性强，费用低，多用于人际关系能力的训练。

(6) 自学法：这一方式较适合于一般理念性的学习，由于成人学习具有偏重经验与理解的特性，让具有一定学习能力与自觉度的学员自学是既经济又实用的方法，但此方法也存在监督性差的缺陷。

(7) 互动小组法：也称敏感训练法。此法主要适用于管理人员的人际关系与沟通训练。让学员通过培训中的亲身经历来提高他们处理人际关系的能力。其优点是可明显提高受训者人际关系与沟通的能力，但其效果在很大程度上依赖于培训者的水平。

(8) 企业内部电脑网络培训（或 Internet）法：这是一种新型的计算机网络信息培训方式，但投入较大。由于使用灵活，符合分散式学习的新趋势，可节省学员集中培训的时间与费用。这种方式信息量大，新知识、新观念传递优势明显，更适合成人学习。因此，特别为实力雄厚的企业所青睐，是培训发展的一个必然趋势。

(二) 国外企业培训新模式

国外企业在员工培训中积累了很多宝贵的经验，出现了很多新的培训模式。

(1) 角色扮演模式（roleplaying）。角色扮演就是假设一种特定的工作情景，由若干个受训者组成小组，代表不同的组织或个人，扮演各种特定的角色，如总经理、财务总监、人力资源总监、营销经理、秘书、会计等。他们要针对特定的条件、环境及工作任务进行分析、决策和运作。角色扮演的员工培训模式旨在让受训者身临其境，以提高对外界变化的适应能力和实际工作能力。实践证明，这种参与式的培训比传统的被动式培训效果好得多。

(2) 职务轮换模式（job rotation）。职务轮换是避免职务过于单一导致员工产生厌倦的一种模式。对于管理人员来说，通过各种不同岗位的职务轮换，可以使受训者全面掌握企业各种职能的管理知识和艺术。随着现代公司的扁平化趋势，职务轮换制日益成为企业进行战略性组织结构调整的重要方式。当今的市场环境促使企业设计更加灵活多样的战略,这就需要更加灵活的组织结构。打破由于职能部门的存在而形成的组织水平界限,使企业变成一个整体来运行,这是一种新型的组织结构,而在管理层实行职务轮换制是清除水平障碍的有效途径。

(3) 总经理培训模式(general manager training)。很多企业一提到员工培训,就没有"眼睛向上"的意识,将培训内涵狭义化,认为培训就是对员工的再教育,总经理是不必进行培训的。事实上,从某种意义来说,总经理更应该接受培训。因为总经理的职责是对整个企业的经营管理负责,总经理的能力、知识和态度都关系企业生死成败。但是考虑到总经理培训的培训对象和过程特殊,应该采取相对特殊的培训方式。培训对象的单一、行为的不确定和培训内容本身的变化性,决定了总经理培训必须采取灵活简单的方式进行。主要有座谈、讨论和考察三种方式。

① 座谈。总经理与培训专家坐在一起交流,专家将信息传递给总经理,以达到培训的目的。

② 讨论。一位或几位专家与总经理一起探讨某个或某几种问题,总经理在辩论、认同、反驳、总结的过程中,可获得对企业未来趋势较清楚的认识。

③ 考察。总经理通过参加各种活动,如社团、集会和经济论坛等,广泛接触相关人士,从中得到信息,获得知识。

五、员工培训的基本程序

(一) 明确培训理念与策略

培训是什么?为什么培训?培训做什么?培训如何做?回答了这些问题,就能构成培训的理念。培训是什么?从经济学意义上讲,培训是一种人力资本投资;从管理学意义上讲,培训是一项重要的人力资源管理活动。为什么培训?是为了提升人员职业技能、专业能力和人力资源素质,提高劳动生产率,支持公司经营目标乃至战略目标的实现。培训做什么?概括讲,做人力资源开发;具体讲,做课程、活动和项目。培训如何做?基于企业战略和文化,确定培训策略。这是从静态角度来理解培训理念与策略。不同企业之间,由于战略和文化的差异,培训理念与策略是有差异的;同一个企业的不同阶段,由于业务重点和管理要点的变化,培训策略与培训内容也是动态变化的。

譬如一家小型公司,业务高速发展、人员急剧膨胀,公司内部的学习速度与公司发展速度不相匹配。如何确定这家公司的培训理念与策略呢?首先,公司必须在培训组织、人员和资源等方面加大投入;其次,要根据公司实际采取有效的培训策略。从所处阶段分析,公司当前的主要矛盾是业务发展,管理的核心目标是经营业绩。因此,培训策略不应过分追求职能角度的科学性和全面性,而应从业务需求和经营问题出发,以解决问题为导向,确定具体的培训项目。通过培训项目管理,明确培训目标、设计培训内容、选择培训形式,充分调动起业务部门参与培训的积极性,从而大大提高培训的有效性。值得深入思考的是,应如何更准确、更合理地选择培训项目。因为只有培训项目选对了,培训项目管理才真的有效率、有价值。公司人力资源部及培训人员应多与业务部门沟通,想方设法实施组织诊断,分析影响公司或部门业务发展和经营业绩的关键问题,以此来确定紧急且重要的培训项目。

(二)严格培训执行与管理

培训由一门门课程、一次次活动和一个个项目构成,只有管理好每门课程、每次活动和每个项目,培训才能达到良好效果。有效的培训管理是"目标—执行—评估—改进"循环向上的系统,始于目标,归于目标。目标是执行的方向、评估的标准、改进的重心。有效的培训管理系统既是人力资源管理的子系统,也是业务经营的支撑系统。培训管理必须以目标为导向,平衡好人力资源和经营两个方面。培训目标不能局限于教师授课评估、学员满意度调查等职能性指标,也不能止步于行为改进、绩效提升等个体性指标,应设计可衡量的业务性指标。培训课程、活动和项目的执行及其结果,应围绕整体的培训目标(业务性指标)而展开。培训评估的标准应来自于培训目标及其衡量指标,而不是那些就事论事的培训评估表。通过培训评估,可以发现差距、分析原因并找到改进点,这些改进点可直接纳入培训目标,或用于指导培训执行的改进。

上述公司所采用的培训项目管理,正是应用了"目标—执行—评估—改进"的循环流程。培训目标清晰,衡量标准明确,衡量手段齐全;评估易操作,结果较准确;改进点分析到位,改进措施针对性强;持续的改善与调整,明显提高了培训执行的效率和最终效果。例如,由于业务发展迅速紧急提拔了一批班组长,他们普遍缺乏管理知识、技能和经验,为此人力资源部实施"班组长管理提升"培训项目,以生产班组的绩效改进为培训目标,从产量、质量、物料、现场管理等方面设计衡量标准,通过不断地评估持续优化培训过程,最终将培训目标落实到位。

(三)确定培训内容与形式

培训执行环节的核心是内容和形式,一体两面、缺一不可。整体来说,培训内容产生于也服从于培训目的。具体地讲,静态的培训内容由工作分析而来,工作对人的任职资格要求是培训内容的来源。不同类型的工作,不同层次的工作,所需要的培训内容是不同的。动态的培训内容由培训目标分解而来,如何达成培训的功能性、个人性和业务性指标?哪些内容能更好地支持培训目标的实现?据此,从静态的培训内容中判断和选择重点。以上从组织角度来看,还要考虑个人素质特点和职业发展需求等。培训形式多种多样,包括课程讲授、活动演练、项目运作、自我学习等,其中哪一种更为有效呢?这没有什么定论,关键是适合。可以根据企业和人员的具体情况,组合各种形式。当然,培训内容和形式的有效性也要不断评估和持续改善。

在之前提到的"班组长管理提升"培训项目中,培训内容和课程设计应基于培训目标,同时考虑班组长的工作职责。培训内容的深浅,还要兼顾人员的素质层次和接受能力。由于人员管理基础较差、基本素质较低,因此培训形式以教师课程讲授为主。同时,对于有些不适于教师讲授的培训内容,可采用小组研讨、经验分享、角色扮演等形式。

第二节 培训需求分析

一、培训需求分析的作用

所谓培训需求分析,是指在规划与设计每项培训活动之前,由人力资源部门以及相关员工采用各种方法与技术,对组织及其成员的目标、知识、技能等方面进行系统的鉴别与分析,以确定是否需要培训,同时确定培训内容的一种活动或过程。现代培训系统理论认为,培训是一个系统,这一系统始于对培训需求的分析评价,然后是确定培训目标,设计培训方案并实施培训,最后检验培训效果。培训系统是内部相互联系的整体,培训需求分析是培训的首要环节,是培训活动的前提和基础,在培训中具有重大作用。具体表现为:

(一)确认差距

培训需求分析的基本目标是确认差距。它主要包括两个方面:一是绩效差距,即成员绩效的实际水平与绩效应有水平之间的差距,它主要通过绩效评估的方式来完成。绩效评估的方式多种多样,主要有实绩记录法、工作标准法、因素评定法、代表人物评定法、强迫选择法和目标管理评价法等。二是知识、技能、能力的差距。它的确认一般包含三个环节:首先,对所需要的知识、技能、能力进行分析,即确定理想的知识、技能、能力的标准或模型是什么;其次,对实践中或现实中缺少的知识、技能、能力进行分析;最后,对理想的或实际需要的知识、技能、能力与现有的知识、技能、能力之间的差距进行分析。这三个环节应独立有序地进行,以保证分析的有效性。然而,在通常情况下,需求分析并非如此简单,每一个环节都有可能面临各种矛盾和冲突。例如,参与分析的人员多种多样,他们有可能对所需要的知识、技能、能力的看法不一致,或当组织标准和工作人员职位经常发生变化时,需求分析往往难以达到目的。

(二)改变原有分析

原有分析基本是针对组织及其成员的既有状况进行的。当组织面临持续动态的变革挑战时,原有需求分析就可能脱离组织及其成员的实际状况,因而改变原有分析对培训显得尤为重要。当组织发生变化时,不管这种变化涉及技术、程序、人员,还是涉及产品或服务的提供问题,组织都会产生新的特殊的、直接的需求。那些负责培训和开发的人应及时把握这些变化,改变原有分析,从而制定符合实际情况的培训规划和设计。

(三)促进人事分类系统向人事开发系统的转换

需求分析的另一个重要作用是促进人事分类系统向人事开发系统的转换。无论是国有企业,还是私营企业,一般都有人事分类系统。人事分类系统作为一个单位的信息资料库,在制定关于新员工录用、预算、职位升降、工资待遇、退休金等的政策时非常重要,但在员工开发计划、培训、解决问题等方面用途有限。如果一个人事分类系统不能帮助员工意识到他们缺少什么技能以及如何获得这些技能，员工就不可能在一个较高的工作岗位上承担责任；而如果不能根据系统中的任务和技能频率决定培训功能，就不能形成高质量的目标规划。然而，当培训同人事分类系统的设计与资料搜集紧密结合在一起时，这种系统就会变得更加具有综合性和导向性。

（四）提供可供选择的解决问题的方法

那种认为培训需求分析的目的就是通过培训解决组织及其成员存在的问题的观点，是非常片面的。美国学者米切尔把通过需求分析获得的问题分为四类：体制问题、组织问题、技能问题、动机问题，并认为不是所有的问题都是培训问题。实际上，培训需求分析可以提供一些与培训无关的选择，如人员变动、工资增长、新员工吸收、组织变革，或是几个方法的综合。假设人力资源部门预测在高速公路建设方面急需增加一批交通工程专家，一个选择是对已经在组织内的工程人员进行再培训，另一个选择可能是聘请高薪的资深工程专家，还有一个选择是聘请一些低薪的、资历浅的人员并对他们进行大规模培训。选择的方式不同，培训的分类也不一样。现实中，最好把几种可供选择的方法综合起来，形成多样性的培训策略。

（五）形成信息资料库

培训需求分析实际上是一个通过各种渠道搜集与培训有关的信息资料的过程，经由这一过程，可以形成人力资源开发与培训的信息资料库。一个设计良好的培训需求分析，能够确定一般的培训需要与受训者、特殊的受训者、培训内容，以及指出最有效的培训战略等。此外，在培训之前，可通过研究这些资料，建立评估标准，然后用此标准来分析培训项目的有效性。

（六）决定培训的成本与价值

如果进行了系统的培训需求分析，并且找到了存在的问题，分析人员就能够把成本因素引入培训需求分析中去。需要研究的一个问题是："不进行培训的损失与进行培训的成本之差是多少"。如果不进行培训的损失大于进行培训的成本，那么培训就是可行的；反之，如果不进行培训的损失小于培训成本，则说明当前还不需要或不具备条件进行培训。当然，不同性质的组织，培训成本的确定难易程度是不同的。

（七）为获得组织对培训的支持创造有利条件

组织支持是指在培训过程中，政府、企业等各种组织及其成员，如管理人员、领导人员、工作人员对培训活动的支持，从而保证培训活动的顺利进行。组织支持贯穿于培训的全过程之中，没有组织支持，任何培训活动都不可能顺利进行，也不可能获得成功。因此，培训部门必须想方设法获得组织支持，而获得组织支持的重要途径之一便是进行培训需求分析。通过培训需求分析，可以使有关人员认识到组织存在的问题，发现组织成员知识、能力和技能的差距，了解培训的成本和价值，从而为获得组织支持创造条件。因为人们只有认识到培训与他们的切身利益相关，才会积极地投入其中。

二、培训需求分析的任务

培训作为中小企业的一种投资行为,强调的是投入和产出。其实培训成本不仅体现在直接投入的资金上,员工在接受培训时所占用的生产时间才是最大的间接成本,所以要重视培训效果。虽然培训的效果并不一定能在培训结束时马上体现,但作为培训人员,应在培训开始前就说明培训的必要性、目的、对象、内容、时间和方式。只有针对性的培训,才具有投资的说服力。从反面看,无效的培训将会造成时间和资金的浪费,并对将来的培训投资产生阴影。

培训需求分析是中小企业培训中的难题之一,也是培训首先必须解决的问题。培训需求分析是否到位,直接决定了培训效果的好坏。打一个比方,培训需求分析就是指南针,告诉培训者前进的方向。但目前国内一提到培训需求分析,就认为是培训需求调查,把这两个概念混为一谈。实际上,这是两个差异非常大的概念。

培训需求分析是对有培训需求的组织或个人的过去、现状及未来进行分析,从而为培训需求者(组织或个人)提供解决方案的过程。培训需求调查则是培训需求分析的一种形式,或者是一个过程。在明确培训需求这个概念后,要分清楚培训需求分析的层次。对于培训者(包括培训管理者与培训师)来说,培训需求分析分为组织层次和项目层次。当培训需求分析是为企业(组织)设计培训解决方案、搭建和完善培训体系时,是组织需求分析;而当培训需求分析是为了完成某一个培训项目(如某一具体的课程),满足培训项目的背景及学员的需求时,则为项目需求分析。

许多培训者把这两个层次混为一谈。而培训项目需求分析常常采用培训需求调查的形式来进行,进而又把培训需求分析和培训项目调查混为一谈。对于培训需求分析,无论是组织需求分析,还是项目需求分析,只要是企业内部的培训,就应该首先站在企业的角度去分析需求,其次才从学员的角度进行分析。

开展需求分析,更多地可以从中小企业的性质、规模、发展阶段、组织架构、企业文化、管理制度、行业特性等方面进行分析,得出培训需求。然后面向学员,进行问卷调查、电话(当面)访谈,得出学员的培训需求。

作为培训的首要环节,准确的培训需求分析为后续的课程开发、计划与组织、实施和评估工作建立了明确的目标和准则。否则,我们的努力只能达到事倍功半的效果。培训需求分析的任务就是要解决下面的问题:

(1)为什么要培训人力资源的开发?主要是最大限度地挖掘人的潜力,使人在工作中充分发挥其优势。培训是人力资源开发的主要手段之一,但如果让陈景润卖车票、李素丽解决哥德巴赫猜想就不是通过培训能解决的问题,而是使用人才的问题。指鹿为马并不是因为无知,而是上层政策引导的问题。全明星队不一定是最佳组合,而是最合适的组合。所以培训并不是解决人力问题的唯一手段。

(2)谁需要培训和需要什么培训?由于员工担任的职位不同,因此培训方向具有多样化的特征。一般来说,主要划分为三大类:一是决策层人才、二是管理层人才、三是操作层人才。他们需要不同层次的培训,培训的内容也大不相同。

（3）培训的时间。正确的培训时间是与企业的战略方针紧密结合在一起的。对于基本的知识、技能和素质，应尽早在员工上岗前就进行培训。而进一步的技能培训可能要求受训者具备一定的工作经验，这样他们才能最大限度地理解和吸收培训的内容。对新任务要求掌握的技能培训不能太早，也不能太晚。

（4）培训的成本。在将不同的培训方案报至领导层决策前，应对其成本进行估算。

（5）培训的方式。从培训时间安排来看，培训可分为脱产培训、半脱产培训、不脱产培训和业余时间的培训。

（6）培训的地点。从培训的组织形式来看，培训可分为内部培训、公开课程、CBT 学习、研讨会、远程教学等形式。

现在，许多培训公司在为中小企业进行内部培训前，都花很大的精力对客户的培训要求进行分析。培训专家先了解公司经营的业务与策略，再了解客户要解决的问题，或通过培训要达到的目标、学员的工作职责范围和对培训的期待，以调整标准课程的培训内容重点、案例分析及游戏规则等。

三、培训需求分析的五个层次

所谓的培训需求分析是指在规划与设计每项培训活动之前，由培训部门、主管人员、工作人员等采取各种方法和技术，对组织及其成员的目标、知识、技能等方面进行系统的鉴别与分析，以确定是否需要培训及培训内容的一种活动或过程。培训需求分析是确定培训目标、设计培训规划的前提，也是进行培训评估的基础，因而它是搞好培训工作的关键。一般来说应从以下几个方面入手进行培训的需求分析：

（一）目标分析

明确、清晰的发展目标既对中小企业的发展起决定性作用，也对培训规划的设计与执行起决定性作用。比如说，如果一个中小企业的目标是提高产品的质量，那么培训活动就必须与该目标相一致。倘若组织目标模糊不清，则培训规划的设计与执行就显得很困难。

（二）资源分析

资源分析包括对中小企业的金钱、时间、人力等资源的描述。如果没有确定的可被利用的人力、物力和财力资源，就难以确立培训目标。一般情况下，通过对下面问题的分析，就可了解一个组织资源的大致情况。

（1）金钱。培训经费将影响培训的范围和深度。

（2）时间。培训是相当耗费时间的，如果时间紧迫或安排不当，极有可能造成粗略的培训结果。

（3）人力。对中小企业人力状况的了解非常重要，它是决定是否进行培训的关键。人力状况包括：员工的数量、年龄、态度、技能水平、知识水平、绩效等。

（三）特质与环境分析

这主要是对中小企业的系统结构、文化、资讯传播情况的了解。主要包括如下内容：

（1）系统特质：指中小企业的输入、运作、输出、次级系统互动以及与外界环境的交流特质。

（2）文化特质：指中小企业的软硬件设施、规章制度、经营运作模式、成员待人处事的特殊风格，使管理者能够深入了解企业，而非仅仅停留在表面。

（3）资讯传播特质：指中小企业收集、分析和传递信息的分工与运作，促使管理者了解组织信息传递和沟通的特性。

对上述问题和特性的了解，将有助于管理者及培训部门全面真实地了解中小企业。

（四）工作分析

工作分析的目的在于了解与绩效问题有关的工作的详细内容、标准和达成工作所应具备的知识和技能。工作分析的结果也是将来设计和编制相关培训课程的重要资料来源。工作分析需要富有经验的员工积极参与，以提供完整的工作信息与资料。

工作分析是培训需求分析中最烦琐的部分，但是，只有对工作进行精确的分析并以此为依据，才能编制真正符合企业绩效和特殊作业环境的培训课程来。

（五）工作者分析

工作者分析主要是通过分析工作人员个体现有状况与应有状况之间的差距，来确定谁需要接受培训，同时确定培训的内容。工作者分析的重点是评价工作人员的实际工作绩效以及工作能力。其中包括下列数项：

（1）个人考核绩效记录。这主要包括员工的工作能力、平时表现（请假、怠工、抱怨）、意外事件、参加培训的记录、离（调）职访谈记录等。

（2）员工的自我评价。自我评价是以员工的工作清单为基础，由员工针对每一单元的工作成就、相关知识和相关技能真实地进行自我评价。

（3）知识技能测验。它是指以实际操作或笔试的方式测验工作人员真实的工作表现。

（4）员工态度评量。员工对工作的态度不仅影响其知识技能的学习和发挥，还影响与同事间的人际关系，以及与顾客或客户的关系，这些又直接影响其工作表现。因此，运用定向测验或态度量表，就可了解员工的工作态度。

四、培训需求的调查方式

培训需求调查是培训工作循环发展的基础。一般的培训需求调查可以从中小企业层面、工作层面和人员层面三个角度进行人员调查。

需求调查方法一般有：访谈法、问卷调查法、观察法、关键事件法、经验预计法、头脑风暴法、专项测试法、档案资料法、集体讨论法、自我分析法、基于胜任力的培训需求分析法、任务和技能分析法、缺口分析法、工作绩效评价法、错误分析法等。每种方法中，被培训者参与程度、管理层参与程度、所费时间、成本、指标衡量的程度均不同，需要选择合适的需求调查方法。各种调查方法可以组合使用，也可以单独使用,有的方法则只能在特殊情况下使用。本书挑选四种常用的培训需求调查方式进行介绍。

(一)观察法

观察法所指的是科学的观察方法。它是人们为认识事物的本质和规律,通过感觉器官或借助一定的仪器,有目的、有计划地对自然发生的现象进行考察的一种方法。它包括从观察准备到获得观察结果的全过程的实施。这种观察,绝不是被动、消极地注视,而是一种积极的思维过程。通过这一思维过程,扩大人们的感性认识,启发人们的思考,产生新的发现,所以它是培训需求调查中最基本、最常见的一种获取经验事实的方法。

(二)问卷法

问卷法是获取工作分析信息的最常用方法,又称间接调查法,也叫作自行分析法。通常被认为是最快捷又最省时间的方法。问卷法首要的事情在于决定问卷的结构性以及应该包含哪些问题。在一种极端的情形里,有些问卷是非常结构化的,里面有数以百计的工作职责,如"需要多久时间的经验才足以担任本职务"。在另一个极端情形里,问卷的问题形式非常开放,如"请叙述你的工作中的主要职责"。实务中,最好的问卷应介于这两种极端情形之间,既有结构性问题,也有开放性的问题。问卷调查方法的主要优点是速度快,调查面广,可以在较短的时间内,以较低的费用获得大量与职务有关的信息,并可对调查结果进行多角度、多用途的分析。问卷调查方法的主要缺点是对问卷设计要求高。问卷的设计直接关系问卷调查的成败,所以问卷一定要设计得完整、科学、合理。一般员工不愿意花时间填写问卷表,并且可能产生理解上的不一致,要注意抓好问卷调查表填写的培训。

(三)访谈法

访谈法是调查者通过与被调查者面谈的形式来搜集资料的一种方法。访谈法的类型有:个别访谈、集体访谈、一般访谈和深度访谈。访谈法具有灵活性强、适用范围广、回复率高、控制性较强的特点。但访谈法也有不足之处,诸如费时、费力,限制了大规模的调查研究等;访谈者与被访谈者都可能在访谈中出现偏见与错误,且访谈也常常受到环境因素的影响。

个别访谈中,开始访问是一种艺术,全部资料的可靠性在很大程度上取决于访谈者在这方面的表现。在访问的过程中,访谈者要始终注意控制访问的进程。要通过提问、插话以及表情和动作等方式,达到控制的目的,比如当被访谈者将话题扯远时,可以适时礼貌地通过插话和转问来控制;同时,访谈者的表情要适应被访谈者将回答的内容,要对被访谈者回答的喜怒哀乐表示出同感。集体访谈法即座谈会,就是访谈者邀请若干被访谈者,通过集体座谈的方式了解社会情况或研究社会问题的调查方法。按照调查方式的不同,座谈会也可分为两类:一类是口头访谈方式,是面对面的直接调查;一类是书面咨询方式,就是背靠背的间接调查。所谓的"德尔菲法",就属于后一种类型。

(四) 文献法

文献法主要指搜集、鉴别、整理文献，并通过对文献的研究形成对事实的科学认识的方法。文献法是一种古老而又富有生命力的科学研究方法。对现状的研究，不可能全部通过观察与调查，它还需要根据与现状有关的种种文献作出分析。

文献法属于非接触性的研究方法。没有继承和借鉴，科学就不能得到迅速的发展，这决定了人们在研究先前的历史事实时需要借助于文献的记载，在发展科学领域时需要继承文献中的优秀成果。现代科学研究不仅需要以今人之间的协作为条件，同样需要以前人的研究劳动成果为条件。查阅科学文献是利用"前人劳动成果"的重要措施和方法，也是促进和实现"今人的协作"的条件和基础。

一般来说，科学研究需要充分地运用资料进行文献调研，以便掌握有关的科研动态及进展，了解前人已取得的成果以及研究的现状等。这是科学、有效地进行任何科学工作的必经阶段。从教育科学研究的整个过程来看，文献法在科学研究的准备阶段和进行过程中经常要被使用。没有一项教育科学研究是不需要查阅文献的。

第三节 员工培训方法

一、不脱产教育培训（OJT）

不脱产教育培训又称"岗位中培训"（on the job training，OJT），就是在工作现场，由上级在工作中通过对部下实施指导、帮助和教育等方式进行的培训。不脱产教育培训包括两个方面，一方面是按照制度进行的培训，即与业务活动、员工承担的目标任务，以及与个人能力开发培养计划相联系的指导教育；另一方面是非制度规定的培训，主要是指激励、组织和指挥过程中所包含的指导教育。和全面质量管理教育类似，不脱产教育培训工作持续进行，其管理过程包括PDCA循环，即"计划—实施—评价—处理"管理循环。一个循环的结束意味着新一轮循环的开始。

（一）P（计划阶段）

在计划阶段，包括如下步骤：

（1）对全体人员说明目标和方针；

（2）让每位员工提出各自的目标及自我开发目标；

（3）根据部下提出的目标，研究个别指导培训的内容，制订个别培训教育计划；

（4）在上述基础上，上下级之间进行会谈和协商，确定每个人的目标。

计划环节的主要操作工具包括：

（1）自我申报表。它包括三方面的内容：过去一年本人（部下）所取得的主要成绩、对目前工作能力及环境的分析、今后一年的目标（主要工作任务、目标及自我开发目标）；

（2）个别指导计划书，指上级根据部下的"自我申报"和"个别指导手册"，以及被指导者的不足之处填写指导项目和内容，如"商品手册和目录方面的知识""商品的品种规格""商品的价格带"等。

（二）D（实施阶段）

实施阶段包括以下几个步骤：

（1）按实现目标的要求，通过日常工作进行具体的指导教育；

（2）在指导过程中，上级必须把指导内容记录下来；

（3）每位员工每隔一段时间对自己的工作状况和工作完成情况进行一次检查；

（4）上下级之间定期或不定期地就目标完成情况协商和交换意见。

实施环节使用的工具除了"自我申报表"外，还包括"OJT 卡"。

"OJT 卡"记录的是上级对员工日常工作的指导及观察内容，一般每周填写一次，填写的内容包括：优点与缺点、强项与弱项、实际工作情况。

（三）C（评价环节）

评价环节对实施结果作出评价，考察培训结果如何，包括以下几个步骤：

（1）期末由员工对自己期初制定的目标任务和自我开发目标进行评价，进一步确定下一期的目标任务和自我开发目标；

（2）由上级对整个指导教育期进行总结，并整理有关人事考核的材料；

（3）进行人事考核。

（四）A（处理环节）

在处理环节，先肯定成绩，再将行之有效的教育培训工作成果巩固，把遗留的问题转入下一个循环之中。其步骤包括：

（1）根据人事考核的结果以及员工提出的新的目标任务和自我开发目标，制定个别教育培训方式；

（2）在此基础上进行上下级新一轮交流，并确定下一期目标和计划。

二、脱产教育培训（OEFJT）

所谓脱产教育培训（off the job training，OEFJT），意思是"离开工作和工作现场，由企业内外的专家和教师，对企业内各类人员进行的集中教育培训"。OFFJT 分成两大类：一类是分层 OEFJT，指对不同阶层的员工进行脱产教育培训，以及对管理者的教育培训，还包括对新员工的岗前培训、对骨干员工的脱产培训等；另一类是分专业 OEFJT，指按不同专业对各类员工进行脱产教育培训，包括对不同员工进行全面质量教育培训，以及业务教育培训和销售技巧教育培训等。

对中小企业而言，OFFJT 是在职业专科学校、大专院校及中介教育培训机构中进行的，涉及大量人力、物力的投入，因员工暂时调离岗位会对经营管理产生一定程度的影响，所以对 OFFJT 过程必须进行有计划的安排和管理。

OEFJT 的管理过程大致可划分为三阶段：

（一）OEFJT 的需求评估与计划拟订阶段

此阶段是 OEFJT 的基础，其主要任务是，运用调查与预测的方法对中小企业培训的需求进行分析与评估。

（二）OEFJT 的实施与控制阶段

这是 OEFJT 工作的主要阶段，是实施教育培训的目标与计划，同时根据目标与计划，对 OEFJT 教育培训过程中出现的问题及时作出调整，保证整个过程顺利开展。在 OFFJT 的实施和调控阶段有两方面的工作，一是教学工作，二是教务工作。如何做好教学与教务工作，按既定的 OEFJT 计划与目标展开教育培训，是成败的关键。

其流程分以下几个步骤：

（1）教育培训方案的选择；

（2）教育培训的实施；

（3）确定教育培训的设施、课程设置、教育方法的运用等；

（4）调控。

（三）OEFJT 结果的评估和反馈阶段

这是 OEFJT 工作的最后阶段。这一阶段的重点是建立培训效果评估指标及指标体系；对教育培训的成效进行检查和评价；把评估结果反馈给有关部门，作为下一轮目标与计划制订的依据之一，以完善 OEFJT 的教育培训体系和内容。

此阶段的工作实际上有两个重点，一是评估各种培训计划是否具有成效；二是检验各种培训是否达到预期目标。

通常采取以下四种标准对 OEFJT 结束后的效果进行评估：

（1）反应标准。用于对表面效果的测评，诸如请那些参加培训的员工评价此次教学培训的效果如何、是否有用、是否真正学到了东西等。

（2）学习标准。通常通过各种试卷或考试方式，直接测试受训者所学到或掌握的知识量。

（3）行为标准。即对受训者的工作行为、能力和态度进行考核，分析判断培训前后的变化程度。

（4）结果标准。直接对接受教育培训之后的员工工作成绩，以及所在部门、班组的集体成绩进行评价和分析，确定 OEFJT 的效果。

第四节　员工培训评价

从培训需求分析开始设计培训方案，到确定培训目标，再到培训方法的选择及制定最终的培训方案，并不意味着培训方案的设计工作已经完成，因为任何一个好的培训方案必是一个"制定→测评→修改→再测评→再修改……→实施"的过程，只有不断测评、修改才能使培训方案臻于完善。培训方案的测评可从三个维度来考察：

从培训方案本身角度考察，将其细化为三个指标来进行：

① 内容效度，即看培训方案的各组成部分是否合理、系统化，这是从培训方案本身来说的，分析其是否符合培训需求分析，各要素前后是否协调一致，是否最优选择；

② 反应效度，即看受训者反应，受训者是否对此培训感兴趣，是否能满足受训者的需要；如果否，找出原因；

③ 学习效度，即以此方案来培训，看传授的信息是否能被受训者吸收。如果否，则要考虑从传授的方法以及受训者学习的特点等方面来加以改进。

(1) 从受训者的角度考察，应看受训者培训前后行为的改变是否与期望的一致。如果不一致，则应考虑是培训效果不理想还是缺乏应用培训所学内容的机会，或由于习惯影响使培训效果还未表现出来，这就需要延长考察时间。

(2) 从培训实际效果考察，即通过培训的成本收益比来分析。培训的成本应包括培训需求分析费用、培训方案设计费用、培训方案实施费用、受训者在培训期间的工资及福利。

培训方案的收益包括显性收益和隐性收益两部分，显性收益是指产量的提高，废品、次品的减少，原材料的节约，生产事故的减少等可检验的收益；隐性收益则是指企业团队精神的形成，企业形象的提高等不可量化的检验收益。成本低于收益才证明此方案可行，成本高于收益则证明此方案不可行，应找出失败原因所在，设计更优的方案。

一、柯氏模式

经常采用的培训评估模式叫作"柯氏培训评估模式"，这也是培训评估中最权威且最有效的培训评估模式。它是由美国威斯康星大学（Wisconsin University）一位名叫柯当纳（Donald L. Kirkpatrick）的教授提出的。柯当纳教授认为，评估培训效果有四种方式：一是观察学员的反应，二是检查学员的学习结果，三是衡量培训前后的工作表现，四是衡量公司经营业绩的变化。

（一）学员反应

在培训结束时，向学员发放满意度调查表，询问学员对培训的反应和感受。问题主要包括：

(1) 对讲师培训技巧的反应；

(2) 对课程内容设计的反应；

(3) 对教材的挑选及内容、质量的反应；

(4) 对课程组织的反应；

(5) 在将来的工作中，能否用到所培训的知识和技能。

学员最明了他们完成工作所需要的是什么。如果学员对课程的反应是消极的，就应该分析是课程开发设计的问题还是实施带来的问题。这一阶段的评估还未涉及培训的效果。学员是否能将学到的知识技能应用到工作中去还不能确定，但这一阶段的评估是必要的。学员的兴趣、对培训的关注对任何培训项目都是重要的。同时，在对培训进行回顾与评价时，学员能够更好地总结他们所学习的内容。

（二）学习的效果

确定学员在培训结束时，是否在知识、技能、态度方面确实取得进步。这一评估结果也可体现培训者的工作是否有效。但此时,我们仍无法确定学员是否能将他们学到的知识与技能应用到工作中去。

（三）行为改变

这一阶段的评估要确定学员的行为通过培训发生多大程度的改进。可以通过对学员的行为进行正式或非正式的测评（如观察）来进行。总之，要解决一个问题："人们在工作中使用了他们所学到的知识、技能和态度了吗？"尽管这一阶段的评估数据较难获得，但意义重大。只有学员真正将所学的东西应用到工作中，才达到培训的目的。只有这样，才能为开展新的培训打下基础。需要注意的是，因这一阶段的评估只有在学员工作时才能实施，这一评估一般要求与参与者一同工作的人员（如督导人员）参加。

（四）产生的效果

这一阶段的评估要考察的不再是学员的情况，而是从部门和组织的大范围内，了解因培训而带来的组织上的改变效果，即要解决"培训为企业带来了什么影响？"它可能是经济上的，也可能是精神上的，如产品质量得到了改善，生产效率得到了提高，客户的投诉减少等。这一阶段评估的费用、时间以及难度都是最大的，但这些对企业的意义也是最重要的。

以上是培训评估的四个层次，实施从易到难，费用从低到高。一般最常用的方法是第一阶段。而最有用的数据是培训对组织的影响。是否评估，应评估到第几个阶段，应根据培训的重要性决定。

二、培训的投入产出分析

（一）培训成本

培训成本一般包括直接成本（DC）、间接成本（IC）和开发成本（DeC）三个部分。

（1）直接成本项目包括：参加培训的所有人员（受训者、培训师、顾问、方案设计者、组织管理者等）的薪酬和福利；培训项目中所使用的原材料和其他培训用品；设备或教室的租赁或购置费用；差旅费和其他费用。

（2）间接成本是与培训项目的设计、开发或者提供等没有直接联系的一些费用，主要包括：一般性的办公用品、办公设施、设备以及相关费用；无法计入某一培训项目的差旅费和其他费用；和任何一个培训项目没有直接联系的培训部门管理人员或工作人员的薪酬福利；支持性管理人员和一般人员的薪酬福利。

（3）开发成本项目是对培训项目实施前和实施后带来的货币价值变化的反映，主要包括：培训项目开发设计或购置费用；对培训师进行培训发生的相关费用；组织支持和管理成本；受训者离岗期间的薪酬和福利以及受训后得到的薪酬福利的增加额。

因此，培训成本 $TC = DC + IC + DeC$。

（二）培训收益

1. 培训项目收益测算直接法

直接法的基本思路是比较培训组和对比组（没经过培训的参照组）员工绩效的差异，对比组是随机产生的，或者是与培训组尽可能相近、相似而非同一组别，经过运用统计检验方法对培训效果的显著性进行检验后，将绩效差异归因于培训。

一般来说，培训产生的总收益包括以下几个方面：

（1）提高的生产率（PI）＝生产率上升的百分比×单位员工成本×受训员工人数

其中，单位员工成本＝人事费用总额（包括工资、福利和其他费用）÷总人数

（2）增加的销售额（SI）＝人均增加的销售量×单位产品的均价×受训人数

（3）客户保留（CM）＝每位客户带来的平均收益×客户保留净数量

（4）员工保留（EM）＝新员工的平均成本×员工保留净数量

其中，新员工的平均成本＝新员工入职费用（招聘、甄选、培训等费用）＋员工离职成本

（5）减少的差错（FD）＝每个错误的平均成本×平均每位员工避免的差错×受训员工人数

（6）其他收益（OR）

以上计算中，生产率上升的百分比、人均增加的销售量、客户保留净数量、员工保留净数量、平均每位员工避免的差错等指标是通过对比受训组和参照组的绩效差异（或效果差异）得来的。

由此得到培训总收益 TR＝PI＋SI＋CM＋EM＋FD＋OR

2. 培训项目收益测算间接法

培训收益测算间接法基于培训绩效评估，即在对组织整体培训绩效考察的基础上，运用定量分析方法测算组织培训活动开展后绩效的变化，从而得出培训收益。其基本计算公式如下：

培训项目效益＝LT×NT×SU×PD－AC×NT

（1）LT 是培训项目对工作绩效产生影响的时间；

（2）NT 是接受培训的人员数量；

（3）SU 是效用尺度；

（4）PD 是未参加培训项目员工工作绩效的标准差；

（5）AC 是每位受训者的培训成本。

其中，效用尺度（SU）＝（已受训员工平均工作绩效－未参加培训项目员工的平均工作绩效）÷（未参加培训项目员工工作绩效的标准差×绩效评价的信度），这里，绩效评价的信度是不同评价方法产生结果之间的相关系数，即为避免绩效测量的可靠性不够导致估计偏差而对绩效差异值进行的统计校正。

（三）投资回报率

培训带来的效益包括有形效益和无形效益两个方面。有形效益是指能够被检验而

且能够以货币形式表现出来的效益,如"销售培训使得销售量增加了 2%",这是有形效益,它可以具体化为货币价值。而无形效益是指无法直接检验甚至无法量化的效益,这些效益通常被认为是由培训引起的,但很难甚至无法被检验出来。因此具体的货币价值很难或者无法附加在这些效益上。例如,"一项团体合作培训使得员工的归属感和对公司的责任感提高了",这是无形效益,但是这个效益无法直接用货币来衡量。

在将有形效益具体化的时候,要确保具体化的效益是由培训而不是由其他原因引起的。要尽量排除其他与培训无关的因素,并将培训结果独立出来,否则很难令人信服。

一旦将培训的结果独立出来并且证明了它的有效性,那么接下来就应该将其效益用货币的形式量化了。例如,如果销售培训使得第四季度的销售额就比第三季度增加了 2%,而第三季度的销售额为 5000 万元,那么第四季度的销售额比第三季度增加了 100 万元。

无形效益无法用货币直接量化,但是它对企业的影响也是非常重要的。如通过培训,员工工作的参与度提高、归属感增强、对公司的责任感增加、协作能力增强等,这些都是培训中获得的无形效益。

效益计算可以参考下列公式:

$$TE=(E2-E1)\times TS\times T-C$$

其中,TE 代表培训效益,E1 代表培训前每个学员一年产生的效益;E2 代表培训后每个学员一年产生的效益;TS 代表学员数量;T 代表培训可持续的年限;C 代表培训投入。也可以用下列计算公式:

$$\Delta u=T*N\times dt\times SDv-N\times C$$

其中,Δu 代表培训方案的价值;T 代表培训对绩效产生持续性影响的时间;dt 代表受训人员与未受训人员平均工作绩效的差别;SDv 代表未受训人员的工作绩效;N 代表受训人员数;C 代表每个人的培训费用。

通过成本收益比可以衡量该项培训的有效性。成本收益比越大,表明在一定成本的基础上收益越多。成本收益比的计算公式为:CB=FB/TC,其中 CB 为成本收益比(cost-benefit ratio),FB 为收益(financial benefits),TC 为培训总成本(total cost of training)。衡量企业培训的投资回报率,最终可以由成本收益比得出,这个值越大,说明企业从培训中获得的收益就越多,培训就越有效。

第四节 中小企业员工培训中存在的问题

一、管理层对培训重视不够、认识不足

当今社会,企业越来越重视员工培训,培训已经成为企业获取长远发展的重要

手段，成为企业在竞争中立于不败之地的必然选择。然而，对于大多数中小企业而言，经济效益仍然是第一生产力，企业的管理层大都忽视对员工知识技能、工作态度等问题的考量，把关注都放在"看得见"的效益上，认为培训是一种成本，会加重企业负担，从而导致员工培训的积极性不高，培训流于形式，培训效果不容乐观。

二、培训内容和培训方式生搬硬套

对于大多数中小企业来说，培训方面的投入不及大企业，有的中小企业的管理层盲目效仿一些优秀大企业的培训成果，生搬硬套。这类培训往往缺乏对本企业实际需求的明确认识，培训大都没有起到效果。中小企业的培训人员多为企业内部管理人员或部门负责人，他们没有丰富的培训经验和良好的培训方式，延用课堂教学的那种"填鸭式"方式，仅仅是灌输经验知识，这样的培训缺乏互动交流，方式过于简单。

三、缺乏深入细致的培训需求调查分析

大多数的中小企业管理者不愿意把过多的时间和精力放在分析员工培训需求上，他们大多遵循的是标准化的流程，并没有采用适合于本企业员工的培训。如前所述，培训需求分析是培训工作中最为重要的环节。培训需求分析是指企业内部负责企业培训的相关人员运用一系列技术和手段，在实施和准备此次培训活动之前，甄别和分析将要参与此次培训的部门及员工的培训目的、培训目标、知识储备、学习能力、过往经验等，以此来判断这些部门及员工是否需要培训，以及需要何种培训的一种活动或过程。[①]

四、监督手段不力，评估机制不健全

培训效果评估是员工培训中的重要环节。很多大企业虽然具有系统的员工培训体系，但是缺乏完善的培训效果评估体系。中小企业中情况更加严重，很多企业在培训实施之前，做了大量的前期准备工作，但在实施之后，企业负责培训的人员就很少关心其过程的实施情况，缺乏对培训应有的评估与监督体系，严重脱离实际，流于形式，且主观臆断性较强，没有达到培训后期应有的成果，因此对于培训没有起到很好的辅助作用。

---

① 参见 http://www.peixunjie.com/tm/gl/s29618.html，2017 年 10 月 15 日访问。

学习案例

Jump有限公司坐落于西安市高新区软件园内,是一家主营网络安全产品的中小型民营企业,该公司提供的服务包括:监控上网行为、防火墙、杀毒等。公司除销售这些网络产品外,还提供对这些产品的售前、售后的技术支持服务。公司产品已经通过国家权威机构的检测,并获得了公安部、国家安全局、国家信息安全测评中心及解放军测评中心颁发的相关资质,这些资质包括:涉密集成甲级资质、信息安全服务一级资质、国家二级系统集成资质、CMM3/ISO9001质量体系认证。

2012年12月,管理层人员对Jump有限公司员工培训现状进行了调查,此次调查采取问卷形式。结果显示,最近一年公司、部门或产品组员工参加培训4次以上的有108人,2至4次的有12人,1次和从来没有的无人选择;对于所接受的公司或部门组织的培训的数量认为还可以的有48人,认为足够的有57人,认为太多了的有15人,认为非常不够和不够的无人选择;员工对于主要参加的培训方式,员工选择内部讲师主题培训的有105人,选择外聘讲师主题培训的有12人,选择在线学习的有3人,外派公开课程无人选择;认为公司目前对培训很重视的有55人,认为比较重视的有50人,认为一般的有12人,认为有待加强的有3人;认为公司以往的培训有整体规划的有26人,认为培训太少的有4人,培训受众面小的有10人,认为课程内容与员工需求匹配度差的有48人,认为讲师水平参差不齐的有14人,认为培训时间安排不合理的有18人;效果良好的有64人,认为效果一般的有37人,认为效果不明显的有19人,没有员工认为效果显著。

从以上分析结果可以看出:近几年,公司中高层管理者已经普遍认识到培训的重要性,并且以部门为单位制订并实施了年度、月度部门培训计划,以及相应的考核措施。据调查统计,大部分的员工在近几年都或多或少地参加了公司组织过的培训,但是企业内部培训有限,对于陕西事业部技术类和销售类培训没有分开进行,侧重点区分不明确,成效甚微;同时该企业在近几年内组织的外聘讲师培训相对较少,尤其是针对这样一个以技术为核心,销售为导向的高新技术企业来说,新技术方面的培训无疑是企业发展壮大的强心针,2012年该企业在这方面的培训明显不足,对于现有人员技能的提高没有起到很好的帮助作用;最后对于企业的工作突出者的外派培训力度不够。在员工培训效果方面:大部分员工对于培训效果都不是很满意,并且从对参与培训的效果的调查结果来看,52名员工认为培训是公司要求参加的,68名员工是自愿参加的,其中有53名员工认为自从工作以及部门经理、产品经理的经验中学习的。综上可知,虽然员工对培训的重要性在一定程度上有了足够的认识,但是对真正的培训方式和培训反馈评估的不够具体,反映出过往的培训对员工的帮助并不大,让员工觉得培训似乎没有什么成效,因而参与企业培训的积极性也不高。在对培训方式及方法的选择上，也呈现不同的结果，认为内部讲师主题培训有效的有46名员工，认为外部讲师主题培训有效的有48名员工，认为外派公开课培训有效的有8名员工，认为专家咨询式培训有效的有10名员工，认为在线学习有效的有6名员工，其他有效的有2名员工；乐意接受讲授法的有50名员工，接受讨论法的有30名员工，接受情景模拟法的有27名员工，接受音像视听的有12名员工，接受其他方式的有1名员工。从这个结果可知，员工对于知识有渴望，并且希望通过传授的方式来获取知识，而培训已经成为员工获得知识提高专业技能的一种必不可少的手段，因此，对一个发展型的企业来说，培训应该，也必须得到企业高层的重视。

讨论题

1. 你认为 Jump 公司在员工培训方面有哪些优点？存在哪些问题？
2. Jump 公司改进员工培训的对策有哪些？

本章思考题

1. 员工培训的形式有哪些？基本程序是什么？
2. 培训需求分析的目的是什么？
3. 评估培训效果有哪几种方式？具体内容有哪些？
4. 中小企业在员工培训中存在的问题有哪些？

第六章

中小企业绩效考核

引导案例 S公司的绩效考核[①]

S公司是一家以煤炭贸易为主的中小型企业,注册资金500万元,年煤炭销售量近50万吨。作为一家发展快速的中小企业,S公司的绩效考核体系差强人意。长期以来,S公司的绩效考核完全依靠老板的主观感觉与客观目标完成情况,也就是说,在完成目标率的基础上,老板自行对下属的工作努力程度作出评价,并依据该评价发放保密的薪酬。随着业务的不断扩大和员工的不断增多,这种方法已经难以适应公司发展的需要。为此,老板调整了绩效考核方法,开始实施战略性绩效考核。它的具体内容是:

1. 针对部门的绩效考核指标设计。S公司部门的指标设计,从横向和纵向两个方面考虑。横向即部门的指标,它的设计全面反映公司所关注的方面,平衡公司短期业绩增长和长期可持续发展的关系,采用平衡计分卡的方法进行设计;纵向则关注公司的工作重点,从上至下对公司目标进行分解,采用关键绩效指标的方法。

2. 针对管理人员及一般员工的目标管理体系。对于所有员工,采用目标管理方法,即对被评估者在考核期内的工作行为、工作结果预先设立标准或指标,到考核期末,依此评价达到标准的程度或数值,得出评估结果。目标管理法的实施要点:(1) 在目标设定前,上下级员工必须对所设定的目标进行充分沟通,达成共识后,双方签字确认目标的有效性;(2) 设定符合 SMART 原则的目标;(3) 在目标管理的实施过程中,员工与其主管必须对其实现目标的过程进行管理;(4) 目标实现程度与激励机制挂钩。

在绩效考核结果运用方面,S公司也采取了积极有效的方法:(1) 绩效改进和培训发展。绩效考评结束后,考评者将考评结果及时反馈给被考评者,为其指出不良绩效,并共同分析原因,制定绩效改进方案。考核者为被考核者实施绩效改进计划提供必要的帮助、指导及培训,并予以跟踪检查。绩效考核的结果为员工培训及

[①] 参见陈文婷:《战略性绩效考核体系的设计与应用》,载《中国人力资源开发》2006年第8期。

开发提供了针对性。（2）职务晋升。在 S 公司，实行双重职业生涯发展通道，也就是说，既可以获得职位的升迁，也可以在职位不变的情况下进行薪酬的调整，从而保证每个员工都有积极的发展路径。根据绩效考核的结果，为被考核者在职位上的变动提供依据。（3）标准薪酬调整。当员工的职位无法进行变动时，为了体现其良好的绩效，激励其做出更大的贡献，实行同职位差别薪酬等级。（4）绩效薪酬及奖金。在 S 公司，标准薪酬由基本薪酬和绩效薪酬两部分组成，根据绩效考核结果，可直接确定标准薪酬中每季度绩效薪酬和年终奖金的多少。

1. S 公司是如何将绩效考核体系与公司战略结合在一起的？
2. S 公司的案例可以为我们提供哪些借鉴？

第一节 绩效考核相关理论研究

一、企业人力资源绩效考核与企业文化

从 20 世纪 80 年代开始，企业文化就受到国内外企业界和学术界的重视，并成为人力资源绩效考核的重要手段之一，特别是随着知识经济的到来，"知识资本"所产生的文化力和生产力，已成为形成企业核心竞争力的重要因素。

孟凡驰在《企业文化：人力资源开发的重要理论依据》一书中指出：企业文化理论本质特征是倡导以人为中心的人本管理哲学，反对"见物不见人"的理性主义管理思想。他主张将培育进步的企业文化和发挥人的主体作用作为管理的主导环节，因为即使是积极的体制和制度也不是维系企业组织的唯一手段。最根本的任务还在于培养共有的文化，同时建立为实践这一文化的上下级关系。不论一位老板多么聪明能干，如果不能同职工同心协力，而是与员工对着干，那么等待他的只能是失败。

一个优秀的企业就是能够使员工不仅能因做出贡献获得承认和回报，同时把企业的战略价值观、利润转化到具体的行动上来，从而促进形成企业上下一致的局面，形成有共同愿景和价值观的企业文化。

二、企业人力资源绩效考核与组织战略关系

美国的 Renaissance Worldwide 和 GFO Magazine 曾对数百家实施绩效考核的企业进行调查分析。结果表明，实施绩效考核失败的原因，主要是这些企业的绩效考核是围绕企业年度预算和运营计划建立的，鼓励的是短期的、局部的和战术性的行为，而忽视了企业战略目标的实现及核心能力的培养。

1982 年，狄凯和戴瓦钠等人提出了战略人力资源管理理论，他们把人力资源管理

和组织的战略计划作为一个整体来考虑。通过分析实现战略的关键成功因素，可以确定企业的关键绩效指标，并由此确定关键员工的绩效指标，从而把员工的主要活动和企业战略紧密结合起来，保证员工的绩效直接对企业的战略实现做出贡献。

三、企业人力资源绩效考核与企业发展

企业的绩效考核既要体现企业管理模式，也要与企业的不同发展阶段相适应。

自从企业的生命周期理论诞生后，诸多学者开始研究不同生命周期模型下的企业人力资源管理。有的学者指出，处在不同发展阶段的企业应具有不同的绩效考核目的，考核内容的重点和权重也该不同；有的学者则阐述了企业在初创期及成长期等不同阶段人力资源开发具有的一些特征。

四、企业人力资源绩效考核与组织的激励体系

20世纪20年代中期，美国的工会领袖约瑟夫提出的劳资合作计划是以企业的绩效为依据来支付薪酬，同时形成激励薪酬，将员工的薪酬和企业绩效联系在一起，从而促进员工从企业整体角度去思考问题，增强员工的责任感。

海尔集团的严格管理在我国企业中是有名的，但它不仅有严格管理的一面，还有员工自我管理的一面，并注重在精神激励上下功夫来提高绩效。

谢平在《绩效考核与核心的能力》一文中指出：员工激励是绩效考核系统中的重要环节，绩效考核结果必须和员工激励挂钩，绩效考核体系必须获得激励体系的良好支持才能充分地发挥作用。

第二节 中小企业绩效考核系统实施

一、绩效计划概念、程序及诊断

绩效考核是一系列以员工为中心的干预活动。绩效考核的最终目标是充分开发和利用每名员工的资源来提高中小企业的绩效，即通过提高员工的绩效达到改进中小企业绩效的目的。

一个有效的绩效考核诊断过程应该包括绩效计划诊断、绩效考核诊断、绩效考评论断和绩效反馈四个环节。这是一系列连续不断的活动循环过程，往往一个绩效考核过程的结束，是另一个绩效考核过程的开始。

（一）绩效计划诊断相关概念

1. 绩效计划的概念

绩效计划是一个确定组织对员工的绩效期望并得到员工认可的过程。通常绩效计划包含两层意思：一是强调计划本身，即绩效计划是关于工作目标和标准的契约；二是强调计划的过程，即绩效计划是双方或多方共同沟通，就员工工作目标和标准达成一致形成契约的过程。

2. 绩效计划的特征

（1）绩效计划是关于工作目标和标准的契约

许多管理者都认为绩效考核是绩效考核系统中最重要的一环，所以，在管理过程中往往忽略了绩效计划。殊不知，绩效计划是顺利进行绩效考核的前提和基础。没有好的绩效计划，绩效考核很容易引起双方的争议和矛盾。所以，在绩效期开始时，管理人员和员工就必须对工作目标和标准达成一致。在员工的绩效契约中，至少应该包括：员工在本次绩效期间内所要实现的工作目标；具体衡量结果的标准；取得员工工作结果的信息途径；员工工作目标的权重。

另外，由于绩效包括结果绩效和行为绩效两部分，因而绩效计划必须清楚地说明期望员工达到的结果以及为达到该结果所期望员工表现出来的行为和技能，即确定的工作目标和发展目标。

① 工作目标及其衡量标准。工作目标的设计是一个自下而上的目标确定过程，通过这一过程可将个人目标、部门或团队目标与组织目标结合起来。目标设计是员工全面参与管理、明确自己的职责和任务的过程，同时也是绩效考核的一个至关重要的环节。因为员工只有知道了组织或部门对自己的期望是什么，他们才有可能通过自己的努力达到期望的结果。

在目标设计过程中，应注意以下几个方面：

其一，个人目标应与部门或团队目标保持一致。个人目标的设计应体现为一个从组织目标到部门或团队目标再到个人目标的逐步分解的过程，个人目标是部门、组织目标的细化，个人目标的实现能促进部门或组织目标的实现。个人目标的确定应考虑组织的战略目标、所在岗位的主要职责以及内部和外部客户的需求。

其二，工作目标的设计是员工与部门主管共同的任务，员工应自主设计自己的目标并与部门主管协商一致。在过去的绩效考评中，员工的目标设计往往是一个自上而下的过程，目标是强加给员工的，不管员工愿不愿意去做，也不关心员工能否实现。一般做法是，年初上级领导为员工设计目标，年终进行目标完成情况评估，没有任何中间过程。正是因为这种"刚性"且缺乏员工的全面参与，使得绩效考评受到越来越多的批评。

其三，所确定的目标的表述应简洁明了，符合SMART目标原则，即special，工作目标是准确界定的；measurable，工作目标是可测量和评价的；agreed，工作目标是双方认可的；realistic，工作目标是可实现且富有挑战性的；timed，工作目标是明确规定了最后期限和回顾日期的。

其四，确定主要目标，一般为5—7个目标，而且每一个目标都应赋予权重，并按重要程度进行排列，最重要的排在最前面。

其五，每一个目标都应有可衡量的标准，所定标准应尽可能量化，根据可量化的程度选择数量、质量、时间、成本等作为衡量指标。

② 发展目标及其衡量标准。工作目标的实现离不开员工的实际工作行为表现，员工的行为表现应该保证主要工作目标的实现。因此，在确定工作目标的同时，还应该

确定和认可相应的工作行为要求,即胜任特征(competencies)。设计目标时要考虑发展目标,这是与目前绩效考核系统主张的以发展为导向(development orientation)相一致的。强调发展目标既可满足组织发展需要,也可为员工赢得利益。

其一,胜任特征模型(competency model)。确定胜任特征要求的方式就是建立该岗位要求的胜任特征模型,具体包括:

一是确定绩效标准。理想的绩效标准是硬指标,如销售额或利润、获得的专利和发表的文章、客户满意度等。如果没有合适的硬指标,可以采取让上级、同事、下属或客户提名的方法。

二是选择绩效标准样本。即根据已确定的绩效标准,分为优秀组和普通组,也就是达到绩效标准的组和没有达到绩效标准的组。

三是获取与绩效标准样本有关的胜任特征的数据资料。收集数据的主要方法有行为事件访谈(behavioral event interview,BEI)、专家小组、360度测评法、问卷调查、胜任特征模型数据库专家系统和直接观察。目前,采用最多的方法是行为事件访谈法。

四是分析数据资料并建立胜任特征模型。通过对从各种途径和方法中得到的数据进行分析,鉴别出能区分优秀者和普通者的胜任特征。这一过程具体包括假设产生、主题分析和概念形成等环节。

五是验证胜任特征模型。一般可采用以下三种方法来验证胜任特征模型:

方法一:选取第二个绩效标准样本,再次用行为事件访谈法来收集数据,分析建立的胜任特征模型是否能够区分第二个绩效标准样本(分析员事先不知道谁是优秀组或普通组),即考察"交叉效度"。

方法二:针对胜任特征编制评价工具来评价第二个样本在上述胜任特征模型中的关键胜任特征,分析其评价结果是否与效标一致,即考察"构念效度"。

方法三:使用行为事件访谈法或其他测验进行选拔,或运用胜任特征模型进行培训,然后,跟踪这些人,考察他们在以后工作中是否表现得更加出色,即考察"预测效度"。

根据SMART目标原则,个体所设计的工作目标应该是可实现的且有挑战性的,即工作目标应略高于自己的实际能力。因此,为了保证顺利实现所确定的工作目标,员工必须有一个提高自己胜任特征的过程,如此还可以促使员工完成更高的工作目标。

其二,制订发展计划时应注意的问题:

一是领导与员工应就员工个人发展目标达成一致;

二是员工有权利和有责任决定自己的发展目标;

三是培训和发展活动应支持所确定的工作目标的实现;

四是培训和发展活动应符合员工学习的风格。

(2)绩效计划是一个双向沟通的过程

绩效计划不仅仅是一纸契约,更为重要的是达成此契约的整个过程。实质上,建立绩效契约的过程是一个双向沟通的过程,这就意味着管理者与员工在这一过程中都负有责任。因此,建立绩效契约并不仅仅是管理者向员工提出工作要求,同时也是被管理者自己所设定的工作目标。在绩效计划进行过程中,沟通双方需要就某些问题达成共识。

① 管理者需要向被管理者阐述的事项有:组织的整体战略目标;本部门的发展目标;对员工的期望;具体的工作标准和完成时间。

② 员工需要向管理者表达的事项有:对工作目标的认识;具体的工作计划和目标;完成任务可能遇到的问题和所需要的资源。

(3) 参与和承诺是制订绩效计划的前提

社会心理学家通过对大量有关个人态度形成与改变的研究发现,当人们亲身参与了某项决策时,他们一般都会倾向于坚持这一决策,而且在外部力量作用下也不容易被改变。大量的实证研究证实,人们坚持某种态度的程度和改变态度的可能性主要取决于两个因素:一是他在形成这种态度时参与的程度,即是否参与态度形成的过程;二是他是否对此作了公开表态,即作出正式承诺。所以,在绩效计划阶段,让员工参与计划的制订,并且签订非常正式的绩效契约,实际上就是让员工对绩效计划中的内容作一个公开承诺。这样,他们就会更加倾向于坚持这些承诺,认真履行自己的绩效计划。同时,管理者对其应承担的责任也作出了承诺,从而增加了员工实施这一计划的信心。可见,员工参与是绩效计划的首要前提。

3. 制订绩效计划的程序

(1) 准备必要的信息

绩效计划通常是通过管理者与员工双向沟通达成的,因此,为了使绩效计划顺利执行,事先必须准备好相应的信息。一般而言,必要的信息包括:组织的战略发展目标和计划、年度的公司经营计划、部门的经营或工作计划、员工所处团队的目标和计划、员工个人的职责描述以及员工上一个绩效期间的绩效考评结果。

这些必要的信息主要分为三类:组织信息、团队信息和个人信息。管理者必须认识到将员工个人的发展纳入组织发展轨道的重要性。所以,为了使员工的绩效计划能够与组织的目标结合在一起,在制订绩效计划之前,双方都需要重新回顾组织目标。对组织信息了解得越多,就越能在自己的工作中保持正确的方向。而团队信息一方面将组织目标细化到本部门,另一方面,也是更为关键的,它直接与员工本绩效期间的工作目标有关,因此,管理者与员工都必须清楚地知道团队的目标与任务。比如,公司的整体经营目标是市场占有率提高5%,产品成本降低15%······这样,作为一个业务支持性部门,人力资源部根据整体经营目标就可以制定本部门的工作目标,如进一步完善激励机制,鼓励开发新客户,进行创新、提高产品质量、降低成本、强化开发客户、提高创造性、成本管理等方面的培训。

同时,作为考核者必须对被考核者的个人情况一目了然。被考核者的个人信息主要包括工作描述和上一个绩效期间的考核结果。工作描述是绩效考核的基础,因为它通常规定了员工的主要工作职责。从工作职责出发设定工作目标可以保证个人的工作目标与职位要求相一致。但是，在这一环节一定要重新回顾其工作描述，要随时根据环境的变化进行必要的调整。由于绩效考核和个人发展都有延续性的特点，因此在制定本次绩效期间的工作目标时，有必要对上一个绩效期间的工作目标和考核结果进行一次全面的回顾，使上一个绩效期间存在的问题和有待改进的方面在本次绩效计划中能得到反映，以便于员工能力的全面提升和部门绩效的进一步改进。

（2）确定绩效计划沟通的方式

决定采取何种方式进行绩效计划的沟通也是非常重要的。一般来说，绩效计划的沟通方式有员工大会、小组会、面谈等。企业在选取沟通方式时除了要考虑有利于绩效计划内容的了解与易于达成共识之外，还需要考虑环境因素，如企业文化与企业氛围、员工个性与特点、工作目标的难易程度等。

通常情况下，如果希望借制订绩效计划的机会向员工作一次动员，那么，不妨召开员工大会。如果工作目标只与某个小组的成员有关，可以开小组会，在小组会上可以就有关工作目标的问题进行讨论。这种方法可以进行得比较深入，合作成员对工作目标的协调与配合有更深的认识，有利于今后工作的开展，也有利于在深入的讨论中发现并及时解决问题。而面谈由于是管理者与员工面对面的沟通，相比较而言，其针对性更强，也更容易与员工就工作目标达成一致。

为了真正实现绩效考核的目的，即达成组织的目标并使员工个人的绩效和能力得到提高，必须在最初的绩效计划沟通时就使员工了解绩效考核的目的，了解绩效考核对其有什么好处，营造一种合作的氛围。否则，员工特别容易将绩效考核的重点集中在对绩效的考核方面，产生担忧和敌对的情绪。所以，在进行绩效计划沟通时，必须让员工了解的内容有：绩效考核的主要目的；绩效考核对员工与公司的好处；绩效考核的宗旨和方法；绩效考核的具体流程。

同时，员工也需要知道绩效计划会议中的一些信息，具体包括：绩效计划会议上要完成的工作是什么；管理者会向员工提供什么；员工要提供什么信息；在绩效计划会议上要作的决策和达成的结果是什么；需要员工作出什么样的准备。

以上这些对绩效考核的顺利实施非常关键。员工对绩效考核很可能有过不愉快的经历，而且对绩效考核的理解可能会与期望有所不同，或者对绩效考核有着特殊的期望。因此，在绩效计划沟通会议上要让员工与管理人员对绩效考核的目的和操作程序达成共识，这样有助于绩效考核其他环节的正常运转。

（3）进行绩效计划沟通

沟通阶段是整个绩效计划阶段的核心。在这个阶段，管理者与员工经过充分交流，就员工在本次绩效期间的工作目标和计划达成共识。

① 营造沟通氛围。宽松的氛围对沟通至关重要。通常应该规定时间与地点，尽量避免有其他人或事打扰，以保持沟通的连续性。同时，应确保管理者与员工之间对话的平等，这对沟通效果的影响极大。

② 沟通原则。

具体包括以下几项原则：

其一，平等原则。管理者和员工在沟通中是一种相对平等的关系，他们都是在为了企业的成功努力。

其二，信任原则。要相信员工是真正了解其所从事工作的人，相信员工是该工作领域的专家，所以，在制定工作标准时应该更多地发挥员工的主动性，同时更多地听取员工的意见。

其三，协调原则。事实上，在制定绩效计划的过程中，管理者只是引导员工如何将个人工作目标纳入部门或组织整体工作目标中，并充分发挥其协调作用，调动并合理配置相应的资源以实现工作目标。

共同决策原则。绩效计划的达成应该是一个共同决策的过程。而且，员工自己作决定的比例越高，绩效考核效果就越好。

③ 沟通过程

沟通的过程不是千篇一律的，通常情况下，它应该包括以下内容：

其一，回顾有关信息。在进行绩效计划沟通时，首先需要回顾一下已经准备好的各种信息，包括组织的经营计划信息，员工的工作描述和上一个绩效期间的考核结果等。

其二，确定关键绩效指标。在组织经营目标的基础上，每名员工都需要设定自己的工作目标。员工要针对自己的工作目标确定关键绩效指标。所谓确定关键绩效指标，也就是首先确定关键的工作产出，然后针对这些工作产出确定考核的指标和标准，并决定通过何种方式来跟踪和监控这些指标的实际表现。在设定关键绩效指标时，一定要注意关键绩效指标的具体性、可衡量性及时间性。

其三，讨论管理者提供的帮助。在绩效计划过程中，管理者还需要了解员工完成计划可能遇到的困难和障碍。管理者应对员工在制订计划时遇到的困难提供及时与切实的帮助。

其四，结束沟通。通常要经过几次沟通方可达成共识。往往达成共识就意味着沟通的结束。

（4）确认绩效计划

在经过了周密的准备并且在与员工进行了沟通之后，绩效计划就初步形成了。但是，还需要对绩效计划进行不断的审定，以确保其能够顺利执行。

4. 绩效计划诊断

实质上，绩效计划诊断就是看绩效计划是否达到预期目标。一般情况下，在绩效计划结束时，需要达到以下结果：

第一，员工的工作目标与组织的总体目标紧密相连，并且员工清楚地知道自己的工作目标与组织整体目标之间的关系。

第二，员工的工作职责和描述已经按照现有的组织环境作了修改，可以反映本绩效期内主要的工作内容。

第三，管理者和员工对主要任务、各项任务的重要程度、完成任务的标准、员工在完成任务过程中享有的权利都已经达成共识。

第四，管理者和员工都十分清楚在达成工作目标的过程中可能遇到的困难和障碍，并且明确管理者所能提供的支持和帮助。

第五，形成一个经过双方协商讨论的文档。该文档包括：员工的工作目标、实现工作目标的主要工作结果、衡量工作结果的指标和标准、各项工作所占的权重。双方都必须在该文档上签字确认。

如果没有达到以上结果，则需要找出原因，再根据具体原因制订员工绩效改进计划，这就需要进行绩效反馈面谈。

(1) 绩效反馈面谈的目的

一般而言，绩效反馈面谈的主要目的有以下几个方面：

① 对被考核者的表现达成双方一致的看法。对同样的行为表现，不同的人往往有不同的看法。管理者对员工的考评代表的只是管理者的看法，而员工可能会对自己的绩效还有另外的看法，因此，双方必须进行沟通以达成一致，这样才能制订下一步的绩效改进计划。

② 使员工认识到自己的成就和优点。每个人都有被他人认可的需要。当一个人取得成就时，他需要得到其他人的承认或肯定。因此，绩效反馈面谈的一个很重要的目的是使员工认识到自己的成就或优点，从而对员工起到激励作用。

③ 指出员工有待改进的方面。人无完人，优秀员工的工作绩效中也会有有待进一步改进的方面，有必要在绩效反馈面谈中向该员工指出来，这对于其个人的成长与发展是非常重要的。

④ 制订绩效改进计划。在双方对绩效评定的结果达成一致之后，员工和管理者可以在绩效反馈面谈过程中一同制订绩效改进计划。通过绩效反馈面谈，双方可以充分地沟通改进绩效的方法和具体的计划。

⑤ 协商下一个绩效考核周期的目标和标准。绩效考核是一个往复不断的循环过程，一个绩效考核周期的结束同时就是下一个绩效考核周期的开始。因此，上一个绩效考核周期的绩效反馈面谈可以与下一个绩效考核周期的绩效计划面谈结合在一起进行。由于刚讨论完员工在本绩效考核期内的绩效结果以及绩效的改进计划，因此，在制定绩效目标的时候就可以参照上一个绩效周期中的结果和待改进的问题来制定，这样既能有针对性地使员工的绩效得到改进，又可以使绩效考核连贯。

(2) 在进行绩效计划诊断时应注意的问题

在进行绩效计划诊断时，需要掌握更多的绩效信息，这样才有助于进行客观的评价，作出正确的决策。通常情况下，在执行绩效计划诊断时，需考虑以下问题：

① 要求自我评估。在进行绩效计划诊断前，先让员工进行自我评估是非常有益的。即使这些自我评估信息没有在正式评估时被采用，仍然可以引发员工对工作的思考。同时，自我评估也促使员工了解评估的标准，从而消除潜在的疑惑。最近的研究证实，当员工可以参与评估时，他们会更为满意，并将评估体系看成程序化的公正。在员工进行自我评估后，绩效反馈面谈就可以集中力量讨论管理者和员工意见不一致的地方，并努力寻求解决方案，而不必面面俱到。

② 要求参与。实际上，绩效计划诊断不是为结果而进行的，其最终目的是创造机会帮助员工认识问题、发现问题，以提高工作水平。从员工积极参与谈话的程度来看，工作的阻碍和根本原因被分析得越透彻，员工就越会提出提高工作水平的建设性意见。而且，研究显示，员工对考核反馈信息的满意度和提高员工工作水平的意图均与员工参与程度有很大的关联。因此，在绩效计划诊断中应该给予员工更多的沟通时间，上司讲话的时间占 30%—35%，余下的时间用作倾听员工对问题的反馈。

③ 改变行为而不是改变人。管理者有时应试图扮演心理学家的角色来解释员工为什么会有某种行为。所以在解决员工问题时，管理者一定要记住，错误的是员工的行为，而不是人。管理者应避免提出有关改变个人性格的建议，相反，应提出一个员工更容易接受的改变行为的建议。比如，管理人员不要针对员工的"不可靠"，而应针对员工"这个月经常迟到"这一事实。要求员工改变性格是很难的，但要求其改变某一行为则相对容易。

④ 注重解决问题。在谈到工作话题时，管理人员和员工经常会相互指责，从而陷入潜在的无休止的有关事情起因的争论。诊断的目的是解决问题，尽管解决问题需要对原因进行分析，但绩效计划诊断最终还是应该注重提出解决问题的方案。所以，在这个过程中，管理者应该更多地提供支持与咨询服务。如管理者询问员工"我能帮你什么吗"，这种态度对员工解决问题是很有帮助的。员工经常会将工作问题归因于真实存在的或是感知存在的障碍（如官僚制度或资源不足）。如果管理者采取公开和支持的态度，则他向员工传递的信息就是，他将尽力为员工消除外部障碍并与员工一起努力，使工作达到更高的水平。

⑤ 建立目标。由于绩效计划诊断的最终目标是发现问题，改进问题，其主要目的之一就是制订计划，即未来原则。所以，管理者应使员工将注意力放在将来而不是过去。在与员工一起制定目标时，管理者应注意以下几个方面：

一是应强调员工能够发展的强项而不是强调他应该克服的缺点。

二是注重存在于员工现职位中的发展机会。

三是将发展计划限定为能在合理时间内完成的最重要的几项。

四是为特定项目制订计划以便详细描述每个目标实现的过程。这些项目计划可能还包括合约、资源和时间表的清单，这些资料可能对后继者有所帮助。

同时，应该注意的是，绩效计划诊断是一个不断重复的过程，因此，工作反馈成为管理者每日工作的一部分。当然，这是一种比较理想化的情况。当反馈直接针对某一特定情况时，这种反馈最有效。然而不幸的是，管理者和员工都想尽快结束面谈，然后将考评表格存档了事。一个比较好的方法是定期进行非正式的谈话以便了解绩效反馈面谈中所讨论问题的进展情况。有些公司，如 Levi Strauss 公司为了改变这种情况，重新设计了该公司的绩效考核体系，明确将非正式信息反馈作为日常工作的一部分。这一改变将使管理者真正担当起帮助者的角色（而不是法官的角色），同时这也有利于企业业绩的持续提高和企业绩效目标的顺利实现。

5. 制订绩效改进计划

绩效计划诊断结束后,其主要目的就是改进绩效。所以,员工和管理者应该合力制订绩效改进计划。

二、绩效考核诊断实施

(一) 管理绩效的内涵

1. 定义

管理绩效,即员工绩效的实施与管理,具体而言,它包括绩效沟通和绩效信息收集两方面。管理绩效是绩效考核中一个非常重要的阶段,但却常常被忽视。在绩效考核实践中,管理的主要功能是保证员工能够按照第一阶段设定的目标,在规定时间内顺利地完成工作任务。

2. 形式

(1) 辅导。辅导是一个改善员工知识、胜任特征(行为)和技能的过程。

① 辅导的目的。

一是及时帮助员工了解自己的工作进展情况,确定哪些工作需要改善,需要学习哪些知识和掌握哪些技能;

二是必要时,指导员工完成特定的工作任务;

三是使工作过程变成一个学习过程。

② 辅导的特征。

一是辅导是一个学习过程,而不是一个教育过程;

二是员工负责制订工作计划并努力实现预期目标,在学习过程中能得到管理者的支持、咨询和监控;

三是反馈应该具体、及时并集中在好的工作表现上。

进行辅导时,一定要注意切入的时机,尽可能调动起员工的学习热情,鼓励员工完成自我学习计划,管理者只是起辅导的作用。

(2) 咨询。有效的咨询是绩效考核的重要组成部分。在绩效考核实践中,进行咨询的主要目的是,员工没能达到预期的绩效标准时,管理者应借助咨询来帮助员工克服工作中遇到的障碍。

① 咨询的阶段。咨询过程通常包括三个主要阶段:

一是确定和理解所存在的问题。

二是授权,即帮助员工确定自己的问题,鼓励他们表达这些问题,思考解决问题的方法并采取行动。

三是提供资源,即驾驭问题,包括确定员工可能需要的其他帮助。

② 咨询的要求。

一是咨询应该是及时的,也就是说,问题出现后应立即进行咨询。

二是咨询前应做好计划,同时咨询应在安静、舒适的环境中进行。

三是咨询是双向的交流,管理者应该扮演"积极的倾听者"的角色,这样能使员工感到咨询是开放的，并鼓励员工多发表自己的看法。

四是不要只关注消极的问题。对于好的绩效应具体说出事实依据，对不好的绩效管理者则应给予具体的改进建议。

五是管理者与员工要共同制订改进绩效的具体行动计划。

3. 进展回顾。绩效进展回顾是一个直线管理过程，而不是一年一度的绩效回顾面谈。工作目标和发展目标的实现对组织的成功是至关重要的，所以应该定期对其进行监测。在绩效考核实践中，应经常进行回顾。对一些工作来讲，每季度进行一次会谈和进展总结比较合适，但对其他短期工作或新员工来说，则应该每周或每天进行反馈。在进展回顾时，应注意以下几点：

① 进展回顾应符合业务流程和员工的工作实际；

② 将进展回顾纳入自己的工作计划；

③ 不要因为其他工作繁忙而取消进展回顾；

④ 进展回顾不是正式或最后的绩效回顾，进展回顾的目的是收集信息、分享信息并就实现绩效目标的进一步计划达成共识；

⑤ 如果有必要，可以调整所设定的工作目标和发展目标。

此外，由于组织的扁平化和分散化，必须鼓励员工进行自我管理，所以，自我管理也可以说是管理绩效的另一种形式。在绩效考核系统中，员工应该能够管理自己的绩效，而不应该过多地依赖管理者。员工应该从了解自己日常工作的同事那里获得具体的指导和反馈，主动回顾自己的绩效，即在正式的绩效回顾之前，先对自己的绩效进行判断，并根据结果调整自己的计划。

（二）绩效实施与管理中的误区

绩效考核是一个系统，是一个整体过程，从制订绩效计划到绩效的实施与管理，再到绩效考核，最后到绩效反馈，可谓环环相扣。在整个过程中，绩效计划、绩效考核和绩效反馈往往几天内就完成了，绩效实施与管理是最耗时的一环，它贯穿于整个绩效期间并影响着其他环节的运转。绩效计划能否落实与顺利完成依赖于绩效实施与管理，绩效考核的依据也来自于绩效实施与管理的过程，所以说，绩效实施与管理是绩效考核系统中非常重要的中间过程，直接决定整个绩效考核的成败。

绩效实施与管理如此重要，现实中却由于种种原因而被忽视，造成种种误解。绩效实施与管理过程中的误区主要有以下几个。

1. 绩效考核重要的是计划和考评，中间的过程是员工自己工作的过程

作为管理者一定要改变这种看法。员工能否达到绩效计划的要求，关键在于绩效计划如何实施与管理。这一过程不应仅仅由员工独自面对，作为管理者，必须肩负起指导的责任。实质上，在实施过程中员工可能遇到这样或那样的问题，需要管理者给予指导与帮助。除此之外，员工在紧张繁忙的工作中特别需要得到他人的关注与认可，同时也需要一种宽松的工作氛围。

2. 对员工绩效的管理就是监督、检查员工的工作，时刻关注员工的工作过程

实际上这是对员工的不信任。正是由于不信任，才会怀疑员工的工作能力，导致

过多地关注员工的工作细节，从而影响了员工的工作绩效。其实，绩效考核是目标管理，管理者应该将主要精力放在员工的工作结果上，而不是过于关注工作细节。在绩效考核中，管理者不是监督者，而应该是教练，其主要任务是引导、帮助员工解决工作中出现的问题。

3. 认为花费时间做记录是一种浪费

在绩效实施的过程中，有些管理者认为工作分配下去了，自己就没事情做了。实则不然，绩效期结束后，要进行绩效考核，需要以事实说话。如果只凭感觉或记忆，可能会出现主观臆断的现象，容易引发争议。因此，做好绩效实施与管理过程中的记录是非常关键的。

也就是说，在制订绩效计划之后，绩效实施与管理需要着手的事情是持续的绩效沟通和对工作表现的记录。

（三）持续的绩效沟通

1. 绩效沟通的目的

员工和管理人员通过沟通共同制订了绩效计划并达成一致，但这并不是说后面的绩效计划执行过程就会完全顺利。要想做到完全顺利，就必须进行持续的绩效沟通。

（1）通过持续的沟通对绩效计划进行调整。俗话说："计划赶不上变化。"今天的工作环境已不再像以前那样稳定，由于竞争日益激烈，变化的因素也逐渐增加。因此，在绩效实施的过程中进行持续的绩效沟通，目的就是适应环境变化，并随时作出调整。在绩效期开始时制订的绩效计划很可能随着环境因素的变化变得不切实际或无法实现，如由于市场原因，某项研发工作被取消，该员工绩效计划就会发生变化，所以，在绩效实施过程中需要加强员工与管理者的沟通，以便更好地适应环境变化的需要，使绩效计划切实可行。

（2）员工需要在执行绩效计划的过程中了解有关的信息。这些信息主要包括以下两方面：

① 关于如何解决工作中的困难的信息。工作环境的变化加剧，使得员工的工作变得越来越复杂，在制订绩效计划时很难预计到所有在绩效实施过程中会遇到的困难和障碍，因此，在执行绩效计划时，如果出现问题，员工不希望自己处于孤立无援的状态，而希望在自己处于困境时能及时得到相应物质及精神的支持。

② 关于自己工作做得怎么样的信息。员工都希望在工作过程中能不断地得到关于自己绩效的反馈信息，以便能不断地改进并提高自己的能力。如果无法得到这些信息，一方面不利于员工能力的提高，另一方面容易使绩效考核流于形式，不能真正实现绩效考核的目标。

（3）管理人员需要得知有关的信息。作为管理者，需要及时掌握员工的工作进展情况，了解他们在工作中的具体表现，同时，对于员工在工作中遇到的问题，管理者应给予必要的帮助。这样一来，管理者就可以心中有数，在确保绩效考评真实可信的同时，也减少彼此因考核结果而产生的矛盾与争议。

由此可见，在绩效实施与管理过程中进行持续的沟通是确保绩效考核系统正常运转的必要条件。

2. 绩效沟通的内容

正因为绩效沟通是管理者与员工的共同需要，所以，沟通的内容也应该由其需要来确定。通常情况下，绩效沟通的主要内容包括：

（1）工作进展情况；

（2）员工和团队是否在正确的轨道上运行以达成绩效目标；

（3）如果偏离方向，应该采取什么样的行动来扭转；

（4）哪些方面的工作进行得好；

（5）哪些方面的工作遇到了困难或障碍；

（6）面对目前的情境，要对工作目标和达成目标的行动作出哪些调整；

（7）管理者可以采取哪些行动来支持员工。

3. 绩效沟通的方式

沟通有各种各样的方式，尤其在网络技术发达的今天，人们越来越多地采取网络沟通的方式。每种沟通方式都有优缺点，且都有适合的情境，所以，关键在于如何根据不同的情境选取合适的沟通方式。

沟通方式分为正式沟通方式和非正式沟通方式两类。

（1）正式沟通方式。正式沟通方式是指在正式的情境下进行的事先经过计划和安排，并按照一定规则进行的沟通。在绩效考核中常用的正式沟通方式有以下几种：

① 书面报告。书面报告是绩效考核中常用的一种正式沟通的方式，包括工作日志、日报、周报、季报、年报。

② 会议。会议是一种点对面的直接沟通方式，其最大的好处是管理者可以借助开会的机会向员工传递有关公司战略目标和组织文化的信息。

③ 正式会谈。正式会谈是一种一对一的面谈式沟通方式，其最大的好处是可以进行深度沟通。所以，这种方式更多地用于知识型员工与管理者的绩效实施过程。在绩效实施过程中进行面谈沟通，管理者应该注意以下问题：

一是通过面谈使员工了解组织的目标和方向。在面谈时，不能仅仅停留在员工个人所做的工作上，而且还要让员工知道他们个人的工作与组织的目标有什么样的联系。这样有助于使员工作出与组织目标相一致的行为。

二是多让员工谈自己的想法和做法。管理者应该借助面谈的机会多倾听员工的声音，尽量去了解员工的真实想法，鼓励员工产生新的创意。

三是及时纠正无效的行为和想法。管理者倾听员工的想法并不等于对员工听之任之，当管理者在面谈过程中发现员工有无效行为或想法时，应该及时加以纠正或制止。

四是让员工认识到管理者的角色。员工对主管人员在绩效考核中的角色的认识有时存在偏差，例如，认为管理者应该替自己作决策，认为管理者不能干预其工作等。因此，管理者应该通过沟通让员工认识到在绩效考核过程中，管理者的角色定位是辅导者、教练、咨询者。

（2）非正式沟通方式。在绩效实施过程中除了可采用正式的绩效沟通方式外，还可以采用大量的非正式的绩效沟通方式。

对于员工而言,无论采用何种类型的正式沟通方式,都会由于其正式性而让他们产生紧张感,无法准确表达自己真实的想法,从而影响沟通的效果。而采用非正式的沟通方式则更容易让员工敞开心扉,并能更好地表达他们自己的想法,沟通的效果也相对好一些。

常见的非正式沟通方式主要有以下几种:

① 走动式管理。管理者在员工工作期间不时地与员工进行交流或者解决员工提出的问题,但要注意不要过多干预员工的工作行为,否则会适得其反,给员工一种突然袭击的感觉,使其更容易产生心理压力与逆反情绪。通常,这种方式更多地运用于制造型企业。

② 开放式办公。开放式办公主要指的是管理者的办公室随时向员工开放,只要没有客人在办公室里或是开会,员工就随时可以进入办公室与管理者讨论问题。开放式办公最大的优点就是将员工置于比较主动的位置上,员工可以自主选择与管理者沟通的时间,而且可以主导沟通的内容。绩效考核是管理者和员工双方的责任,员工主动与管理者进行沟通是他们认识到自己在绩效考核中的责任的表现。而且,沟通主动性的增强也会增强整个团队的凝聚力。

③ 工作间歇时的沟通。管理者可以利用各种各样的工作间歇与员工进行沟通,例如,与员工共进午餐,在喝咖啡的时候聊聊天等。在工作间歇时与员工进行沟通要注意,不要过多谈论比较严肃的工作问题,可以谈论一些比较轻松的话题,其目的在于建立良好的关系,以便更好地沟通。

④ 非正式的会议。非正式会议也是一种比较好的沟通方式,管理者可以在比较轻松的气氛中了解员工的工作情况和遇到的问题。而且,这种聚会往往以团队的形式举行,管理者也可以借此发现团队中的一些问题。

4. 绩效信息的收集

在绩效实施的过程中对员工的绩效信息进行记录和收集,其目的是为绩效考核提供充足的客观依据。在绩效考核时,管理者将一名员工的绩效判断为"优秀""良好"或者"差",需要有一些证据做支持,也就是说,评判员工的绩效绝对不能凭感觉,而是要用事实说话。这些信息除了可以作为对员工的绩效进行考核的依据外,也可以作为晋升、加薪等人事决策的依据。

进行绩效考核的目的是改进员工的绩效,提高员工的工作能力。所以,当管理者对员工说"你在这方面做得不够好"或"你在这方面还可以做得更好一些"时,需要用事实来说话,这样既可以使员工清楚地认识到自己存在的问题,有利于他们改进和提高。也可以通过对绩效信息的分析发现绩效问题,找出问题的根源所在。同时,保留翔实的员工绩效记录也是为了在发生争议时有事实依据。一旦员工对绩效考核或人事决策产生争议,这些记录在案的事实依据就可以作为仲裁的信息来源。这些记录不仅可以保护公司的利益,也可以保护当事员工的利益。所以,管理者认真记录和整理绩效信息是非常有必要的。

(1) 收集绩效信息的方法。既然与绩效有关的信息是进行绩效考评时的必要信

息,那么,就需要采取系统的方法收集与绩效有关的信息。收集绩效信息的方法主要有以下几种:

① 观察法。观察法是指管理者直接观察员工在工作中的表现,并对员工的表现进行记录。例如,一名管理者看到员工粗鲁地与客户讲话,或者看到一名员工在完成自己的工作之后热情地帮助其他同事工作等,这些就是通过直接观察得到的信息。

② 工作记录法。员工的某些工作目标完成情况是通过工作记录体现的。例如,财务数据中体现的销售额数量,客户记录表格中记录的业务员与客户接触的情况,整装车间记录的废品个数等,这些就是日常工作记录中体现的绩效情况。

③ 他人反馈法。员工的某些工作绩效不是管理者可以直接观察到的,如果又缺乏日常的工作记录,在这种情况下就可以采用他人反馈的信息。一般来说,当员工的工作是为他人提供服务或者与他人发生关系时,就可以从员工提供服务的对象或发生关系的对象那里得到有关的信息。例如,对于从事客户服务工作的员工,管理者可以通过发放客户满意度调查表或以与客户进行电话访谈的方式了解员工的绩效;对于公司内部的行政后勤等服务性部门的员工,可以从其提供服务的其他部门人员那里了解情况。

(2) 收集绩效信息的内容。收集绩效信息是一项非常重要的工作,但是,管理者不可能记录所有员工的绩效表现,因此,他们必须有选择地收集,要确保所收集的信息与关键绩效指标密切相关。所以在确定收集哪些信息之前需要回顾关键绩效指标。

通常来说,收集的绩效信息的内容主要包括:有关工作目标或任务完成情况的;来自客户的积极的和消极的反馈;工作绩效突出的行为;绩效有问题的行为等。

在收集的信息中,有相当一部分是属于"关键事件"的信息。关键事件是员工的一些典型行为,既有证明绩效非常好的事件,也有证明绩效存在问题的事件。

表 6-1 是某企业根据其实际情况采用关键绩效指标法进行绩效考核的范例。

表 6-1 某企业销售部的主要绩效考评内容一览表

产品产出	指标类型	具体指标	绩效标准
销售利润	数量	• 年销售额 • 税前利润百分比	• 年销售额在 20 万—25 万元 • 税前利润率为 18%—22%
新产品设计	质量	上级评价: • 创新性 • 体现公司形象 客户评价: • 性价比 • 相对竞争对手产品的偏好程度 • 独特性 • 耐用性	上级评价: • 至少有 3 种产品与竞争对手不同 • 使用高质量的材料、恰当的颜色和样式代表和提高公司的形象 客户评价: • 产品的价值超过了它的价格 • 在不告知品牌的情况下对顾客进行测试,发现选择本公司产品比选择竞争对手产品的概率要高 • 客户反映新产品与他们见过的同类产品不同 • 产品使用的时间足够长
零售店销售额	数量	销售额较去年同期增长	销售额比去年同期增长 5%—8%

（3）收集信息过程中应注意的问题。收集信息过程中应特别注意以下问题：

让员工参与收集信息的过程。作为管理者，不可能每天8小时盯着一名员工，因此，管理者通过观察得到的信息可能是不完全的或者偶然性的。这时就需要教会员工自己做工作记录。员工都不希望管理者拿着一个小本子，一旦发现自己犯了错误就记录下来，或者将错误攒在一起到绩效考核的时候算总账。更何况，绩效考核是管理人员与员工共同的责任，员工参与到绩效数据收集的过程中去是体现员工责任的一个方面。而且，员工自己记录的绩效信息比较全面，管理者拿着员工自己收集的绩效信息与他们进行沟通的时候，他们也更容易接受这些事实。

但值得注意的是，员工在做工作记录或收集绩效信息的时候往往会存在选择性记录或收集的情况。有的员工倾向于报喜不报忧，他们提供的绩效信息中体现成就的会比较多，而对于自己没有做好的事情，则持回避态度。有的员工则喜欢强调工作中的困难，甚至会夸大。所以，当管理者要求员工自己收集工作信息时，一定要非常明确地告诉他们该收集哪些信息，采用哪种结构化的方式，将员工选择性收集信息的程度降到最小。

① 要注意有目的地收集信息。在收集绩效信息之前，一定要弄清楚为什么要收集这些信息。有些工作没有必要收集过多的过程中的信息，只需要关注结果就可以了，在这种情况下就不必费尽心思去收集那些过程中的信息。如果收集来的信息最后发现并没有什么用途，就造成人力、物力和时间的浪费。

② 可以采用抽样的方法收集信息。既然不可能一天8小时监控员工的工作（如果有必要获得工作过程中的信息的话，也只好如此），那么，不妨采用抽样方式。所谓抽样，就是从一名员工全部的工作行为中抽取一部分工作行为，这些抽取出来的工作行为称为一个样本。抽样的关键是要注意样本的代表性。

常用的抽样方法有固定间隔抽样法、随机抽样法、分层抽样法等。固定间隔抽样法就是每隔一定的数量抽取一个样本；随机抽样法就是不固定间距地抽取样本，通常不易让被考评者发现规律；分层抽样法则是按照样本的各种特性进行匹配抽样，这样可以比较好地保证样本的覆盖率。

值得一提的是，要把事实与推测区分开来。作为管理者，一定要注意收集那些事实的绩效信息，而不应收集对事实的推测。管理者通过观察某些行为，可以推测得出行为背后的动机或情感。如果说"他的情绪容易激动"，这就是对事实的推断，事实也可能就是这样，因为"他与客户打电话时声音越来越高，而且用了一些激烈的言辞"。所以，管理者与员工进行绩效沟通的时候，一定要基于事实的信息，而不能基于推测得出的信息，这一点很重要。

第三节 中小企业员工绩效考核目的和内容

员工绩效考核是人力资源绩效考核的核心部分。它为制订人力资源计划和人力资源决策提供一定的依据，同时又是检验其他人力资源管理活动的手段。员工绩效考核活动进行的好坏,可以说是关系员工自身的发展、中小企业兴衰的关键,也是促进人力资源管理科学化、规范化的重要途径。

一、员工绩效考核的含义和目的

（一）员工绩效考核的含义

员工绩效考核又称工作绩效评估或工作业绩评定,它是指按照一定的标准,利用科学的方法,收集、分析、评价和传递有关员工工作行为和工作结果方面信息的过程。

绩效考核是人力资源管理上不可缺少的工具,它包括直属上级对员工工作的观察和评价。考核的目的并不仅是为了奖惩,员工的调任、升迁、加薪等重大决定也都必须依据精确的考核结果。因此,如何在员工日常表现中制定明确的绩效标准以示奖惩分明,同时据此实行适当的在职训练,有系统地进行持续绩效考核工作,这是人力资源管理的一个重要内容。

同时,员工也希望自己的工作成绩得到企业的认可以及获得应有的待遇,希望通过个人努力取得事业的进步,同时也希望得到上级对自己的指点。总之,员工从本质上说,是寄希望于绩效考核工作的。

（二）员工绩效考核的目的

员工绩效考核的目的主要是管理性的,同时也有培训开发性。其目的主要包括：

(1) 绩效考核既是对员工业绩的评定、认可与激励,也是执行惩戒的依据之一；

(2) 绩效考核的结果是薪酬管理的重要依据,也是员工调任、升迁、降职或淘汰的重要标准；

(3) 绩效考核可以为员工培训与开发提供针对性；

(4) 绩效考核的过程可以促进上、下级之间以及各个职能部门之间的沟通。

（三）员工绩效考核的作用

通过招聘和培训把符合要求的人员录用和分配到合适的工作岗位后,就需要在工作过程中不断地对人员的工作或成绩作出考核和评定,这也是人力资源部门的一项重要任务。员工绩效考核具有如下作用：

(1) 为管理者、员工提供反馈,让他们了解工作情况,从而改进工作中由于人的原因而产生的缺陷和不足,这就为人员的培训提供了依据。因此,考核可以说是一种诊断手段,通过科学、公正、积极可靠地评价,使人们了解和发现自己的弱点。这比消极地指责与批评的效果好得多。

(2) 能够根据合理分配的原则,用考核结果确定工资报酬。建立考核结果与报酬升降之间的关系,即按照考核结果决定工资报酬的升降幅度,从而充分调动工作积极性。

(3) 对于工作调配的决策也十分重要。对新录用或选拔的人员实行试用期,让他们从事几种工作,比如在几个部门或车间分别干几个月,承担不同的工作任务,然后对他们的工作实绩作出考核，把他们安排到最能取得好成绩的岗位上。对于新任用的基层管理者，也可以采取试用的办法，让他们在不同的工作部门锻炼一段时间，再根据工作考评的结果作比较，决定最适合各人的工作职务。

（4）作为人员提拔与晋级的依据。当然，工作实绩并不是提升的唯一理由，还要考虑有关人员的工作经验、思想品质以及工作的实际需要等因素。但严格地以工作考核结果作为提拔与晋级的主要依据，无论从提升后的工作情况，还是员工的反映来看，效果都比较好。

（5）绩效考核是人力资源部门开展人力资源管理工作研究的重要途径。当人力资源部门需要确定新的人员测评指标时，可以用绩效考核的结果作为工作成效的标准。因此，绩效考核可以用来进行各种人力资源管理研究，如设计有关人员招收、预测、录用、调配方面的人力资源管理决策方案，检验人力资源管理政策的效用，制订人力资源开发时的计划等。

二、员工绩效考核内容

绩效考核是利用和开发组织最重要的资源，可被用来达到很多管理目标。员工考核的内容大致可以分为德、能、绩、勤四个方面。根据不同的需要，考核时侧重点各有不同。

所谓德，主要是员工的工作态度和职业道德。从德的方面考核员工，主要就是考核这种精神和责任心。

所谓能，主要是员工的专业技能，同时也包括一般能力，如理解能力、操作能力、交往能力、创新能力、组织能力等，它是员工技能考评中比较普遍的内容。对于一般员工，比较侧重前两种；对于技术骨干，则以员工发挥作用的基础，与他对企业的贡献直接相关。

所谓绩，即员工的工作成绩，包括在岗位上和岗位之外取得的成绩。岗位成绩与岗位职责有关，是员工成绩的主体。而岗位职责体现为一系列任务和操作标准，要求每一个员工都能达到，达标成绩是员工的起码成绩。在此之上，根据工作任务和工作规范的执行情况，表现出不同的业绩水平。除了本职工作之外，作为中小企业的一员，员工还可能为企业做其他方面的贡献，如提出合理化建议等。这些也体现了员工对企业的贡献，考核时不能忽视。

所谓勤，主要是指员工的工作态度，即处理本职工作的方式，如事业心、出勤率等。企业的工作是在分工协作中进行的，一名员工的工作与其他员工有直接关系，如流水线上的操作工。即使是比较独立的岗位，如推销员，也不是只看他能否完成推销任务，还要看他是如何工作的，是否尽到了自己的责任等。尽职尽责但完不成任务，和能完成任务但不努力，都不是好的状态，说明管理中有问题。合理的情况应该是员工愿意也能够较好地完成任务。同时，勤也是联系德、能、绩之间的纽带。

第四节　中小企业员工绩效考核原则和标准

一、绩效考核的原则

由于中小企业规模小、业务单一、以事为中心，因此，中小企业开展绩效考核应坚持如下原则：

(1) 简单明了。中小企业规模小，考核部门员工的能力和素质不高，因此，绩效考核不能求大求全，应简单明了，压缩考核内容。

(2) 指标量化。对计时制和计件制工作，按工时和作业完成量进行考核。对销售人员，按顾客满意度和销售额进行考核。对柔性化管理岗位，按工作分析，结合完成工作的方法与效率进行考核。部分管理岗位可按目标的完成情况进行考核。

(3) 循环反馈，正负激励。利用绩效考核的导向性，在企业中对什么是鼓励的行为，什么是排斥的行为达成共识。

(4) 层次性、多角化。考核体系的设计要考虑工作过程和成果两个维度，在每一维度下细化考评指标，量身设定考评指标。

(5) 促进核心团队建设。人力资源的素质是中小企业发展壮大的关键。核心团队是关键中的关键。中小企业相对弱小，没有足够的财力培养和储备全部人员。因此，要重点突出核心团队的建设，提高其素质，培养核心竞争力。

二、有效员工绩效考核系统的标准

绩效考核标准，即对员工绩效的数量和质量进行考核的标准。它由标准强度和频率、标号、标度三个要素组成。绩效考核标准体系是由各种内容、标度和属性的考评标准组成的有机整体。有效的绩效考评标准体系应当同时具有五个特征：

(1) 协调性，指各种标准在相关的质的规定方面的衔接，相互一致协调发展。

(2) 敏感性，指绩效考核标准体系具有区分高效率和低效率员工的能力。

(3) 可靠性，指评价者作出评价的一致性，不同的评价者对同一个员工所作的评价应当基本相同。

(4) 准确性，指应当把工作标准和中小企业目标相结合，把工作要素和评价内容相联系，以明确一项工作成败的界线。

(5) 实用性，指绩效考评标准体系的设计、实施和信息利用的收益要大于成本，并且能够得到管理人员和员工的接受和支持。

三、员工绩效考核的程序

就绩效考核的具体实施来讲，绩效考核主要有制订绩效计划、编制绩效评估指标、对绩效评估人员开展培训、实施绩效评估、开展绩效反馈面谈和绩效结果的应用这六个循环阶段。想要做好绩效考核，既要从宏观上把握这六个阶段，也要从微观上把握这六个阶段的实施细节。

（1）制订绩效计划阶段。绩效计划是指管理者与员工共同讨论，就实现目标的时间、责任、方法和过程进行沟通，以确定员工以什么样的流程、完成什么样的工作和达到什么样的绩效目标的管理过程。不难看出，绩效计划主要包括两大部分：一部分是绩效考核实施的具体计划，另一部分是绩效目标的确定。一般来讲，制订具体的绩效实施计划主要是对绩效考核的整个流程从任务、时间、方法及宏观、微观上进行总体规划，例如，在哪一具体时间段开展什么工作以及谁来做，具体要达到什么效果，水平和层次等细节性问题。在制订具体的绩效实施计划时，需要注意的是绩效实施计划力求切实可行和细化，切忌高谈阔论，华而不实。因为只有真正细化以及切实可行的实施计划才能有效指导每一环节，而采用隐晦或过于宏观的字眼描述的计划不仅会影响执行力，甚至会误导整个绩效考核的实施。

至于制定绩效目标，企业需要把握两个关键问题：一是制定的绩效目标要来源于企业战略目标，同时要支撑企业战略目标的实现，毕竟实现企业战略目标是整个人力资源管理的落脚点和归宿点；二是尽量采用参与性的方法制定广大员工认同的绩效目标，因为只有企业与员工双方认可的绩效目标才能对员工起到实质性的激励和导向作用。同时融入员工智慧的绩效目标也有利于顾全目标的现实性和可操作性。具体来讲，制定可行的绩效目标要做好三方面的工作：第一，弄清企业未来一段时间内的战略目标，并根据企业现有的实际情况从战略目标中提炼绩效目标；第二，弄清部门和岗位的职责，并据此分解企业层次的绩效目标，形成各部门和各岗位的绩效目标；第三，制定绩效目标时要知晓企业和部门的内部和外部环境，使制定的绩效目标能够与企业内的环境状况和外来预测的环境走势相协调。

（2）编制绩效评估指标阶段。如果已经制定了一份完善的绩效目标，那么编制绩效评估指标则显得相对轻松。因为大多数绩效指标都是来源并服务于绩效目标，一旦绩效目标确定，那企业就可以依据实现目标所需的支持因素设定绩效评估指标。一般来讲，编制绩效评估指标可采用SMART的原则进行设定，S代表具体的（specific），指绩效考核要切中特定的指标；M代表可度量的（measurable），指绩效指标要尽可能能够进行量化统计和分析；A代表可实现的（attainable）；R代表现实性的（realistic），指绩效指标是实在的、可证明的和观察的；T代表时限（time-bound），是指完成绩效指标有特定的时限。依据SMART原则构建企业绩效指标后，我们仍需注意以下几个问题：首先，坚持指标一定要量化，不能量化的指标切勿勉强量化。指标量化固然能够使考核结果更加客观、准确，但若是将有些不能量化的指标也勉强量化，不仅难以获取准确的信息，反而会使整体绩效考核效果降低。其次，考核标准要坚持适度的原则。若是考核标准过严，则考核结果会使一些人丧失工作热情；若考核标准太松，又不利于起到鞭策和激励的作用。只有将评估标准设计得恰到好处，才能真正发挥绩效考核的作用。再次，考核指标要针对不同的工作岗位的性质而设定。考核指标的设定切忌"一刀切"，毕竟每个工作岗位的性质和特点是不一样的，例如，要求业务人员与保安人员一样注重考勤显然不合适，只有将考核指标与工作特点相结合，才既有利于提高整体绩效考核的科学性，也有利于让组织成员乐意接受绩效考核。最后，考核指标的制定必须经过民主协商。这主要是为了保证评估指标的公正性和合理性。

（3）对负责绩效考核的人员进行培训。这主要是指对负责绩效考核人员的技能和职业道德进行培训。绩效考核是一项非常重要的工作，同时又是一项容易受人为因素干扰的工作，为了保障绩效考核反馈信息的真实可靠性，有必要对这类人员实施相关培训，使他们能够以高尚的职业道德和较高的工作技能，实事求是地推进绩效考核工作。当然，在对负责绩效考核人员展开培训前还需要对绩效考核人员进行界定，所谓绩效考核人员，指参与企业绩效考核工作的相关组织成员，具体讲，有六大类绩效考核人员：直接上级、同事同级、直接下属、被考评者本人、服务对象、外聘专家或顾问。只有明确界定了绩效考核人员才能有针对性地开展评估培训工作。至于培训的内容，主要从职业道德和工作需求技能入手进行培训。职业道德的培训是指通过利害关系的学习和认知来塑造考核者负责的工作态度和工作精神，使其本着对企业和员工负责的职业操守完成与之相关的考核细节工作；而对工作技能进行培训主要是让考核者懂得如何选用评价工具，如何把握评价标准以及如何解读企业的有关政策。

（4）绩效考核的实施阶段。实施阶段是整个绩效考核的关键阶段。因为所实施的效果如何将直接关系到所得出的绩效考核结果的公正性，进而关系到依据考核结果所制定的人力资源管理政策的正确性和可操作性。就考核的实施来讲，主要包括两方面的内容：一方面是绩效考核方法的选择，在拟定了绩效指标之后如何选择合适恰当的方法获取真实可靠的绩效信息仍是需要重点把握的问题；另一方面是实施过程的监控问题，它重在防止实施细节偏离绩效计划。一般来讲，绩效考核方法的选择主要是依据待考核职位的工作内容的特性来确定，如有的职位适合采用关键事件法进行考核，而有的职位则比较适合目标管理法进行考核，面对这种情况，企业需要有针对性地选择考核方法。对实施过程的监控主要是应做好两件事：一是本着认真、负责的态度收集、分析和汇总数据信息，因为所收集的数据既有助于为绩效考核结果的制定提供客观、公正的事实依据，也有利于为后期的绩效改善提供正确的诊断策略。二是持续不断地开展绩效沟通，一方面可以及时根据现实环境的变化变更绩效目标，从而保证目标的动态性和可操作性；另一方面有利于协调绩效考核在实施过程中由于人为因素干扰所产生的不利问题，积极稳妥地推进绩效考核的实施。

（5）绩效考核结果的反馈沟通阶段。此阶段被很多企业忽视或轻视，原因就在于没有对绩效考核进行正确定位。绩效考核的目的不仅仅是考核绩效，而是实现企业战略目标。在将绩效考核结果向员工反馈之前，应及时与员工进行有效的沟通，共同商讨存在的问题和制订相应的对策。开展反馈沟通实际上增强了组织的人文关怀和凝聚力，与实现企业目标是一种互惠的过程。通过绩效反馈面谈，既能表达组织对员工的关心，增强员工的组织归属感和工作满意感，也有利于帮助员工查找绩效不佳的原因，与员工一起制订下一绩效周期的计划，以此来提高员工绩效，推动员工个人职业生涯的发展。那企业如何才能做好绩效沟通呢？从笔者的经验来看，绩效反馈沟通可以按以下步骤实施：① 沟通对象的分类。实施反馈沟通的第一步就应依据考核表和考核结果所反映的信息将被考核者实施分类。依据考核表和考核结果将沟通的对象从横向和纵向展开分类。② 绩效沟通的总目标和分目标的定位。就绩效沟通来讲，总目标是通过与员工开展沟通来提高员工的工作绩效，从而推动企业战略目标的达成。而确立绩效考核的分目标实际上就是针对每次具体沟通所拟定的一个沟通期望，如通过这次沟通要向员工传递什么信息？沟通之后要达成怎样的沟通效果等一些较为具体详细的目标。但要注意的是，分目标的确立一定要有针对性，要从评估表和工作分析表中提炼依据性信息。③ 全面解读绩效考核结果。解读绩效考核结果应先了解四个问题：第一，沟通对象应该做什么；第二，沟通对象已经做了什么；第三，沟通对象为什么会得到这样的考评结果；第四，沟通对象应该朝什么方向改进。④ 选择合适的场所和时机。恰当的沟通时机一般应为双方都认可的时间段。至于合适的沟通环境，应具备两个特征：第一，具有正规性和权威性。一般可以选择在会议室或专门的办公室进行，让沟通对象意识到企业对本次沟通的重视。第二，没有干扰性因素的存在。沟通环境应该使沟通能够不受干扰（干扰因素包括人员的进出、电话铃声等）。⑤ 制定沟通提纲。具体来讲，沟通提纲应分为两类，一类是沟通计划，这主要是对沟通全过程的一个事先安排，如什么时候开展沟通、在哪里进行沟通、沟通应由哪些人员参加等；另一类是面谈提纲，主要细化到对一个具体沟通对象的安排，如问什么样的问题、如何记录、首先问哪些问题等。制定沟通提纲要注意针对性和选择性，一方面要使绩效沟通达到好的效果，另一方面又要保证沟通的有效率。

6. 绩效考核结果的应用阶段。绩效考核结果主要集中于两方面的应用：一方面是绩效奖惩，如员工工资的调整，相关人员职位晋升或降级，发放绩效奖金等措施；另一方面就是绩效提升，企业需要通过绩效考核结果所反映的问题制订服务于下一周期的绩效改善计划。就两方面的关系来讲，两者是相辅相成的。如果将评估结果的应用只停留在员工工资的调整与职务的晋升上，而不注重考核结果所揭示的问题所在，不仅对组织发展不利，也不利于员工个体职业生涯的有序发展。但是若不采取相应的绩效激励措施，那所制订的绩效改善计划也难以得到有效执行。因此，企业应将这两个方面综合起来共同运用于企业的绩效发展。

具体讲，绩效激励主要是采用正负相结合的激励策略，坚持做到对应奖励的人员给予重点奖励，应惩罚的人员大力惩罚的公平原则，避免步入奖惩无效的境地。绩效计划主要是通过考核结果寻求绩效不佳的源头，并采取与之相应的对策来服务于后期的绩效提升，若经营流程存在不合理之处，则应着手于经营流程的重新规划，若员工技能和知识水平与完成绩效目标的能力需求存在差距，则应在审视绩效目标合理性的同时，对员工开展有针对性的知识技能培训。

绩效考核作为一项较为复杂的系统工程，在实施过程中面临的诸多环节都需要人力资源管理部门仔细斟酌、谨慎操作，否则所实施的绩效考核不仅难以对组织目标的实现起积极的推进作用，反而会起消极阻碍的作用。因此，企业在实施绩效考核时，既要注意整个流程的整体规划，又要注重管理理念的改善以及管理方式的优化，运用适宜企业文化的管理工具实施绩效考核，从而使绩效考核的实施有助于企业战略目标的实现。

第五节 员工绩效考核导向和具体方法

一、员工绩效考核导向

（一）以员工特征为导向的考核方法

这是指以员工特征为基础的绩效考核方法，考察的是员工个人特征，如基本能力、对公司的忠诚、人际沟通技巧、工作主动性等方面。其优点是简便易行；缺点是缺乏稳定性、含混而主观、往往与具体工作行为和效果无直接关联、难于反馈等。

（二）以员工行为为导向的考核方法

这是指以员工的行为为基础进行绩效考核的方法。其优点是更细致、更具有可操作性和可反馈性；缺点是无法涵盖员工工作绩效的全部行为，对员工的评价不具体。

（三）以工作效果为导向的考核方法

这是指以员工的工作效果为基础进行绩效考核的方法。通常设定一个最低工作绩效标准来进行考核。优点是具体、可衡量直观并适于量化；缺点是具有短期性、表面性，反馈作用不大，并容易加剧员工之间的不良竞争。

因此，在设计绩效考核方法时，要综合考虑，有选择性地结合运用不同类型的方法。

二、员工绩效考核方法

（一）图尺度评价法

图尺度评价法是最简单且运用最普遍的工作绩效评价技术之一。如表6-2就是一种典型的评价尺度表，表中列举一些绩效构成要素（如质量、数量），并列举范围很宽的工作绩效等级（如从"不令人满意"到"杰出"）。在进行工作绩效评价时，首先针对每一位下属从每一项评价要素中找出最能符合其绩效状况的分数，然后将每一位下属所得到的所有分值进行汇总，得到最终的工作绩效评价结果。

表6-2 图尺度评价法

雇员姓名_____ 职　　员_____
部　　门_____ 雇员薪号_____
绩效评价原因：□年度例行评价　　□晋升　　　　□绩效不佳
　　　　　　　□工资　　　　　　□试用期结束　□其他
雇员任职时间_____
最后一次评价时间_____ 正式评价时间_____

说明：请根据雇员所从事工作的要求仔细地对雇员的工作绩效予以评价。请核查代表雇员绩效等级的小方框。如果绩效等级不合适，请以 N/A 字样标明。请按照尺度表中所标明的等级来核定雇员的工作绩效分数，并将其填写在相应的用于填写分数的方框内。最终的工作绩效结果是将所有分数进行相加后的平均数。

评价等级说明

O：杰出（outstanding）：在所有方面的绩效都十分突出，并且明显比其他人的绩效优异。

V：很好（very good）：工作绩效的大多数方面明显超出职位的要求。工作高质量并且在考核期间一贯如此。

G：好（good）：称职的和可信赖的工作绩效水平，达到了工作绩效标准的要求。

I：需要改进（improvement needed）：在绩效的某一方面存在缺陷，需要进行改进。

U：不令人满意（unsatisfactory）：工作绩效水平总的来说无法让人接受，必须立即加以改进。绩效评价等级在这一水平上的雇员不能增加工资。

N：不作评价（not rated）：在绩效等级表中无可以利用的标准或因时间太短无法得出结论。

一般性工作绩效评价要素	评价尺度	评价事实依据或评语
1. 质量：所完成工作的精确度、彻底性和可接受性	O□　100—90 V□　90—80 G□　80—70 I□　70—60 U□　60以下	
2. 生产率：在某一特定的时间段所生产的产品数量和效率	O□　100—90 V□　90—80 G□　80—70 I□　70—60 U□　60以下	
3. 工作知识：实践经验和技术能力以及在工作中运用信息的能力	O□　100—90 V□　90—80 G□　80—70 I□　70—60 U□　60以下	
4. 可信度：某一雇员在完成任务和听从指挥方面的程度	O□　100—90 V□　90—80 G□　80—70 I□　70—60 U□　60以下	

(续表)

一般性工作绩效评价要素	评价尺度	评价事实依据或评语
5. 勤勉性：雇员上下班的准时程度，遵守规定的工间休息、用餐时间的情况以及总体的出勤率	O□ 100—90 V□ 90—80 G□ 80—70 I□ 70—60 U□ 60以下	
6. 独立性：完成工作时不需要监督或只需要很少监督	O□ 100—90 V□ 90—80 G□ 80—70 I□ 70—60 U□ 60以下	

为了得到更为准确的评价，不应停留在一般性的工作绩效因素（如数量和质量）的评价上，可以将作为评价标准的工作绩效作进一步分解。

（二）交替排序法

交替排序法根据某些工作绩效评价要素将员工们从绩效最好的人到绩效最差进行排序。通常来说，从员工中挑选出最好的和最差的要比绝对地对他们的绩效进行评价要容易得多，因此，交替排序法（如表6-3所示）是一种非常普遍的工作绩效评价方法。其操作方法是：(1) 将需要进行评价的员工名单列举出来，然后将无法进行评价的员工划去；(2) 运用表格来显示在被评价的某一要素上，哪位员工的表现是最好的，哪位员工的表现是最差的；(3) 再在剩下的员工中挑出最好和最差的。依次类推，直到所有必须评价的员工都被排列到表格中为止。

表6-3 交替排序法评价表格

交替排序法工作绩效评价
评价所依据的要素：_____ 针对你所要评价的每一种要素，将所有雇员的姓名都列举出来。将工作绩效评价最高的雇员姓名列在第1行的位置上；将评价最低的雇员姓名列在第20行的位置上。然后依次按这一交替排序继续下去，直到所有的雇员都被列在表格上。 评价等级最高的雇员 1. _____   11. _____ 2. _____   12. _____ 3. _____   13. _____ 4. _____   14. _____ 5. _____   15. _____ 6. _____   16. _____ 7. _____   17. _____ 8. _____   18. _____ 9. _____   19. _____ 10. _____   20. _____ 　　　　　　　　　　　　　　　　　　评价等级最低的雇员

(三) 配对比较法

配对比较法（如表 6-4 所示）使得排序型的工作绩效评价法变得更为有效。它的基本做法是将每一位员工按照所有的评价要素（"工作质量""创造性"等）与其他所有员工进行比较。

表 6-4　配对比较法评价表

在"工作质量"要素上的评价 被评价员工的姓名						在"创造性"要素上的评价 被评价员工的姓名					
比较对象	A	B	C	D	E	比较对象	A	B	C	D	E
A		＋	＋	－	－	A		－	－	－	－
B	－		－	－	－	B	＋		＋	＋	＋
C	－	＋		＋	＋	C	＋	＋		－	＋
D	＋	＋	－		＋	D	＋	－	＋		－
E	＋	＋	－	－		E	＋	－	－	＋	

　　　　↑　　　　　　　　　　　　　　　　　↑
在这里员工 B 评价等级最高　　　　在这里员工 A 评价等级最高

假定需要对几位员工进行工作绩效评价，那么在运用配对比较法时，首先应当列出一张表格，其中要列明所有需要被评价的员工姓名以及需要评价的所有工作要素。然后，将所有员工根据某一类要素进行配对比较，用"＋"（好）和"－"（差）表明谁好一些、谁差一些。最后，将每一位员工得到的"好"的次数相加。如表 6-4 所示，员工 B 在"工作质量"要素上评价最高，而员工 A 在"创造性"要素上评价最高。

(四) 强制分布法

强制分布法与"按照一条曲线进行等级评定"的意思基本相同。使用这种方法就意味着要提前确定准备按照什么样的比例将被评价员工分布到每一个工作绩效等级上去。比如，按照以下比例分配员工的工作绩效分布情况：绩效最高的为 15％；绩效较高的为 20％；绩效一般的为 30％；绩效低于要求水平的为 20％；绩效很低的为 15％。

在实际操作过程通常是这样的：首先将准备评价的每一位员工的姓名分别写在小卡片上，然后根据每一种评价要素对员工进行评价，最后根据评价结果将这些代表员工的卡片放到相应的工作绩效等级上去。

(五) 关键事件法

在运用关键事件法时，管理者将每一位员工在工作中所表现出来的优异行为或不良行为（或事故）记录下来。每 6 个月，管理者根据所记录的特殊事件评价员工的工作绩效。

这种工作绩效评价方法通常可作为其他绩效评价方法的补充，因为它有如下优点：

（1）它为管理者向员工解释绩效评价结果提供了一些确切的事实证据；

（2）它还确保管理者在对员工的绩效进行考察时，所依据的是员工在整个年度中的表现（因为这些关键事件肯定是在一年中积累下来的），而不是员工在最近一段时间的表现；

（3）保存动态的关键事件记录还可以了解员工是通过何种途径消除不良绩效的。

用关键事件法来进行工作绩效评价，可将其与每年年初为员工设定的年度工作目标结合起来使用。

关键事件法常常被用作等级评价技术的一种补充。它在认定员工表现优劣方面是十分有效的，而且对于制定改善不良绩效的规划十分方便。不过，就它本身来说，在对员工进行比较或在作出与之相关的薪资提升决策时，可能不会有太大用处。

（六）行为锚定等级评价法

行为锚定等级评价法的目的在于：通过一种等级评价表（如表 6-5 所示），将优异或劣等绩效行为的叙述加以量化，从而将描述性关键事件法和量化等级评价法的优点结合起来。有学者称，它比我们所讨论过的所有其他种类的工作绩效评价工具效果都更好。表 6-5 是美国海军招募人员时使用的行为锚定等级评价表的一部分。

表 6-5 行为锚定等级评价表

营 销 技 能
说服候选人加入海军；用海军所能提供的福利和各种机会来有效地使候选人对海军产生兴趣；办理手续；将不同的营销技术运用于不同候选人；有效地推翻对参加海军所存在的异议。
9 —— 如果候选人说他只对核武器感兴趣，从事此类工作，他是不会参加海军的。这个时候，招募人员并不放弃，而是会与这位年轻人谈起电子领域的技术，并强调在海军中可能获得电子技术方面的培训。
8 —— 海军招募人员会严肃地对待反对加入海军的意见，努力用反面事实来驳倒这种观点，为海军职业进行辩护。
7 —— 当与高中生交谈时，招募人员会提起与其来自同一学校的已经加入海军的学生名字。
6 —— 如果候选人只适合海军中的某种工作，那么招募人员将极力向候选人传达这样一种信息：这种工作是极为有意义的。
5 —— 当候选人犹豫应当加入哪一军种的时候，招募人员应当尽力描绘海军的生活以及意义。
4 —— 在面谈中，招募人员对候选人说："我将尽力将你送入你想要去的学校，但是坦率地说，至少在今后的三个月之内，它还不会开学，因此你为什么不作出第二次选择并且马上就走呢？"
3 —— 尽管候选人一再强调他已经决定参加海军了，招募人员还是坚持向他提供宣传册和电影资料。
2 —— 当一位候选人陈述了反对加入海军的意见时，招募人员终止了谈话，因为他认为此人肯定是对加入海军不感兴趣。
1 ——

建立行为锚定等级评价法通常要求按照以下五个步骤进行:

(1) 获取关键事件。要求对工作较为了解的人(通常是工作承担者或者管理者)对一切代表优异绩效和劣等绩效的关键事件进行描述。

(2) 建立绩效评价等级。由这些人将关键事件合并为为数不多的几个绩效要素,并对绩效要素的内容加以描述。

(3) 对关键事件重新加以分配。这时是由另外一组同样对工作比较了解的人来对原始的关键事件进行重新排列。他们将会看到已经描述的工作绩效要素以及所有的关键事件,然后他们需要做的就是将所有这些关键事件分别放入他们自己认为最合适的绩效要素中去。通常情况下就同一关键事件而言,如果第二组中某一比例以上(通常是50%—80%)的人放入的绩效要素与第一组人放入的绩效要素是相同的,那么这一关键事件的位置就可以确定了。

(4) 对关键事件进行评定。第二组人会被要求对关键事件中所描述的行为进行评定(一般是第7到第9点等级尺度),以判断它们能否有效地代表某一工作绩效要素所要求的绩效水平。

(5) 建立最终的工作绩效评价体系。对于每一个工作绩效要素来说,都将会有一组关键事件(通常每组中有6—7个关键事件)作为其行为锚。

虽然使用行为锚定等级评价法比使用其他的工作绩效评价法(如图尺度评价法)要花费更多的时间,但行为锚定等级评价法具有以下十分重要的优点:

(1) 工作绩效的计量更为精确。由于是由那些对工作最熟悉的人来编制行为锚定等级体系,因此行为锚定等级评价法比其他评价法对工作绩效的评价更准确。

(2) 工作绩效评价标准更为明确。评价等级尺度上所附带的关键事件有利于评价者更清楚地理解"非常好"和"一般"等各种绩效等级的绩效到底有什么差别。

(3) 具有良好的反馈功能。关键事件可以使评价人更为有效地向被评价人提供反馈。

(4) 各种工作绩效要素之间有着较强的独立性。将众多的关键事件归纳为5—6种绩效要素(如"知识和判断力"),使得各绩效要素之间的独立性很强。比如,在这种评价方法下,一位评价者很少会仅仅因为某人的"知觉能力"的评价等级高,就将此人的其他所有绩效要素等级都评定为高级。

(5) 具有较好的连贯性。相对来说,行为锚定等级评价法具有较好的连贯性和较高的信度。这是因为在运用不同评价者对同一个人进行评价时,其结果基本上都是类似的。

(七) 目标管理法

目标管理法主要包括两个方面的重要内容:必须与每一个下属共同制定一套便于衡量的工作目标;定期与下属讨论他的目标完成情况。不过,尽管管理者可以通过与员工一起制定目标并定期提供反馈,还必须注意要运用这种绩效评价法,就必须在建立工作绩效评价体系的同时,也要明确整个组织的目标。目标管理法主要有以下六个实施步骤:

（1）明确组织目标。制订整个组织下一年度的工作计划，并明确相应的组织目标。

（2）明确部门目标。由各部门领导和他们的上级共同明确本部门的目标。

（3）讨论部门目标。部门领导就本部门目标与部门下属人员展开讨论（一般是在全部门的会议上），并要求他们分别制订个人工作计划。换言之，在这一步骤上需要明确的是：本部门的每一位员工如何才能为部门目标的实现做出贡献。

（4）对预期成果的界定（明确个人目标）。在这里，部门领导与他们的下属人员共同明确短期的绩效目标。

（5）工作绩效评价。对工作结果进行审查。管理者就每一位员工的实际工作成绩与他们事前商定的预期目标加以比较。

（6）提供反馈。管理者定期召开绩效评价会议，与员工展开讨论，一起对后者的目标达成和进度进行讨论。

在运用目标管理法时可能会出现三个方面的问题：

（1）所确定的目标不够明确、不具有可衡量性是最主要的问题。比如，像"能够更好地从事培训工作"这样的目标是没有什么实际用处的，而像"使四名下属人员在本年度得到提升"这样的目标才是可以衡量的。

（2）比较费时间。订立目标、对进展情况进行评价以及提供反馈是十分耗时的，评价者每年在每一位被评价者身上至少要花费数小时的时间，这比一次性对每个人的工作绩效进行评价要费时得多。

（3）与员工确定目标的过程有时候会演变成为一场"舌战"。因为管理者想将目标定得高一些，而员工却千方百计地要把目标定得低一些。因此，了解工作的要求和下属的能力是十分重要的，因为要想使目标对员工的绩效真正起到推动作用，就必须使其不仅是公平的，而且是员工经过努力能够达到的。管理者对员工的能力了解得越透彻，那么他对制定出来的目标就会越有信心。

上述各种方法各有优缺点（如表6-6所示），在实践中大多数企业是将几种工作绩效评价工具结合起来使用的。

表6-6 各种评价方法的主要优点和缺点

绩效评价方法	优点	缺点
图尺度评价法	使用起来较为简便，能为每一位员工提供量化的评价结果	绩效评价标准可能不够清楚，可能会产生晕轮效应、趋中趋势、偏松或偏紧以及评价者存在偏见等问题
交替排序法	便于使用，能够避免趋中趋势以及图尺度评价法所存在的问题	可能会引起员工的不同意见，而且在所有员工的绩效实际上都较为优秀时，会造成不公平
强制分布法	在每一等级都会有事先确定人数	评价结果取决于最初确定的分布比例
关键事件法	有助于确认员工何种绩效为正确，何种为错误，确保管理者是对员工的当前绩效进行评价	难于在员工之间进行评价

(续表)

绩效评价方法	优点	缺点
行为锚定等级评价法	能够为评价者提供"行为锚",评价结果非常精确	设计较为困难
目标管理法	有利于评价者与被评价者对工作绩效目标的认同	耗费时间

三、绩效考核中可能出现的问题及相应的解决办法

（一）工作绩效评价标准不明确

工作绩效评价标准不明确是造成工作绩效评价工具失效的常见原因之一。比如，不同的管理者可能会对"好""中"等绩效标准作出非常不同的解释。对于"工作质量"和"创造性"这些要素，不同的评价者也会产生意义相差很大的理解。

当然，可以找到一些方法来对上述不足进行修正。其中最好的一种办法是用一些描述性的语言来对绩效评价要素加以界定。这样会使评价更具连贯性，并且使评价人更容易对评价结果进行解释。

（二）晕轮效应

当评价对象是那些对管理者表现特别友好的员工时，这种问题最容易发生。比如，一位对管理者表现并不十分友好的员工不仅会在"与其他人相处能力"这一方面得到较差的评价，而且在其他绩效要素上也会得到较差的评价。要想避免这一问题，关键是评价者本人要能够意识到这一问题。另外，加强对管理者的培训也有助于避免这一问题的产生。

（三）趋中趋势

在确定评价等级时，许多管理者都容易造成一种趋中趋势。比如，如果评价等级从第1级到第7级，那么他们很可能既避开较高的等级（第6级和第7级），也避开较低的等级（第1级和第2级），而把大多数员工都评定在第3级、第4级和第5级这三个等级上。如果管理者使用的是图尺度评价法，那么，趋中趋势就意味着所有的雇员都被简单地评定为"中"。这种过于集中的评价结果会使工作绩效评价变得扭曲，它对于企业作出晋升、工资方面的决定或进行员工咨询等工作所能起到的积极作用就很小。而对员工进行等级评价法就能够避免这种趋中趋势，这是因为，在这种情况下，所有的员工都必须被单线地排列在纵向或横向的线段上，这样他们就不可能全部都在中间的位置上。实际上，正如笔者在前面已经强调过的，这种作用正是等级评价法所具有的最重要的优点。

（四）偏松或偏紧倾向

有些管理者倾向于从来都对员工的工作绩效作较高或较低的评价，就像有些老师向来就愿意给学生高分，而有些老师向来就只给学生较低的分数一样。在运用图尺度评价法时，对这种工作评价法掌握得偏紧或偏松的就显得尤为重要。这是因为管理者

既可以对员工作出偏高的评价,也可以对员工作出偏低的评价。而一旦要求管理者必须对员工的工作绩效以排序的方式进行等级排列,他们就必须将所有的员工在低绩效和高绩效之间加以合理分布。因此,在等级评价法或强制分布评价法中,工作绩效评价标准掌握得偏松和偏紧就不成问题了。

事实上,如果在必须使用图尺度评价的场合,最好是假定一个强制的工作绩效分布比例,比如,只能有10%的人被评定为"优秀";20%的人被评定为"好"等,想办法将员工的工作绩效评价结果适当地分布。

（五）评价者的个人偏见

被评价者之间的个人差异（主要是指年龄、种族和性别这一类个人特点方面的差异）,有时候也会影响他们所得到的评价,甚至会导致他们所得到的评价大大偏离他们的实际工作绩效。比如,研究者在一项研究中发现,在工作绩效评价中存在这样一种现象,即老年员工（60岁以上者）在"工作完成能力"和"发展潜力"等方面所得到的评价一般都比年轻员工要低。被评价者的性别也同样会影响评价人对他们的评价。

员工过去的绩效状况也有可能会影响他们当前所得到的绩效评价。这种历史事实所造成的误导可能会以几种不同的形式表现出来。比如,有时评价者可能会高估一位低绩效者的绩效改善状况；相反,也有可能会将一位高绩效员工的绩效下滑程度看得过于严重。在某些情况下,尤其是当员工的行为变化十分缓慢的时候,评价者对被评价者的行为变化又有可能过于不敏感。在这几种情况下,工作绩效的主观性都太强。因此,在实际工作绩效评价过程中,必须努力避免受雇员过去绩效的影响,从而造成对他们工作绩效不正确的评定。

四、如何避免在绩效评价过程中可能出现的问题

要想将上述评价者的个人偏见和趋中趋势等问题对绩效评价结果的影响降到最低程度,可以从以下三个方面作出努力:

第一,要确保管理者已经对上述几种在工作绩效评价过程中容易出现的问题都有清楚的了解。因为弄清楚这些问题显然有助于避免这些问题的出现。

第二,选择正确的绩效评价工具。每一种评价工具,不论是评价尺度表评价法还是关键事件法,都有其优点和不足。例如,等级排序法能避免趋中趋势,但是在所有员工的绩效确实应该被评定为"高"的情况下,这种评价法会引起员工的不良情绪。

第三,对管理者进行如何避免晕轮效应、偏松或偏紧倾向以及趋中趋势等问题的培训,这有助于减少上述问题的出现。在此类培训中,主讲人可以先为管理者放映一部关于员工实际工作情况的录像带,然后要求他们对这些员工的工作绩效作出评价。接着,主讲人将不同的评价结果放到粘贴板上,并且对工作绩效评价中可能出现的问题（如晕轮效应和偏松倾向等）逐一进行讲解。例如,如果管理者对员工的所有的评价要素（如工作质量、工作数量等）都作出了同样水平的评价,则主讲人可能会指出管理者犯了晕轮效应的错误。最后,主讲人给出正确的评价结果并对管理者在评价过

程中所出现的各种错误加以分析。一项研究表明,用计算机辅助进行的工作绩效评价培训,有助于提高管理者与员工就绩效评价展开讨论的能力。

管理者培训并非减少各种绩效评价错误和改善绩效评价结果的灵丹妙药。从实用的角度来说,另外一些因素可能比培训对绩效评价结果所产生的影响更大,这些因素包括绩效结果在多大程度上与工资、员工流动率的高低、时间的约束以及对绩效评价的公开性要求等联系在一起。这就意味着,绩效评价精确度的改善不仅仅取决于对管理者的培训力度的加强,还需要努力减少像时间约束这样一些外部因素对工作绩效评价所带来的限制。

第六节 绩效考核结果反馈

许多人认为考核是绩效考核的核心。绩效沟通可有可无,于是就淡化甚至取消了沟通。这绝对是本末倒置的做法。考核的结果无论好坏,都已成为过去式,但如果导致结果好坏的原因不能及时总结,人员的劣势不能及时改正,上下级间的信息不能及时沟通,考核就不能起到激励员工的目的,绩效考核就仅仅成了给员工打分的工具。长此以往,员工将对考核失去信心,绩效考核会逐渐成为中看不中用的摆设。

一、绩效考核结果反馈的方式

绩效考核面谈是对绩效考核结果反馈的一种主要方式。在传统的人事管理中,绩效考核的结果不需要让员工了解,所以也就没有绩效考核面谈这一环节。在现代人力资源管理中,强调使员工在了解绩效考核结果的基础上,不断改善未来的工作业绩,同时促进组织的发展。因此,绩效考评面谈通过面对面与员工沟通有关绩效考核结果的方式,已成为绩效考核的重要步骤。

(一)绩效考核面谈的作用

1. 绩效考核面谈对组织的作用

(1)沟通的作用。绩效考核面谈是组织与员工之间正式的沟通渠道。通过绩效考核面谈,管理者可以当面向员工说明组织对他的期望、要求和未来的目标。同时,管理者也可以直接了解员工的个人要求、期望和建议。在双方协商、沟通的基础上,对员工未来的工作发展达成共识,使组织的发展目标与员工个人的发展目标更好地结合起来。

(2)反馈的作用。通过绩效考核面谈,组织将绩效考核的结果正式反馈给员工,让员工明白自己的工作成绩、存在的差距以及有关的原因,这有利于组织和员工共同商讨今后的发展方向,改进绩效的具体方法和措施。

(3)审视工作的作用。在绩效考核中,由于种种原因,会产生误差。在绩效考核面谈中,通过管理者的询问和员工的说明和申辩,可以澄清一些事实并纠正绩效考核中产生的误差。同时,面谈增加了考核的透明度,使考核结果更为公平合理。

（4）激励的作用。通过绩效考核面谈，管理者能充分肯定员工做出的贡献。同时又在了解员工对未来要求的基础上，尽可能地为员工未来的工作和发展提供支持和帮助。这就能提高员工在下一轮的工作中的积极性。

（5）纠正失误的作用。在绩效考核面谈中，管理者就员工工作中的失误开诚布公地与员工共同分析原因，寻找解决问题的方案，并具体地帮助员工落实整改措施。这就有效地避免了员工在未来工作中重蹈覆辙。

（6）调整的作用。通过绩效考核面谈以及整个绩效考核工作，组织将发现人才，淘汰庸才，积极作出人事决策和调整，更有效地对员工的岗位进行分配。

2. 绩效考核面谈对员工的作用

（1）增强员工的参与感。绩效考核面谈是在员工全面参与的情况下进行的，员工对整个过程非常清楚，对组织给予自己的评价也十分了解，这就增强了员工的参与感和对组织的信任感。

（2）增强员工对组织的归属感。通过绩效考核面谈，员工的绩效得到了肯定，同时有些困难可以由组织帮助解决，个人要求组织也将酌情予以满足，这就增强了员工对组织的归属感。

（3）使员工明确未来的工作目标。通过绩效考核面谈，员工明确了组织对自己的工作要求，清楚了下一步该怎么做才能更好地满足组织的目标。这也引导员工自觉地改进工作绩效，以获得组织的认可。

（4）提高员工对组织的满意度。绩效考核面谈的过程透明、气氛宽松、结果明确，使得员工对组织的满意度有所提高。

（二）绩效考核面谈的过程

1. 绩效考核面谈的准备

（1）确定面谈者。通常面谈的双方，一方是本部门的员工，另一方是该部门的管理者，也就是员工的直接上司。对管理者的绩效评估，则由其上级部门的管理者进行面谈。在某些情况下，也可由人力资源管理部门的专门人员代替管理者对员工进行绩效考核面谈。

（2）收集与分析信息。绩效考核面谈者确定之后，就要收集面谈对象的有关信息和材料，并且对之进行详细的分析。这些信息与材料主要包括：面谈对象的工作计划和工作目标、工作或职位说明书、有关绩效考核标准、面谈对象完成任务的情况以及某些具体事实等。

（3）起草绩效考核面谈提纲。注意掌握绩效考核面谈的重点、澄清不明白的地方、设计面谈的开场和结束。

（4）选择面谈的时间、地点并通知面谈对象。绩效考核面谈的时间应当选择在面谈双方都比较空闲，并且心境与健康上都处于正常状态的时间。地点则应选择在比较安静、不易受干扰的场所。面谈的时间、地点和目的，都要提前通知面谈对象，以便让对方做好充分的准备。

2. 绩效考核面谈的程序

绩效考核面谈可以有多种程序，最为常用的程序是：

(1) 面谈开场。面谈开场主要由面谈者简短地向面谈对象说明面谈的目的和主要程序。面谈者要注意调节气氛，消除面谈对象的紧张情绪，双方轻松自如地进入正式面谈。

(2) 面谈对象简要进行自我评估。即由面谈对象对照工作计划和工作目标，汇报一年中的工作情况和计划完成程度。在这一过程中，面谈者需要把握的情况有三个：一是注意倾听面谈对象的发言，不要轻易插言打断；二是注意面谈对象的工作实绩和失误，避免感情用事；三是询问并澄清不明白之处，在面谈对象自我评估完毕时，可以及时就其自我评估作小结。

(3) 面谈者对面谈对象进行考核。即由面谈者根据年初工作计划或目标对面谈对象一年的工作绩效逐条予以考核，并说明考核等级或所得分数的依据和理由。在这一过程中，面谈者的考核一定要有根据（定性、定量），并辅之以事实考核。同时，面谈者还可以运用各类信息和材料，肯定面谈对象的工作成绩，并实事求是地指出不足之处。

(4) 双方商谈。商谈的目的一是对面谈对象进一步说明情况，同时进一步了解事实，澄清与所掌握的信息有出入的地方，并听取面谈对象对绩效考核结果的意见和看法；二是指出面谈对象在未来工作中需要改进的地方，并讨论如何加以改进；三是分析并确定面谈对象改善工作绩效所需要的行动，包括调整工作目标、改进工作方法、参加培训、获得其他有关部门支持等等。

(5) 进一步讨论。在上述谈话的基础上，双方进一步就未来工作中的发展需要和相应要求展开讨论，双方达成理解和共识。面谈者要认真听取面谈对象的建议，对面谈对象的发展要求和建议予以肯定和支持。最后，双方就来年的工作目标达成一致。

(6) 确定绩效的得分或等级。填写有关表格，绩效考核最终结果由双方签字认可。

(7) 绩效考核面谈结束。面谈者应当给予下属鼓励并提供指导性意见，让面谈对象在结束面谈时，能充满信心地去准备新的工作计划，提高来年的工作绩效。

3. 绩效考核面谈的注意事项

绩效考核面谈应当避免面谈双方产生冲突，导致面谈不能达到预期的目的。因此在绩效考核面谈中，作为面谈者，应当注意把握以下几点：

(1) 保持友好的认真的态度。注意倾听面谈对象的意见，设身处地地为面谈对象改善工作绩效来考虑问题。不能面谈者一言堂，不给面谈对象发言的机会。

(2) 先肯定成绩，再指出缺点。在面谈中，可以先肯定并赞扬面谈对象的成绩和贡献，再根据事实，指出其不足之处并要求其改进。还可以先就没有异议的地方进行考核和讨论，然后再就可能有异议的地方进行商谈，并给面谈对象充分解释的机会。

(3) 考核以事实为依据。应收集面谈对象的总体表现材料和信息，并且对照工作计划、目标，客观地对面谈对象的工作进行考核。避免牵扯面谈对象前几年的考核结果，也不可将面谈对象与他人作比较。

(4) 着重面谈对象的绩效，避免涉及与此无关的问题。

(5) 把握面谈的局面，避免冷场，同时避免冲突和僵局。在面谈过程中自始至终应当制造轻松可信和以诚相待的气氛。

二、绩效考核结果的运用

绩效考核的结果，将产生大量的信息，并积累丰富的资料。充分运用这些信息和资料，以推动人力资源各个环节的工作，才能达到绩效考核的目的。同时，对考核结果要做到全面分析，对未达标的工作部分更要加以分析，找出原因并加以修正，调整战略目标，细化工作职责标准，使员工的绩效得到真正的提高。

（一）员工绩效状况分类

绩效评估完成之后，人力资源部门和职能部门将发现，企业内或者部门内员工的绩效状况是参差不齐的。有些员工绩效特别高，不需要上司的检查督促就能十分出色地完成任务，而且在完成任务的过程中表现出高度的工作主动性和创造性。与之相反，另一部分员工则表现为低工作绩效，甚至在有关部门的激励、督促和支持下也难以完成工作目标。当然，还有相当一部分员工处于两个极端情况之间。

图 6-1 反映了企业绩效评估之后产生的四种类型员工。笔者对此分别加以分析。

图 6-1　四种绩效类型的员工

(1) 核心型的员工。这部分员工既有很高的工作绩效，又有很大的发展潜力。他们是企业的核心人才。尽管这部分员工可能只占企业或部门全部员工总数的一小部分，但是他们的绩效却占据了企业或者部门总绩效的相当大的部分，而且这部分核心型的员工还代表着企业的未来发展，他们将在企业的未来发展中继续扮演十分重要的角色。换一句话说，核心型员工的工作绩效，在某种程度上决定着企业未来的绩效。

(2) 骨干型的员工。骨干型的员工也有很高的工作绩效，但是，他们却没有多少发展的潜力。他们能够很好地完成企业交给他们的任务，达到自己的工作目标，但是他们在工作中却没有什么创新和开拓。这部分员工在企业中为数不少，他们承担着企业大量的日常工作。企业在未来的发展中，始终保持这部分员工的高工作绩效是十分重要的。

（3）问题型的员工。问题型的员工在绩效评估中表现出来的工作绩效很低，存在这样或那样的问题，但是这不等于这部分员工的绩效没有改善的余地。这部分员工具有一定的变化和发展的潜力，如果企业能够在人力资源管理工作中帮助他们解决问题，提供一定的发展条件，并且予以一定程度的激励，这部分员工的绩效就有可能变低为高。由于在任何企业或部门都存在问题型的员工，因此，做好问题型员工的绩效转换工作，提高企业或者部门的总体绩效，也是绩效考核之后，企业人力资源政策和人力资源管理工作所要解决的问题。

（4）僵化型的员工。僵化型的员工工作绩效很低，且在未来也没有什么可能改进。也就是说，他们处于低绩效的僵化状态。其中许多人根本不能适应岗位的基本要求，但也有一部分人属于社会问题，例如，道德败坏、违法乱纪等。尽管这部分僵化型员工在企业中为数不多，但他们却往往在企业人力资源管理中耗费大量的时间和精力。分析僵化型员工和作出人力资源管理决策，也是绩效考核之后必须要做的工作。

（二）绩效考核之后的人事工作

在分析员工绩效状况的基础上，一般企业都要作出相应的人事决策和人事调整工作。这类工作主要有三项：

（1）帮助员工提高下一轮工作的绩效。在本年度绩效考核结果的基础上，企业要制订或者修订下一年度的总体工作计划以及绩效目标。同时还要根据企业和部门的人力资源管理体系的目标，推进部门乃至全体员工重新制定新的工作绩效目标。除此之外，企业还要明确完成新目标的举措和方法，帮助员工解决相关问题，保证下一轮的工作目标得以实现。

（2）实施各项人事政策。根据绩效考核的结果对其分析研究，对不同绩效类型的员工采取不同的人事政策。对于核心型的员工，应当予以大幅度的奖励、提薪、晋升；对于骨干型的员工，应当给予激励和一定的提薪、晋升；对于问题型的员工，应当加强培训，予以调整和帮助，同时也要予以一定的激励；对于僵化型的员工，则要再作区分，尚有一点转化希望的，应当通过人力资源管理工作加以帮助。

（3）开发人力资源管理信息。绩效考核的结果，为完善组织管理提供了大量的信息。例如，员工的意见和建议、在考核中反映的管理工作失误之处等，从不同方面对组织的管理提出了要求和设想。人力资源部门要收集、整理这些信息，充实组织的人力资源管理信息库，帮助组织完善管理工作。

第七节 中小企业绩效考核存在的问题及原因

一、中小企业人力资源绩效考核存在的问题

（一）对绩效考核的认识问题

1. 对绩效考核不够重视

中小企业没有建立系统科学的绩效考核体系，管理层不重视是主要原因。管理层重视业务部门，忽视职能部门；缺乏对自己职责的清晰认识；管理方式简单粗暴等。

2. 绩效考核理念滞后

中小企业多数还处在经验管理阶段，绩效考核就是企业每年一度的例行公事，同时将它看成对员工的一种"秋后算账"式的控制手段。应该说，这是十分落后的考核观念。

从整个组织的角度来讲，制定可操作性的企业战略的中小企业不多；绩效考核也未按照企业发展目标设定绩效目标和绩效考评的重点。这必然导致中小企业绩效考核流于形式。

3. 对绩效考核目的认识不够

多数中小企业对绩效考核的目的认识有误。绩效考核的目的是持续提升员工和企业绩效。通过双向沟通，帮助员工实现绩效目标，改进缺陷和不足，从而带动企业发展。

（二）绩效考核执行中的问题

1. 绩效考核与企业战略脱节

造成绩效考核与企业战略脱节的原因：一是中小企业没有明确的企业战略目标，无法将绩效考核与企业战略进行联系；二是企业有明确的战略目标，但没有与企业绩效考核相联系。许多中小企业没有长期规划，短期目标随意性又很大，这就影响了中小企业的可持续发展。

2. 没有重视工作分析

目前，中小企业在进行绩效考核时，很多时候是为了考核而考核，只是将绩效考核单纯地作为一次性的管理行动。在绩效考核过程中，领导制定指标，传达给员工，并以此作为考核的依据。没有员工的参与以及与员工的沟通，更谈不上对绩效计划的改进。这样的绩效考核不仅对中小企业的战略目标起不到应有的作用，而且使员工容易对绩效考核产生逆反心理，甚至是对抗。

绩效考核体系是一个系统工程，前期的工作分析非常重要。它是绩效考核的基础。但是中小企业对此重视不够，导致制定出来的绩效考核方案与企业实际现状脱节，实施难或流于形式，最后导致考核失败。

3. 绩效或过于简单，或过于复杂

在劳资双方信任度低的中小企业，绩效评价偏向于简单。因企业规模小，管理制

度不健全，管理者少且权力集中，管理过于简单化、非程序化、专断化，企业甚至不履行承诺，导致劳资双方信任度较低。为树立"威信"，企业往往回避绩效考核，或将绩效考核作为一个形式，绩效考核简单或直接由领导说了算。

如果中小企业管理者盲从管理学教条，绩效考核就偏向于复杂。将一些书本上的绩效考核案例不加改进地引进，只会造成不适合中小企业的过于复杂的绩效评价方案。也有一些人力资源部门的任职人员，为了显示工作能力，制定了复杂的绩效考核方案，考核规则越来越细，周期越来越短，表格越来越多，考核工作劳心费力，但最后都草草了事，导致绩效考核失去了原有意义。

4. 绩效考核的标准不明确，操作不规范

目前，多数中小企业的绩效考核标准或不明确，或欠缺，或工作相关性不强，或操作性差，直接影响了企业绩效考核的真实性和最终目的。

在绩效考核过程中，考核者凭感觉或者凭关系决定一个人的绩效情况。这就让绩效考核脱离了客观、公正的原则，从而容易导致员工心理上的不平衡，也使绩效考核失去了意义。

5. 单头考核比较普遍

现阶段，很多中小企业对员工的考核由员工的直接管理者进行，单头考核存在信息面不全，主观性强的缺点，容易滋生腐败和不公正。

6. 考核前的培训宣传沟通不足

管理层很少将绩效考核的意义传递给员工，也没有向员工深入讲解绩效考核的原则和流程，使员工对绩效考核产生了误解和抵触情绪。

7. 在绩效考核过程中忽视沟通和反馈

很多中小企业的绩效考核难以取得成功，原因是没有与员工进行良好的沟通，也没有让员工对考核信息进行反馈，导致考核结果没有被合理利用，从而影响了绩效考核的效果。

二、中小企业绩效考核问题成因

（一）忽视了持续沟通的思想

绩效考核的实现必须依赖于持续沟通。绩效考核是一个持续的交流过程，该过程由员工和其直接管理者完成，在这个过程中确立明确的目标和理解，并将可能受益的组织、经理及员工都融入绩效考核系统中。从绩效计划到绩效诊断与提高，整个绩效考核系统的每一个环节都离不开沟通，都需要由管理者和员工之间的沟通来达成。

（二）员工参与绩效考核的力度不够

员工的绩效不是考核出来的，也不是管理者赐予的，是由员工在管理者的辅导下独立创造的。因此，绩效考核过程必须由员工全程参与。从绩效考核指标的设计，考核目标的达成等，都要与员工充分沟通。但实践中的中小企业员工绩效考核中，员工的参与程度并不高。

（三）忽视了持续改进的思想

绩效考核系统的最后一个环节是绩效诊断与提高。这既是上一绩效考核的终点，又是下一次绩效考核的始点。作为两个绩效考核循环的连接点，绩效诊断与提高起着桥梁作用，通过对前一个循环的诊断，找出其中存在的问题和不足，然后制订改善计划，使之得到改进，如此循环往复，永不停息。

（四）忽视了企业内外环境的变化

对企业内外环境的分析至关重要。绩效考核起源于20世纪70年代的美国，并于20世纪90年代传入我国，然而经过我国企业这些年的实践，却面对来自世界的质疑声。分析之下，原因有两点：一是我国和西方文化上存在较大差异，再加上我国的企业管理实践基础薄弱，劳动力市场发育不成熟，因此，推出一套适合我国企业的，科学实用的绩效考核体系不是一蹴而就的；二是绩效考核本身是科学性和艺术性的结合，仅有技术和理念还远远不够，企业各个层次上的管理者尤其是高层管理者对绩效考核的理解非常重要。因此，企业在推行绩效考核的时候，必须重视企业内外环境的分析。

绩效考核应当如何运作？有一点是很明确的：绩效考核必须适合企业的环境与需要，必须根据受其影响的组织和个人的需要加以灵活地运用。国内企业特别是大型国企的绩效考核必须适应我国国情，结合本企业的文化特色，找到适合本企业发展的绩效考核方式。

三、中小企业绩效考核发展策略

（一）深化管理者和员工对绩效考核的认识

作为产权和经营权高度集中的企业，管理者无疑在企业的生产经营中扮演着至关重要的角色。绩效考核的成功与否很大程度上取决于管理者是否高度重视。管理者应该加强以下两个方面的认识：首先，绩效考核可以促进组织和个人绩效的提升，以及管理流程和业务流程的优化，并保证企业战略目标的实现，因此它在企业管理中占据重要地位；其次，绩效考核的目的是持续提升个人、部门和组织的绩效，是一个双向沟通、互利共赢的过程，在帮助企业员工不断实现其绩效目标的同时，也使企业更好地发展。

而员工的认识深化应该通过企业的岗前培训、在职培训等措施。让员工真正了解绩效评估是为了帮助员工树立明确的工作方向，提高工作效率，减少其对绩效考核的应付和抵触情绪。

（二）进行工作分析，制定出切实可行的考核标准

绩效考核本身虽然很有运用价值，但也要在适当的方法和制度下才能发挥作用。因此，管理者应做好分析工作，了解工作内容，使用适当的考核评价方法。许多企业，尤其是一些高科技型企业，工程设计、科研开发、市场销售、售后服务以及管理人员的工作一直是绩效考核的难点，因为他们的工作与生产工人、操作人员相比具有

复杂性、创造性的特点，在考核实施过程中，对考核指标的把握有一定的难度。但他们也确实需要得到科学合理公正的评价，否则他们的工作积极性很难得到保持，优胜劣汰的竞争环境也难以形成。为了制定一套科学有效的考核标准，进行有效的工作分析，确认每个人的绩效考评指标成为必要环节。因此，企业应通过调查问卷、访谈等方式，加强与管理者和员工之间的沟通与理解，在公司中为每位员工制作工作职位说明书，让员工对自己工作的流程与职责有十分清楚的认识，使员工从心理上接受考核。不同的岗位、不同的职责要求、不同的工作职位说明书，考核指标也理所当然有所不同。当然，在对考核指标的把握上宜遵循：贵精不贵多，五个左右即可满足；贵明确不贵模糊，缺什么考什么；贵敏感不贵迟钝，能被有效量化；贵关键不贵空泛，要抓住关键绩效指标。

（三）明确绩效考核与企业战略的关系

中小企业要加强对企业内外部环境的整体认识，并具备长远目光，设定适合企业发展的整体战略，将短期目标与长期目标相结合，以企业的整体战略目标为核心，从而使绩效考核得到有效执行。

结合战略目标制定有针对性的考核指标，并认识考核过程及绩效考核的真正目的是帮助员工进行绩效改进，通过绩效的不断提升达到企业预期的战略目标和经营目标。要对绩效进行改进就要明确企业考核的目标是什么，企业考核目标的制定实际上是将企业战略与经营目标具体化。各部门的绩效目标必须围绕企业战略目标来制定，在制定目标时必须要有全局观念，全面考虑企业的利益，加强与其他部门的协作，在完成目标的过程中为其他部门的工作提供支持与服务。因此，要做好考核工作，首先要明确企业近期的战略目标是什么，员工的工作职责是什么；同时依据企业文化，明确在工作态度上企业应该鼓励什么和反对什么；自上而下将战略目标进行分解，形成公司、部门及员工个人的考核目标。只有这样的考核体系才能保证与组织目标一致。

绩效考核必须以实现企业的战略目标和提高员工的能力为最终目的，不仅要重视考核结果，还要重视考核过程。因此在考核指标的选取上，要兼顾人与事的考核，而不仅仅是考核短期的财务数据。在进行绩效考核的过程中应根据不同的工作岗位将员工的考核指标定为工作业绩、工作能力、工作态度三大类。

企业在设计考核指标时不应只注重员工做了什么，还要考虑员工是怎么做的。企业如果过于强调结果，忽略对行为的考核，容易造成"短视"行为，甚至出现为达目的不择手段的做法，所以绩效考核指标体系应该是目标导向加上职能导向，也可以在一定程度上加入一些定量的指标对员工的工作业绩进行考核，通过考核指标既能指明工作目标，又可引导工作方式。

决定企业战略发展的因素不仅来自企业内部，而且还包括外部利益相关者。因此，绩效考核不仅要重视企业内部的考核，也要重视考核与外部利益相关者的关系。例如，公司的销售人员在销售完毕后，按公司的标准业务流程要求，还应收集客户资料，让公司客户服务人员提供相应的支持服务，并对客户进行电话回访，当客户表示满意时业务流程才算完毕。然而，单一销售指标的考核结果，使得销售人员只注重销售的业绩，不太关心和考虑客户的实际利益以及公司的长远发展，往往造成客户对企业后续服务的不满，引发不必要的投诉和纠纷，最终导致公司利益受损。

（四）明确企业战略目标

企业战略目标是企业战略的基本内容，是企业在实现其使命过程中所追求的长期结果，是在一些重要的领域对企业使命的进一步强化。绩效考核既要和企业自上而下的战略目标相一致，又要确保绩效考核能为业务流程的改善服务。只有企业的战略目标明确，才能将战略目标层层分解到每一个部门、每一个岗位，在此基础上，运用绩效考核工具对个人绩效进行考核以及改善，提高整个企业的业绩。

（五）设立科学的绩效考核体系

成功的绩效考核体系必须与企业的战略目标相一致。绩效考核能否起导向作用，实际上是通过战略导向的关键——绩效考核指标体系，将企业的整体目标分解到每一个部门、每一名员工，通过层层绩效的实现来确保企业战略目标的实现。因此，客观准确地考核员工的业绩有利于发挥他们的潜力，从而提高劳动生产率，最终实现企业的战略目标。考核指标设计不科学，不但会影响员工的个人发展，更会影响企业的发展。员工绩效指标的制定，应该改变过去由管理者直接指定的做法，而应该与员工多沟通、多交流，征求员工意见、增强员工参与。在考核指标设置上，要减少主观性强且含糊不清的内容，与工作内容关系不大的指标没有必要设立；在权重设置上，应通过具体的分析，确定每个指标在整个体系中的重要程度，并赋予相应的权重，以达到对绩效考核科学管理的目的。

在这种情况下，管理者需要对自身的经营哲学、价值理念、业务特征和员工素质等有一个全方位的分析与把握，并在此基础上设计出一个既能提高劳动生产率，又能作出诸如加薪、晋升和转岗等方面决策的绩效考核体系，为企业的发展服务。

（六）选择合理、有效的激励方式

在现代企业中，人的作用已经越来越突出。因此，企业十分重视员工的激励问题，也愿意将更多的精力和财力花费在员工激励方面。但是，绩效考核的目的并不是造成员工之间的差距，成为惩罚员工的工具，而是通过绩效考核，真正发现员工的长处，揭示存在的问题，帮助员工在以后的工作中扬长避短。在实践中，很多企业除了重视绩效考核与激励薪酬相挂钩的激励方式外，更应该重视其他方式的激励，如情感激励，即通过增强上下级、同事之间的感情，增强企业的凝聚力、向心力，情感激励比物质激励更能收到良好的效果。

（七）重视绩效考核的沟通和考核信息的反馈

绩效考核不是管理者对员工挥舞的"大棒"，但也不应成为无原则的"和稀泥"。绩效考核要以尊重员工的价值为主旨，它虽是按行政职能结构形成的一种纵向延伸的考核体系，但也应是一种双向的交互过程，这一过程包含考核者与被考核者的工作沟通。通过沟通，考核者把工作要项、目标以及工作价值观传递给被考核者，双方达成共识。同时借助纵向延伸的考评体系，可以形成价值创造的传导和放大机制。绩效考核不能只是为了考核而考核，考核是手段，不是目的，如果考核不能激励员工发展并使公司成长，那考核的结果可想而知。管理者若只想运用绩效考核来控制员工，则往往会令员工反感。因此，尤其要提升担当考核者的管理者的意识和素质能力，真正使他们在公司管理的各个层次发挥牵引力。提高管理者的管理能力，是不可忽视的。

除了注意加强企业内部的日常管理中的沟通外，还要注意在经济全球化浪潮席卷世界各地的今天跨文化问题带来的新的沟通需要。跨文化管理并不是一个新事物，它起源于古老的国际商务往来。现在其现实性和重要性已提高到以往从未有过的高度。正如每个人都具有共性和个性一样，不同国家的文化背景也具有共性和不同的个性。例如，在日本实行最成功的质量控制圈制度，在移植到美国之后，却无法发挥与日本一样的效果。此种现象的背后，是有一只"看不见的手"在控制着这种差异。这只"看不见的手"，就是文化差异。文化差异，尤其是民族文化差异对管理活动的影响极其重大，但对这种影响的测量因为涉及太多的变量，又是极其困难的。不同文化背景的管理者对绩效标准也有不同的看法。美国管理者会认为影响他人、听取他人意见和适应能力是最重要的；而一些欧洲的管理者会认为，为了结果而激励员工的能力更为重要，那些"软"技能，如团队建设和听取他人意见则与绩效相关较小。我国作为深受儒家文化影响的国家，更强调善待他人，在组织内部友好相处和相互支持，因此自然会把这方面的能力特征看得很重要。

有效沟通是绩效考核的重要条件。有学者认为，绩效考核其实就是不断地沟通和反馈。从某种意义上讲，沟通是绩效考核的灵魂，多进行有效的绩效沟通，让员工切实参与到绩效考核指标的设定、实施过程的互动、结果的确定与应用中来，才能更好地激发员工工作的积极性。因此，企业应建立一个良好的沟通和反馈系统，及时将绩效考核的信息反馈给员工，加强企业与员工的沟通，使其了解组织对他们工作的看法与期望，增强员工改进绩效的积极性和主动性，提高员工的满足感，达到一种激励作用，这样员工也更容易接受在绩效考核基础上的各种管理和开发决策。

此外，在绩效考核的实施过程中，还必须重视内部沟通的重要性。例如，在传递公司战略目标时，管理者必须向员工阐明公司的经营策略，取得员工的认同；在制订绩效计划时，管理者必须与员工达成共识，方能引导具体工作的开展；在进行绩效考核时，管理者又必须就员工的工作实绩进行交流，达成一致，才能使员工信服。如此看来，畅通、有效的内部沟通机制是企业绩效考核成功不可或缺的部分，沟通交流将贯穿于整个企业经营的各个环节。

（八）全面掌握考核信息与合理利用绩效考核结果

绩效考核的信息应是多方面的，而很多管理者却在信息不全的情况下就得出考核的结果，这样往往会让考核的结果失真，从而并没有得到正确的考核信息，失去考核的真正意义。对一个员工进行考核，不能只由他的管理者进行考核，虽然管理者对员工的各方面情况比较了解，但是由一人作出的考核是非常片面的，因为他只能从自己的角度出发，只看得到很少的一部分。要全面了解一个员工必须从多角度出发，可以找上级、同事、下级甚至是顾客进行评价，这样才能全方位对员工进行了解，从而得到最真实的考核信息。绩效考评工作作为企业人力资源开发与管理工作的一个方面，它的顺利进行离不开公司整体的人力资源开发与管理架构的建立和机制的完善，同时绩效考评也要成为公司企业文化建设的价值导向。公司必须以整体战略的眼光来构筑整个人力资源管理的大厦，让绩效考评与人力资源管理的其他环节（如培训开发、管理沟通、岗位轮换晋升等）相互联结、促进。公司建立不了良好的人力资源管理机制，在如今的知识经济时代只会被无情地淘汰出局。绩效考核不是目的，绩效考核体系实施成功与否，很关键的一点在于绩效考核结果如何运用。因此应当根据绩效考核的结果，将在绩效考核过程中获得的大量有用信息运用到企业各项管理活动中。

（九）建立良好的企业文化

企业文化就是企业在长期的生存和发展过程中所形成的、为企业多数成员所共同遵循的经营理念或价值体系。企业文化的内容包括价值标准、企业哲学、管理制度、行为准则、道德规范、文化传统、风俗习惯、典礼仪式以及组织形象等。其中，共同的价值观是企业文化的核心。因此，企业文化也可以被认为是以企业哲学为主导，以企业价值观为核心，以企业精神为灵魂，以企业道德为准则，以企业形象为形式的系统理论。企业文化是以人为载体的现象，而不是以物质为中心的现象；是被一个企业的全体成员共同接受，普遍享用，而不是企业中某些人特有的；是在企业发展中逐渐积累形成的。企业文化对企业的发展至关重要。当企业的内部条件和面临的外部环境大体相当时，企业文化的强弱就成为企业在竞争中胜败的关键。它是无形的，即使写成文字也往往是抽象的，因此只有以它为参照制定各种制度，使其制度化。特别是在一些新的文化要素没有得到大家认同以前，制度管理就显得更加重要。然而仅有制度，只是停留在表面，治标不治本。管理者需要将制度的东西慢慢转变成为大家都认同的东西。这就需要实践，对员工进行潜移默化的熏陶。因为人的认识都有一个过程，首先要认识它，然后理解它，慢慢再认同它、信奉它。所以管理者要宣传，要倡导，要将制度的东西渗透到员工的日常工作中去。只有如此，才能完成从制度到习惯的转变。

由此可以看出，企业文化体系的建设对于绩效考核的实行具有推动作用。一方面，企业文化会产生一种良好的氛围，通过绩效考核形成一种良好的风气，激发员工的创造热情，从而形成一种激励机制，将员工的被动行为转化为自觉行为；另一方面，企业文化最终要通过绩效考核体系来发挥其功能，增强员工的满意度、成就感和荣誉感。通用电器公司的绩效考核就相当成功。但是在正式实行绩效考核之前，通用电器公司用了近20年的时间，在公司内部进行绩效考核的培训和推广，让所有员工接受绩效考核，并自觉将绩效考核作为提高改善自己、增强企业绩效的工具。但是我国的中小企业，对企业文化的概念相当模糊，以为企业文化就是几句口号或者几条规章制度，只停留在表面，并没有深入人心，因此员工对其缺乏认同感。

因此，我国中小企业可以借鉴国外大公司的经验，建立属于自己的、独具特色的企业文化。更为重要的是，要通过企业文化将绩效考核渗透到员工的日常工作中，使其成为企业管理和发展的强有力的工具。

学习案例　通州市骏马服饰有限公司人力资源绩效考核

通州市骏马服饰有限公司成立二十年来，通过自身的不懈努力，已形成年产220万套各类服装的生产规模，销售额达1000万美元，连续多年被评为"通州市明星企业""十佳私营企业""南通市百强私营企业"。目前，公司拥有一流的生产设备，一支数百人的专业生产队伍，主要从事厨房服、睡衣及各类休闲服装、针织服装等的生产，产品远销欧美、日本地区。"以诚信求生存，靠管理出效益"已经成为公司的经营原则。目前公司正以优质的产品、低廉的价格、完善的服务持续开拓市场，成为通州市重点企业。

然而，服装行业面临严峻考验，公司只有尽快改变现状，加强绩效考核，才能继续生存与发展。于是，总经理要求人力资源部尽快拿出一套绩效考核方案。人力资源部会同咨询公司经过一个多月的紧张工作，制定了一套月度绩效考核管理制度及绩效考核操作细则，同时规定每月的考核与月奖金挂钩。第一个月，部门主管和员工都认真执行，考核结果基本上能真实地反映一个月来员工的工作表现；第二个月，考核如期进行，考核结果仍然是有说服力的；第三个月月初，人力资源部经理收到发货部、收货部、报关部、市场部等四个主要业务部门前两个月考核优秀者的辞职信，他们一致反映在本部门难以待下去，因为其他的同事现在不愿意与他们合作工作。同事们认为既然他们每个月工作出色，困难的工作理所当然由他们做，工作量大、负荷大、技术专业的工作也成为积极分子义不容辞的责任。还有一部分人也提出要离开公司，因为他们觉得自己工作是很努力的，但考核下来，月度奖金比没有考核时少了不少，他们也不知道问题出在哪里。就这样，第四个月的考核，每人的分数一样，都是100分，第五个月的考核同样如此，第六个月公司也就不再考核了，绩效工资都按员工月工资的30%进行发放。

以上案例，许多企业都曾经历过。虽然许多企业都认识到绩效考核的重要性和必要性，也曾下决心要推行绩效考核，但花重金聘请咨询公司制定的绩效考核制度却没法实行，究竟是什么原因呢？

现代企业的绩效考核是一个完整的系统，它强调"战略""指标""评估""报酬"和"沟通"在各个环节的重要作用。在绩效考核体系中，战略是出发点，也是归宿点。正是企业的战略目标、发展规划决定了各个年度的指标，它包括结果指标和行为指标、总指标与分指标、部门指标与个人指标、定量指标与定性指标。而这些指标也就成为考核时衡量的标准。考核的结果与薪酬挂钩，而合理的报酬制度又有力地推动了战略的实施。在这个过程中，无论是战略的制定、指标的分解、评估的实施、还是报酬的兑现，都需要通过内部沟通达成共识，否则绩效考核难以达到预期的成效。

 讨论题

1. 通州市骏马服饰有限公司绩效考核实施过程中有哪些不足？
2. 造成通州市骏马服饰有限公司绩效考核存在问题的原因有哪些？

 本章思考题

1. 中小企业绩效考核系统包括哪些内容？
2. 员工绩效考核的目的是什么？有哪些原则和标准？
3. 绩效考核有哪些反馈方式？
4. 中小企业绩效考核中存在的问题及造成这些问题的原因是什么？

参考文献

1. 冉斌：《三个和尚有水喝：高绩效管理五步法》，中国经济出版社2004年版。
2. 赵曙明：《中国企业人力资源管理》，南京大学出版社1995年版。
3. 余凯成主编：《人力资源开发与管理》，企业管理出版社1997年版。
4. 〔英〕约翰·韦斯特伍德：《绩效评估》，白云译，长春出版社2001年版。
5. 赵光忠：《人力资源管理模板与操作流程》，中国经济出版社2004年版。
6. 侯坤：《绩效管理制度设计》，中国工人出版社2004年版。
7. 辛枫冬：《最新企业绩效考核实务》，中国纺织出版社2003年版。
8. 王华强：《关于中国企业文化若干问题的思考》，载《科技创业》2006年第5期。
9. 林光明、曹梅蓉、饶晓谦：《提高绩效考核的绩效》，载《商业评论》2005年第8期。
10. 贺炳红：《绩效沟通的"三重境界"》，载《人力资源》2006年第5期。

第七章

中小企业薪酬管理

引导案例

CH公司是一家中等规模的企业，有员工200余名。一家很有实力且发展迅速的IT公司向CH公司的市场经理伸出了橄榄枝，并开出工资翻番等诱人条件聘请CH公司某员工担任该公司的市场部经理。略加思索后，该员工却坚决地回绝了这家公司的邀请。因为他爱目前所在的这个团体，希望可以和CH公司一起成长，平稳发展。

CH公司员工的收入在IT行业中仅处于中等偏上水平，在薪金不占明显优势的情况下，公司主要靠感情投资来留住员工。CH公司倡导"家"的文化，公司就像一个大家庭，内部发电子邮件，开头都是CHer，意思就是大家都是CH人。在年度大会上，公司提出"一起创造，一起分享"，给员工们一种家的感觉，大家共同努力，共同享受公司的发展成果。

CH公司的家庭氛围与公司重视内部沟通是分不开的。领导鼓励全公司员工采用各种形式进行沟通。公司还设了领导开放月，领导专门利用半天的时间去跟员工交流。公司为员工提供相关的家政服务，定期举办聚会，提供相互交流的机会。在CH公司还有这样一个传统，就是谁买了房子，大家都会去他们家，帮他们"暖房"，气氛很是温馨。此外，公司还有娱乐资金预算作为保证，这主要分为两部分：一部分由公司内部组建员工委员会来控制每个预算的实施，用来开展整个公司的娱乐活动；另一部分由经理控制，主要实施于项目小组之中。所有这些都是纯粹的娱乐费用，员工为受到关心而感动不已。

在CH公司工作的日子里，不论是老员工还是新员工，都感觉很开心，很愉快，因为老员工见证了公司的诞生和成长，就像抚育自己的孩子，滋生出一种不离不弃的感情，而新员工与公司一同前进，迎接着公司一个又一个奇迹的诞生。

案例思考

1. 员工工作的动力除了来自薪酬外,还有哪些因素?
2. 在实际工作中还有哪些激励措施?

第一节 中小企业薪酬福利管理概述

一、薪酬的含义及构成

薪酬作为劳动力付出后的一种回报,涵盖了员工由于为某一企业工作而获得的所有的直接和间接的经济收入,其中包括薪资、奖金、津贴、养老金以及从雇主那里获得的所有各种形式的经济收入以及有形服务和福利。换言之,所谓薪酬,就是指员工因为雇佣关系从雇主那里获得的所有形式的经济收入、有形服务和福利。它从是否可体现为现金收入来划分,可分为直接报酬和间接报酬。其中,直接报酬包括基本薪酬、短期激励和长期激励,而间接报酬主要包括社会保险、其他福利和各种服务。

薪酬只是报酬的一个组成部分:乔治·T. 米尔科维奇和杰里·M. 纽曼认为,源自工作的收益包括两部分:(1)全部薪酬形式,它分为直接的现金收益和间接的薪酬形式。直接的现金收益包括基本工资、奖金、短期红利、长期激励;间接薪酬形式包括福利与服务,具体表现为劳动保护、服务、津贴以及休息时间。(2)其他报酬形式,包括赞扬与地位、学习的机会、雇佣安全和挑战性的工作等。

一般企业的报酬包括三部分:第一,直接货币报酬,包括工资、薪水、奖金、佣金和红利等;第二,间接非货币报酬,包括以福利、保险等间接、非货币形式支付的物质报酬;第三,非物质报酬形式。其中直接货币报酬和间接非货币报酬就是我们平常所说的薪酬,薪酬加上非物质报酬就是整个报酬体系。

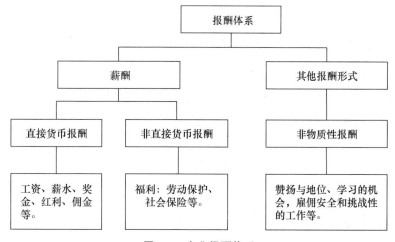

图 7-1 企业报酬体系

如图 7-1 所示，薪酬即直接货币性报酬加上员工福利，这就构成员工的薪酬。员工福利又可以分为法定福利和弹性福利两部分。薪酬与报酬之间的关系可以表述为：直接货币报酬＋员工福利＝薪酬；薪酬＋非货币报酬＝报酬。

二、中小企业薪酬构成

中小企业的报酬也可以分为三块：直接货币报酬、员工福利和非货币报酬。但总的来说，中小企业重直接货币报酬，轻员工福利；重薪酬，轻非货币性报酬。在直接货币报酬方面，工资、薪水、资金、佣金是主要的支付方式。表现为基本工资、岗位工资、提成工资、计件工资等，但红利较少见。在福利方面，除了国家规定的福利外，企业一般较少支付福利。非货币报酬，如培训、雇佣安全等，则不多。

三、中小企业薪酬功能

（1）经济保障功能。劳动者首先要满足自己物质方面的需要。薪酬是劳动者的主要收入来源，它对于劳动者及其家庭的生活起到保障作用。薪酬不仅应该保障员工在吃、穿、用、住、行等方面的基本需要，同时还要能够基本满足员工在娱乐、教育和自我开发等方面的发展需要以及家庭基本生活。

（2）激励功能。薪酬，特别是具有挑战性和竞争性的薪酬具有激励员工努力工作的作用。薪酬可以成为员工努力工作的动力，员工将这种动力转化为具体工作是薪酬激励功能的体现。

（3）信号功能。薪酬的高低是其市场价值的重要体现；中小企业薪酬水平的高低也是其市场竞争力强弱的信号。

（4）控制经营成本功能。薪酬属于中小企业成本中的一部分，薪酬的多少直接与中小企业的成本挂钩，中小企业支付给员工的薪酬越多，相应利润越少，因此，合理的薪酬可以控制中小企业的经营成本。

（5）绩效改善功能。合理的薪酬能够有效激励员工，吸引和留住高绩效员工，进而对组织绩效产生影响。

四、中小企业薪酬管理及其意义

薪酬管理就是为了能够发挥员工的积极性并促进其发展，将员工的薪酬与企业发展目标有机地结合起来的一系列的管理活动。其意义是：

（1）薪酬管理决定着中小企业人力资源的合理配置与使用。薪酬一方面代表着劳动者可以提供的不同劳动能力的数量与质量，反映着劳动力供给方面的基本特征，另一方面代表着中小企业对人力资源需要的种类、数量和程度，反映了劳动力需求方面的特征。薪酬管理也就是要运用薪酬这个人力资源中最重要的经济参数，来引导人力资源向合理的方向运动，从而实现中小企业目标的最大化。

（2）薪酬管理直接决定着劳动效率。薪酬管理注重的是对以下三种机制的综合运用：一是物质机制，它通过按劳付酬来刺激劳动者具备更多、更精的劳动技巧，从而提高劳动效率，获得更多的劳动报酬和更好的工作岗位；二是精神机制，它通过个人贡献奖励来肯定劳动者在劳动中的自我实现，从而体现人本主义观念，并使劳动者明了，只有具备敬业精神，才能实现个人的价值；三是团队机制，它通过劳动者个人业绩与组织目标的关系，来鼓励劳动者参与组织的利润分享，并从组织受益的角度酬谢劳动者所作的努力，使劳动者增强团队意识和合作精神。因此，现代薪酬管理是一种动力管理，同时又是一种整合管理。它直接决定着劳动者的劳动效率。实践证明，成功的薪酬管理往往能极大地调动劳动者的积极性和创造性，反之，则会挫伤劳动者的积极性和创造性。

五、中小企业薪酬管理的内容与原则

（一）中小企业薪酬管理的内容

（1）薪酬计划管理。薪酬是中小企业人工成本的主要组成部分，因而企业每年应根据企业人力资源计划制定企业薪酬总额预算，以有效地对人工成本进行控制。

（2）薪酬结构管理。薪酬结构管理是指关于薪酬构成要素以及各要素所占比率的管理。不同的薪酬结构，在支付相同人工成本的前提下，将产生不同的激励效果，因而，薪酬结构的有效管理将提高所支付人工成本的使用效率。

（3）薪酬水平管理。薪酬水平管理是薪酬管理的核心。薪酬水平的高低直接影响中小企业对人才的吸引、保留和激励，但要考虑人工成本控制问题，因而，企业应经常关注市场薪酬水平的变化，结合中小企业的实际情况进行薪酬水平的调整。

（4）薪酬日常。在薪酬方案确定后，薪酬日常管理将是一项长期工作，企业招聘员工、岗位异动都将面临薪酬确定问题。另外，员工年度考核后，部分员工薪酬将进行异动。

（二）中小企业薪酬设计原则

薪酬是企业为员工所提供的劳动或服务而支付的报酬，是一种公平的交换关系。合理的薪酬体系对内要公平合理，激励员工不断提升自身能力；对外要具有竞争力，能够吸引并留住企业所需要的优秀人才。中小企业由于规模小、业务单一、资金实力比较弱，因此除了公平和留住人才外，关键就是员工给企业带来的价值应大于给予的薪酬。

1. 战略性原则

从战略角度上看，中小企业的薪酬体系构建要与发展战略结合，并使薪酬体系有助于发展战略目标的实现。这是薪酬体系设计的最基本原则。为此，中小企业在制定薪酬体系时，要将关键员工与一般员工的薪酬作有效区分。对掌握企业核心资源，如掌握关键技术、核心管理秘密等核心人力资源的员工实施重点薪酬策略，如特殊津贴、股权激励等，采取灵活多样的薪酬政策激励他们最大限度地发挥潜力。

2. 公平性原则

公平性原则是最重要的原则之一。公平性原则分为外部公平和内部公平。外部公平指与同行业企业相比，企业所支付给员工的薪酬是公平的。内部公平指企业内每位

员工的薪酬与其他员工的薪酬相比是公平的。只有员工对薪酬体系感觉公平时，才会得到良好的激励并保持旺盛的斗志和工作积极性。员工感受到不公平时，可能会更加努力地工作以改变自己目前的处境，向有利的岗位调换等。

3. 激励性原则

不同的员工有不同的需要，一个员工在不同时期也会有不同的需要，因此，同一种激励措施在不同员工身上或一个员工的不同时期都会出现不同的激励效果。这就要求企业在制定薪酬体系时，首先应充分了解员工的兴趣与偏好，了解员工真正需要的是什么，使企业的薪酬结构能真正体现对员工不同需求的满足。同时，企业的薪酬应拉开合理的差距，体现按能力、按技能、按绩效分配所得的原则。

4. 灵活性与合法性原则

中小企业在经营过程中的最大优势就是规模小，经营灵活，因此相应的薪酬制度也要符合这一特点。灵活的薪酬制度有利于企业根据实际情况及时调整制度，最大限度地为企业服务。但同时也应遵循合法性原则，即企业的薪酬制度必须符合国家的法律规定和政策。

第二节　中小企业薪酬管理的主要问题及原因

一、中小企业薪酬管理中的问题

总体而言，中小企业的薪酬管理相对混乱和盲目，存在很多问题：

（一）薪酬设计缺乏战略思考

相对来说，中小企业的管理层更关注企业的定位和利润增长，因而，他们更多地从成本控制的角度考虑薪酬安排，很少关注员工的成长。还有一些中小企业，本身就缺乏发展战略，因此，薪酬设计要体现战略更无从谈起。

（二）薪酬制度不规范、弹性差

很多中小企业没有建立科学的薪酬管理制度，员工的工资标准多由企业领导随意确定，这是单纯的经验主义路线。员工的各种工资核算没有明确依据和科学方法，员工也无法通过薪酬制度来了解自己的收入情况。弹性差表现在员工之间的工资差距小，同时员工工资与企业效益挂钩的项目较少。

（三）忽视内在薪酬，缺乏人性化的薪酬管理

薪酬管理的核心问题是要调动员工的积极性、创造性和潜力。因此，只有构建既符合企业目标又能够实现员工个人发展的薪酬体系才能使企业与员工达成一致，从而实现长远发展。

但是，中小企业的薪酬管理缺乏人性化，实行的是以岗位薪酬为中心的上浮制薪酬模式，或是只上不下，加薪只和工作年限、学历等联系紧密，对于个人的工作能力、努力程度、绩效完成情况等没有科学考量。在这种情况下，员工缺乏对于个人职业生涯和职业发展的规划，其个人的能力、素质、潜力与工作的关系不被重视，在团

队中，每个员工的角色分工与其个人特点结合不够，难以充分调动员工的积极性和创造性。

（四）薪酬结构不合理

当前中小企业薪酬的主要组成是基本工资、岗位工资、提成工资、计件工资。这样的薪酬结构组成缺乏多样化，不灵活，导致薪酬的激励作用没有得到充分的发挥。主要是薪酬并没有随着企业的盈利能力和效益进行调整，员工晋升空间不足，使得员工只有通过岗位的变动才能够有加薪的可能，从而影响了员工的积极性和创造性。

薪酬种类较为单一，不能满足员工多方位的需求。薪酬往往只停留在单一的经济型报酬上，忽略了员工会有进一步的精神追求。另外，中小企业更多地实行计件工资制而非绩效工资制。许多企业的工资模块中除了销售人员的提成及生产人员的计件与绩效有关，其余的岗位工资都与绩效无关，因此无法发挥薪酬的激励作用。

（五）绩效考核难以平衡

虽然绩效考核现已深入各个企业的管理中，然而由于管理能力限制以及成本问题，中小企业现在只关注单一的指标。在实际决策过程中，业绩指标难以保持其在企业内部的平衡性。调查表明：中小企业的员工普遍对自己的工作表现和价值贡献评价较高，而从薪酬回报来看，中小企业员工对薪酬满意度较低。中小企业需要进行科学的岗位评价，建立相对平衡的绩效考核体系。

二、中小企业薪酬体系出现问题的原因

（一）对人力资本认识不足

中小企业的管理层还没有充分认识到人才对企业发展的重要意义，他们不关注员工成长，忽视员工价值创造，员工缺乏培训甚至无培训，结果造成员工的才能未被充分发掘和利用。这造成中小企业的薪酬重货币性报酬，轻非货币性报酬的现状。

（二）科学技术与先进管理理念导入不足

一方面是中小企业对先进的管理理念和专业科学技术需求大增；另一方面是企业管理者的文化素养、所掌握的管理理论、知识技能和技术手段严重不足。这严重制约了中小企业导入科学技术与先进管理理念的能力，也拉低了中小企业薪酬制度的水平。

（三）家族式管理体制和观念阻碍了薪酬管理体制的变革

中小企业家族式企业管理特征明显。高层管理者拥有最高决策权，且高层管理者之间多有血缘关系，并构成中小企业的核心力量。因此，现代企业管理制度的作用和功能被弱化。在中小企业发展的初期，这种管理体制有其合理性。但当企业进入发展期后，这种管理体制的弊端则不断显现。因此，引进现代企业管理制度和职业经理人是必然的选择。但是，这种选择会遭到既有管理体制和观念的排斥，从而影响薪酬管理体制的变革。

第三节　影响中小企业薪酬水平因素

中小企业既要吸引、保留和激励人才，又要控制成本，因此，中小企业在考虑支付给员工的薪酬水平是否具有竞争力时，还要考虑企业的承受力。影响员工薪酬水平的因素有：外部因素、内部因素和个体因素。

一、外部因素

（1）有关劳动关系的立法和实施。法律、法规和政策是薪酬管理的依据，是中小企业薪酬管理行为的标准规范和准绳。我国政府制定了一系列政策法规对最低薪酬水平、节假日工资、加班工资、劳动合同和劳动福利等作了规定，中小企业在为员工提供薪酬时，必须遵守相关的法律法规。

（2）本地区行业工资水平。中小企业应考虑与本地区相关行业相适应的薪酬水平，以保持中小企业薪酬的竞争性。

（3）劳动力市场供求状况。在市场经济环境下，劳动力的薪酬水平受市场供求状况的影响较大。如果劳动力供大于求，那么相应的薪酬水平就低，中小企业则不必提供很高的薪酬，以节约人工成本；如果供小于求，中小企业就要提供较高的薪酬水平以吸引所需人员。

（4）生活费用与物价水平。物价是决定实际薪酬水平的主要因素（其他还有税收、租金等），它会从直接和间接两方面影响实际薪酬水平。它对薪酬水平的直接影响是由货币薪酬和价格指数变动率的相互关系所引起的。如果货币薪酬增长率高于物价增长率（通货膨胀率），则实际薪酬水平提高；反之，则会降低居民购买力，增加居民购买支出，实际薪酬水平下降。它对薪酬水平的间接影响是通过价格对中小企业收益的影响，进而影响实际薪酬水平。价格变化会导致中小企业收益和利润水平发生变化，不同商品比价是否合理也会影响到不同企业收益和利润的合理与否。这两者都会影响薪酬水平及其合理性。

（5）同行业薪酬状况。竞争对手的薪酬水平对企业的薪酬水平也有较大影响。如果企业的薪酬水平与竞争对手，特别是与地理区域相距不远的竞争对手的薪酬水平相差较大，则将对企业员工的稳定性和人才的吸引造成很大影响，从而在与竞争对手的竞争中处于不利地位。

二、内部因素

（1）企业竞争战略。企业竞争战略将影响企业薪酬水平的定位。如果市场竞争激烈且产品的需求价格弹性较大，且企业实行的是成本领先战略，那么企业将更多地关注成本的控制，高昂的成本将导致市场份额的减少，因此企业对于薪酬水平的定位将更多地考虑节约成本。如果产品的价格弹性不大，竞争更多的是靠产品的差异，企业实行产品差异化竞争战略，那么，企业将更多地关注人才的吸引，依靠高素质人才支持产品的差异化战略,这种企业应从吸引、保留和激励高素质员工队伍的角度来考虑企业的薪酬水平。

(2) 企业的资信和支付能力。中小企业的规模、经营状况是决定薪酬水平的重要因素,薪酬总额须控制在企业所能承担的范围内,同时,员工薪酬总额的增长与经济效益和劳动生产率的增长相适应,否则会加重成本负担,影响中小企业的生存和发展。

(3) 工作条件。它与薪酬水平具有互补性,工作条件的好坏将在一定程度上影响员工的薪酬水平。

(4) 企业生命周期。中小企业的发展阶段可以分为初创期、成长期、成熟期和衰退期。不同的发展阶段对应不同的薪酬水平定位。一般来说,中小企业在初创阶段和高成长期一般倾向于采用领先策略;在成熟阶段,可采用稍微领先或是匹配的策略;在衰退阶段,通常采用匹配甚至落后的薪酬水平策略,因为此时它的支付能力已非常有限,要考虑对劳动力成本的控制。

三、个体因素

(1) 员工能力素质。由于知识、技术水平和能力的不同,员工的工作效率和成果必然会有差异,因此企业应支付的薪酬水平也会不同。同时,员工在获得知识、技能时需要进行投资并承担机会成本,企业应当支付较多的薪酬并给予一定的补偿,以激励员工不断地学习,从而提高技能水平和劳动生产率,只有这样才能吸引、保留和激励高素质的人才。

(2) 员工所在岗位的相对价值。由于中小企业中不同岗位的劳动复杂程度、所承担的责任、所需的知识技能等因素,员工对企业的贡献也不同,企业应当对那些非常重要的岗位支付相对较高的薪酬,因为这些岗位对企业价值的创造和中小企业的生存发展至关重要。

(3) 员工贡献大小。追求效益是所有企业的目标,中小企业对那些创造价值和效益的劳动支付报酬,员工提供的劳动数量和劳动质量不同,为中小企业创造的效益也不同,因此中小企业应支付给员工不同的薪酬。

(4) 员工工龄。工龄的长短在一定程度上反映了员工对岗位的适应程度,同时也反映了员工对中小企业所做的贡献,因此中小企业为此所支付的薪酬水平也应不同。

第四节 中小企业薪酬体系设计

一、薪酬体系设计的相关理论

(一) 人力资本理论

"人力资本投资"是美国经济学家西奥多·W. 舒尔茨于1960年提出的,他认为,人们通过学习获取了一定的技能和知识,由于这些技能和知识能为个人带来收入并形成资本,由此他推断这种资本的形成在很大程度上是个人谨慎投资的结果而不是随意而为,并且他认为人力资本的增长远比物质资本的增长快得多。阿罗(Arrow)通过研究提出了著名的"干中学"模型。该理论认为人力资本是企业所拥有的一切资源中最重要的资源。相对于物质资本来说,人力资本具有很强的主观能动性,并且很多的物质资本也是通过人的作用形成的,因此人力资本是最核心的资源。人力资本的前期投资是在学校中完成的,这个时期是人才自主投资的时期,企业没有付出任何成本,但企业要使用他们的人力资本就必须付费,而价格则根据市场的平均薪酬水平来定。当员工进入企业以后,对企业来说人力资本就不仅仅是一种消费,更是一种投资,企业在条件许可的情况下要主动对有发展潜力的员工进行培训,以适应公司未来的发展。

(二)效率工资理论

该理论最初是由索洛等人在 20 世纪 70 年代提出的。按照传统经济学的定价理论,当工人的工资率等于边际贡献率时,企业的产量达到了最大,但是经济学者研究发现:当工人工资与边际产量相等时,劳动生产率并不是最大。也就是说,劳动生产率其实还是可以提高的,只是因为工资太低,工人们不愿意努力。工人们作为理性人,他们会根据边际收益等于边际成本来决定自己的努力程度。由此他们得出一个结论:工人工资与劳动生产率是正相关的。工资越高,劳动生产率越高;工资越低,劳动生产率越低。也即员工的努力程度取决于工资水平的高低,工资高,工人的努力程度也高,工资低,工人的努力程度也低。

从定性的角度分析,效率工资指的是如果企业支付给员工的薪酬高于市场出清的薪酬水平,那么就会出现经济学中所说的劳动力"供给过剩",即价格提高,愿意提供劳动的人数增加。这潜在地增加了企业现有员工的压力,他们会认为公司外有一大堆潜在竞争者,一旦他们不努力工作,那么企业就有可能解雇他们,从企业外招聘新的员工,从而造成他们失业。这样就可以促使他们努力工作,而这也正是企业所希望看到的结果,它实现了企业和员工的双赢局面。

(三)期望理论

理性预期学派的兴起,对经济学的发展有极大的促进作用,"预期"一词在经济学中频繁使用。期望理论是由美国著名的心理学家维克托·弗鲁姆提出的。期望理论认为员工对于自己的工作有良好的预期,同时还预期公司会在他圆满完成任务的时候给予合理的薪酬,因此企业可以利用员工对薪酬的预期,激励他们努力工作。

(四)激励理论

激励理论是行为科学中用于处理需要、动机、目标和行为之间关系的核心理论。激励就是激发、鼓励的意思,是指激发人的行为的心理过程,其实质就是通过某种有效的方法来提高个人的主观能动性,促使个人目标与企业目标趋于一致,以个人目标的实现来促使企业目标的实现。激励理论研究认为,如果个体感到努力与需求、需求与目标、目标与满足之间的相关性,他就会付出极大的努力去实现这种需求、达到目标、实现自我满足。该理论对员工的能力、激励与绩效之间的关系进行了解释,即员工的能力大小与其绩效之间有一定的联系,但能否切实转化为绩效的增加,还取决于激励是否有效。研究发现:一个受到有效激励的人,可发挥80%—90%的积极性,但如果缺乏有效的激励,则仅能发挥20%—30%的积极性,因此,激励理论是现代薪酬管理理论的基础。企业日常管理中激励的方式、方法较多,大多数都与薪酬有着较为密切的关系,如工资收入的提高、绩效考核系统的完善、定期的教育培训、健全的医疗工伤保险等。

二、薪酬等级制度

薪酬等级制度是薪酬体系设计中的重要环节。在进行薪酬体系设计时,首先要对薪酬进行等级划分。一般根据薪酬等级制度中的不同侧重点,把薪酬等级分为下列几种:能力薪酬、工作薪酬、结构薪酬、年功薪酬和岗位技能薪酬。具体关系如图7-2所示:

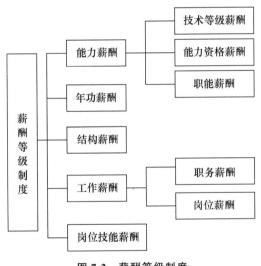

图7-2 薪酬等级制度

(一)能力薪酬

能力薪酬就是指以能力为指标的薪酬模式,是根据能力大小支付员工的薪酬。从理论上说,它相对公平,是一种有助于企业员工的稳定性并激励员工成长的薪酬政策。能力薪酬主要有技术等级薪酬、能力资格薪酬和职能薪酬三种模式。

1. 技术等级薪酬

技术等级薪酬是按员工所达成的技术等级标准确定薪酬等级,并按照确定的等级薪酬标准计付劳动报酬的一种制度。它是一种能力薪酬,其优点是能够引导企业工人钻研技术提高个人的技术水平,其缺点是不能把员工的薪酬与其劳动绩效直接联系在一起。

技术等级薪酬由薪酬标准、工资等级表和技术等级标准三个基本要素组成。通过对这些组成要素的分析和比较，给具有不同技术水平或从事不同工作的员工规定适当的薪酬等级。

技术等级薪酬制是工人等级薪酬制度的一种形式，其主要作用是区分技术工种之间和工种内部的劳动和工资差别。这种薪酬制度适用于技术复杂程序比较高、工人劳动差别较大、分工较粗的工种。

2. 能力资格薪酬

能力资格薪酬是根据员工的资格标准来确定其工资等级。一般情况下，企业根据能力资格标准将全公司的所有职务划分成要求不同的等级，从而将所有的员工划分在相应的等级内。能力资格标准的编制主要是全公司共同使用的资格标准，即公司中某一能力资格等级所要求员工的能力都符合某一共同标准。

能力资格薪酬的优点是它按照员工的资格能力来确定员工的薪酬标准，这有利于调动员工的工作热情，也是薪酬管理中公平原则的一个充分体现。其缺点是单纯以同一个能力资格标准对企业员工进行分等定薪，不考虑具体岗位的特殊性，在实施过程中存在一些矛盾。

能力薪酬制主要适用于那些不需要区分技术工种，各职能部门、岗位之间差别不大的企业。

3. 职能薪酬

职能薪酬是按照员工的智力、知识、经验、技能、理解、判断、决策、计划、监督、与人交涉的能力等来确定员工的薪酬等级的制度，是技术等级薪酬和能力资格薪酬的综合。

职能薪酬的优点是员工能在实际工作过程中充分发挥能力，缺点是不能挖掘员工潜在的工作能力。员工潜在的工作能力是指员工所具备的但在实际工作中尚未表现出来的能力。职能薪酬适用于那些员工岗位经常不需要变动的行业。

总之，由于能力往往与教育程度、工作经验相联系，导致这一模式往往过分注重学历、资历，使能力评价与实际能力相差甚远，容易压抑员工的创造性和积极性。

由于能力本身不可量化的特性，使这些问题更加严重。所以，我国企业自 20 世纪 80 年代以来，一直努力以岗位为中心的薪酬模式来取代侧重能力的薪酬模式。具体地看，能力薪酬模式的弊病有：论资排辈、使企业缺乏活力、能力与组织的实际需要可能发生偏差。但是，值得注意的是，自 20 世纪 90 年代以来，在东方企业看来日渐落伍的能力薪酬模式，却得到一些西方企业的青睐，成为企业吸引重要员工的手段。以岗定薪正在让位于以人定薪。能力薪酬模式以其策略的灵活性获得新的生命力。美国也是如此，更重视雇员的灵活性和向他们授权。能力工资制或技术工资制越来越受到欢迎。

（二）工作薪酬

工作薪酬主要是通过对具体的工作分析来确定员工的薪酬等级，工作薪酬主要分为职务薪酬和岗位薪酬两种形式。

1. 职务薪酬

职务薪酬主要是以企业的职务作为薪酬确定的标准，而不需要考核员工对企业实际贡献的大小和作用的大小。

职务工资的优点是在进行薪酬分等时比较明确，易于确定，表面上看比较公平。其缺点是职务工资以职务作为企业薪酬确定的核心，较少关注企业员工的能力，会导致产生缺乏竞争性的薪酬模式，打击员工的工作积极性。

职务薪酬主要存在于公务员的薪酬模式中，许多国有企业也采用这种薪酬模式，特别是国有企业管理层的薪酬主要是职务薪酬这部分。

2. 岗位薪酬

岗位评价是企业内部建立薪酬公平机制的重要手段。它是以岗位为核心，依据一定的标准和程序来判断不同岗位对组织的价值，并据此建立岗位价值序列的一项专门的人力资源管理方法。通常采用岗位排列法、岗位分类法、要素比较法及要素计算法来确定企业岗位价值的大小，并以此为基础来确定员工的薪酬。

岗位薪酬的优点是它在薪酬设计中引入理性分析的方法，克服了不同岗位之间由于工作性质、工作内容不同造成的价值对比障碍，使得岗位薪酬的制定可以处于同一标准之下，从而为增加岗位薪酬的合理性，克服薪酬制定过程中的主观性、随意性奠定了基础。岗位薪酬的程序性特征为薪酬设计引入程序公平，帮助组织建立员工对薪酬分配结果的公平性认知。岗位薪酬的缺点是该模式对制定薪酬模式的管理者提出了更高的要求，要求人力资源管理者对企业的每一个岗位都要非常熟悉，现代组织的分工体系，造成组织中的每一个人都不可能完全了解组织内其他岗位的工作情况。最了解某一岗位信息的是该岗位的任职者，对于其他部门的员工而言，则相互之间处于高度的信息不对称状态。这对岗位价值排序结果的公平性是一个客观存在的障碍，所以它在实际操作中会存在一些偏差。

岗位薪酬适用于那些企业的岗位比较容易确定，岗位的价值比较容易确定的行业。

（三）结构薪酬

结构薪酬指基于薪酬的不同功能，将工资总额划分为若干个相对独立的薪酬单元，各单元又规定不同的结构系数，组成有质的区分和量的比例的工资制度。

结构工资制的优点：一是工资结构反映劳动差别的诸要素，即与劳动结构相对应，并紧密联系成因果关系。劳动结构有几部分，工资结构就有几个相对应的部分，并随前者的变动而变动。二是结构工资的各个组成部分各有各的职能，并分别计酬，可以从劳动的不同侧面和角度反映劳动者的贡献大小，发挥工资的各种作用，具有比较灵活的调节功能。三是有利于实行工资的分级管理，从而克服"一刀切"的弊病，为改革工资分配制度开辟了道路。结构工资有两方面缺点：一方面是合理确定和保持各工资单元比重的难度较大；另一方面是由于工资单元多且各自独立运行，工资管理工作较复杂。

结构薪酬能够适应各行业的员工工资管理。

(四) 年功薪酬

年功薪酬是指员工的薪酬和职位随年龄和工龄的增长而提高的薪酬模式。这种薪酬模式主要存在于 20 世纪 60 年代以前，日本是实施基于年功的薪酬模式的典型。我国国有企业过去的工资制度在很大程度上也带有年功工资的色彩，虽然强调技能的作用，但在评定技能等级时，实际上也是论资排辈。

年功薪酬的优点是其假设员工服务年限长导致工作经验多，工作经验多，业绩自然会高，因此老员工对企业有贡献，应予以补偿。其目的在于鼓励员工对企业忠诚，强化员工对企业的归属感，导向员工终生服务于企业。

年功薪酬的缺点是以年功为主的薪酬模式会导致具有技术专长的年轻人离职，年功薪酬制难以吸引和留住人才，不再有利于企业的发展。

年功薪酬模式适用于人才流动低、终身雇佣制环境的劳动力市场，如果员工确实忠诚于企业并不断进行创新，企业也可以实施年功工资制。其关键在于外部人才竞争环境比较稳定，否则很难成功地实施年功薪酬模式。

(五) 岗位技能薪酬

岗位技能工资制是以按劳分配为原则，以劳动技能、劳动责任、劳动强度和劳动条件等基本劳动要素为评价基础，以岗位和技能工资为主要内容的企业基本工资制度。

岗位技能薪酬的优点是它是建立在岗位评价基础上的，它充分突出了薪酬中岗位与技能这两种结构单元的特点，更有利于贯彻按劳分配原则。岗位技能薪酬的缺点主要是在一定程度上弱化了企业的内部分配机制。

岗位技能薪酬制具有极强的适应性，各种企业均可采用，特别是对生产型和技术含量较高的企业，岗位技能薪酬更能显示其优越性。

岗位技能薪酬包括劳动评价体系、基本工资单元和工资标准的确定、辅助工资单元的设置等方面，其中基本工资单元由岗位薪酬与技能薪酬组成。

三、中小企业薪酬体系设计基本流程

中小企业薪酬体系设计流程如图 7-3 所示：

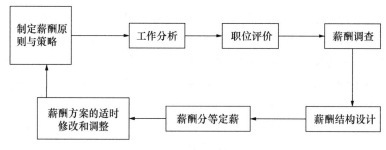

图 7-3 中小企业薪酬体系设计流程

中小企业薪酬体系设计流程一般包括以下几个程序：

（一）制定中小企业薪酬原则与策略

中小企业薪酬设计的原则一般体现以下四点：战略性原则、公平性原则、激励性原则、灵活性与合法性原则。

中小企业薪酬策略包括水平策略和结构策略两个方面。所谓水平策略是指根据当地劳动力市场薪酬和竞争对手薪酬确定自己的薪酬水平，可以采取市场领先策略、市场跟随策略、成本导向策略和混合策略。

所谓结构策略是指确定中小企业总体薪酬中固定部分薪酬（主要指基本工资）和浮动部分薪酬（主要指奖金和绩效薪酬）的比例，可以选择高弹性薪酬模式、高稳定薪酬模式和混合型的薪酬结构策略。

（二）工作分析

通过工作分析确定工作的性质及从事相关工作人员的素质、考核标准等，为薪酬的支付奠定基础。

（三）职位评价

通过职位评价，确定工作的相对价值和绝对价值。

（四）薪酬调查

分析了工作的性质，评价了中小企业的相关职位之后，就要进行薪酬调查。薪酬调查是指在工作分析和职位评价的基础上进行企业内外薪酬状况的实际调查。薪酬调查方法主要有电话调查方法、问卷调查法及访谈法，通过调查可以了解行业和市场的薪酬水平。

（五）薪酬结构设计

薪酬结构设计是指根据工作岗位性质的不同，制定不同岗位的薪酬组成模式。通常岗位可以分为：管理序列、职能序列、技术序列、销售序列、操作序列等五大类。

一般的薪酬结构为：年总收入＝年基本收入＋年其他收入＝（月固定工资＋月绩效工资＋年度延迟支付工资）＋（企业业绩分享＋工龄工资＋各类补贴或补助）。

（六）薪酬分等定薪

根据薪酬结构将企业的薪酬分等，确定好员工的具体薪酬，制作薪酬说明书，按照说明书执行企业的薪酬制度。

（七）薪酬方案的适时修正和调整

薪酬说明书制定和实施后，要及时听取员工对薪酬制度的意见，也要关注市场状况的变化，通过适时地修正和调整，使企业的薪酬方案能最大限度地调动员工的工作积极性。

四、中小企业薪酬设计方案

薪酬设计是以绩效考评为依据的。由于薪酬设计中有很多细节，且很多细节应根据具体情境进行权变处理，因此笔者在此只作介绍，并与三维简式绩效评价法相匹配。

(一) 区分核心人员与非核心人员

中小企业因规模小，资源有限，因此，维护和建设核心团队是生存和发展的关键，其中薪酬为基本措施。

因中小企业支付能力有限，在薪酬上区分核心人员与非核心人员就显得非常重要。为核心人员提供相对优厚的薪酬，助其实现自身价值，这也使核心人员组成的团队更有凝聚力。具体说，对于核心人员，其薪酬结构由基本工资、短期奖励、长期奖励计划、正常雇员福利、特殊津贴组成；对于非核心人员，其薪酬结构由基本工资、普通津贴组成。这既满足核心人员的高层次需求，又能缓解中小企业的支付压力。

(二) 施行宽带薪酬和低工资、高津贴模式

宽带中的"带"指工资级别，宽带指工资浮动范围比较大。因此，所谓"宽带薪酬设计"，就是在组织内用少数跨度较大的工资范围来代替原有数量较多的工资级别的跨度范围，将原来十几甚至二十几、三十几个薪酬等级压缩成几个级别，取消原来狭窄的工资级别带来的工作间明显的等级差别。但同时将每一个薪酬级别所对应的薪酬浮动范围拉大，从而形成一种新的薪酬管理系统及操作流程。与之对应的则是窄带薪酬管理模式，即工资浮动范围小，级别较多。目前国内很多企业实行的都是窄带薪酬管理模式。

对于中小企业来说，因为公司规模小、组织结构扁平化、团队导向、事为中心、注重能力，因此，宽带型薪酬模式十分适合中小企业。

(三) 薪酬半公开化

目前，很多企业施行保密薪酬制度，它带来了员工间的猜疑；反之，如果薪酬全部公开，也会带来员工的不满。

对中小企业来说，重点就是搞好经营，薪酬设计也要为其让路。针对中小企业的特点，薪酬设计不宜完全公开，也不宜完全保密，而采用半公开的薪酬体制比较恰当。非核心人员的薪酬全部公开；核心人员基本工资全公开，其他部分不公开。其好处是通过竞争可以降低非核心人员薪酬成本，公开非核心人员的基本薪酬，又可以凝聚核心人员。

(四) 用培训激励员工

在中小企业中形成这样的氛围：谁对组织的贡献大，谁就能获得培训资格，这样就使培训具有激励作用。通过培训，核心员工不仅能在组织中获得认可，还能带来好的绩效及未来的发展，从而实现培训效果的最大化。同时，中小企业资金实力有限，到处挖人不现实，因此培养人才是一条途径。这不仅能培养员工与企业的感情，留住人才，还能提升人员质量。

第五节 中小企业薪酬管理未来发展战略

要在如今竞争激烈的市场中占有一席之地,中小企业必须优化薪酬管理策略与薪酬管理激励机制。中小企业的管理者首先要正确认识企业所处的发展阶段,根据不同发展阶段的企业目标对薪酬管理进行阶段性、周期性的调整,从而使得不同阶段的薪酬管理制度与企业的战略发展目标相一致;在为所有员工提供薪酬激励的同时,企业应该采取有重点、有区别的薪酬政策。此外,中小企业还可引入年薪制、分红制等更多更为灵活的薪酬设计,建立多元化的薪酬体系,使得企业的薪酬体系真正成为企业实现战略目标的重要杠杆。

一、将薪酬管理提升到"人力资本运营"战略高度

管理者要树立现代化薪酬管理理念,迅速从传统工资管理向现代薪酬管理制度转变,从收入分配理念向人力资本投资理念转变,建立具有特色的人力资本运营制度。

二、将薪酬体制设计与企业的发展战略相结合

薪酬战略的设计与公司的发展战略和转型都是密切相关的,具有不同特征的、处于不同发展阶段的企业应该实行不同的薪酬战略。例如,为了满足员工对知识、个体和事业成长的需求,管理者应该改变传统的等级薪酬结构,建立技术与管理并重,多种渠道发展薪酬体系,以此来提升企业的发展力和竞争力。

三、建立科学的人力资本绩效考核机制

对于中小企业来说,薪酬体制的设计必须要有完善的监督约束机制,其中绩效考核机制是重要的一部分。在强调企业的薪酬要与工作业绩和企业业绩挂钩的同时,必须建立真正能够考核绩效的体系,来保证中小企业对薪酬管理的合理性,同时产生一定的激励作用。调整薪酬结构,增加浮动工资和附加工资,使原本静态的薪酬体系变成静态与动态相结合模式,以此来提高员工为企业服务的积极性。

四、注重"内在薪酬"在薪酬管理中的作用

管理者应当认识到"内在薪酬"的重要性,并将之作为薪酬管理创新的重要部分。比如,中小企业要努力构建学习型组织,防止企业中人力资本的贬值;要营造良好的企业文化;企业的管理层和员工之间要有共同的道德观和价值观,并且管理者要对企业员工的情感给予一定的关注。

五、加强薪酬体系的公平性

薪酬体系的公平与否直接关系着薪酬制度所产生的激励作用的效果,进而也会影响中小企业的绩效。薪酬体系的公平与否,也会直接影响企业的薪酬制度内容、员工

感受、激励作用。根据不同职位、岗位人员的性质的,对他们进行专门的薪酬结构设计,并且根据不同职位采取不同的绩效工资比例,如对关键岗位和业务骨干等人员的薪酬要有一定倾斜。

六、改变传统的家长式管理模式

成长中的中小企业要想在知识经济时代持续发展,就必须逐步摈弃家族式的企业管理模式,树立符合时代发展的企业经营理念,弱化家族式管理,实现管理的社会化和专业化。也就是说,要设计新颖的薪酬管理模式,必须先从思想观念上解放。

学习案例

上海AY文化传播有限公司(以下简称为"AY公司")是一家网络代理公司。该公司是由3个合伙人发起建立的,成立于2009年10月,公司注册资本为人民币50万元,专门为其他公司提供网站设计和网站维护服务。年营业收入在350万左右,扣除员工薪酬、社保和其他成本,年净利润大概在160万左右。

公司下设四个部门,分别是行政部门、运营部门、开发部门和设计部门。公司现有员工20人(不包含3个合伙人),其中技术人员10人,运营人员5人,行政人员5人(包含会计人员1人)。按学历划分,本科生8人,专科生6人,其他学历6人,公司员工平均年龄25.6岁。

该公司的薪酬由基本工资、福利、奖金构成,基本工资占薪酬的98%,福利和奖金的比例只占2%。福利除了法定的社会保险之外,还有不定期的户外旅游,平均每年有5次,员工可以免费参与。奖金则根据公司整体的经营情况而定,一般到年终时才会发,其他时候基本上没有。对于实习期的员工,薪酬为转正后工资的80%。工资除了3个合伙人之外,最高的是技术人员,一般员工的工资大概是技术人员的60%。因此公司整体的薪酬情况是所有员工都拿固定工资,基本上没有奖金。员工有时要加班,但没有加班工资,也没有工作餐。节假日则没有任何福利。

为了避免由于主观因素造成对AY薪酬体系存在问题的误判,管理层设计了一份针对公司员工的薪酬满意度调查问卷。问卷统计结果显示:员工对公司目前薪酬体系的公平性、激励性、吸引性、福利政策和奖金分配都表示不满意,这说明公司在这六个方面做得很不好。问题中关于"收入主要应由个人贡献决定"的支持率达到了70%,赞同"收入主要应由岗位决定"的人数达到了50%,另外50%的人选择"一般"。而在"收入主要应由资历决定"这一问题上,支持的人数只占20%,说明大家对于工作资历还不是持肯定的态度。而在"收入主要应由个人技能决定"这一问题上,65%的人表示赞同,没有人持反对意见。问题中关于"当企业经济效益增长时员工个人收入也应增长",所有人都表示同意,这反映了大家都希望在公司效益好时收入能够增长。大家对于由于岗位不同导致的收入差距是不认可的,但是对于因个人绩效拉开的收入差距是比较认同的,大家心里都清楚薪酬体系的设计确实要结合岗位分析和岗位评价,这与现代薪酬管理思想是一致的。问卷中询问员工对公司的经济性福利的看法,有15人认为公司基本上没有什么经济性福利,5人认为完全没有任何的经济性福利;对于"公司在传统节假日和纪念日对员工有没有什么表示",有18人选择了基本没有,2人选择了完全没有;对于"了解公司在过去一年中绩效工资的发放情况",有1人认为公司有一些简单的考核制度和表格,15人认为没有什么制度和依据,完全是凭感觉考核;对于"了解员工离职的原因",有15人选择了是因为薪酬的不合理,3人认为和薪酬有一定关系,2人选择了不确定;对于"了解员工对于薪酬与工作的关系",有1人选择"通过工作,我自己感到生活充实并获得合理的薪酬回报",有5人选择"我工作的基本目的是为了挣一份工资",有14人选择"给我多少钱,我就干多少活";对于"员工认为公司是否有必要进行薪酬制度改革",18人认为非常有必要,2人选择有必要。

讨论题

1. 试分析 AY 公司目前的薪酬体系存在什么问题以及这些问题产生的原因。
2. 你认为 AY 公司的薪酬体系哪些方面可以优化?

本章思考题

1. 中小企业薪酬管理的意义是什么?
2. 影响薪酬水平的内外部因素有哪些?
3. 中小企业薪酬管理中存在哪些问题?产生这些问题的原因是什么?

参考文献

1. 〔美〕米尔科维奇·纽曼:《薪酬管理》,董克用等译,中国人民大学出版社2002版。
2. 刘银花主编:《薪酬管理》,东北财经大学出版社2007年版。
3. 祝士苓主编:《工作分析与组织设计》,中国劳动社会保障出版社2007年版。
4. 李贵强主编:《员工薪酬福利管理》,电子工业出版社2006版。
5. 颜爱民、方勤敏主编:《人力资源管理》,中国林业大学出版社2007年版。
6. 杨剑等:《人力资源的量化管理》,中国纺织出版社2002年版。
7. 赵景华主编:《人力资源管理》,山东人民出版社2002年版。
8. 熊超群、周良文:《创新人力资源管理与实战》,广东经济出版社2003年版。

第八章

中小企业员工职业生涯规划

引导案例

浙江某科技公司经过十余年的发展,在国内市场已经处于领先地位,公司员工由创业时的十几人发展到近千人。然而,其华南区分公司的业务却始终不尽如人意,在一年时间里,华南分公司已有数位高管相继离职。对此,总公司十分不解。在公司总部,人员规模一直在增加,公司员工队伍十分稳定。总公司特意派人飞赴广州,在一番考察之后,并未发现华南分公司在公司架构、工作流程与销售渠道上存在任何不妥,那么究竟是什么原因使该公司面临如此严重的人力资源危机呢?

原来,在总公司创业初期,无论是技术人员还是市场销售人员,面对的都是全新的事物。但公司的骨干员工却是相关行业的精英人士,他们是在认同产品市场前景、对个人的职业发展有明确方向的情况下加入该公司的。由于一般的员工面对的是全新的产品,无成熟案例可循,因此公司十分注重员工的培训,使员工在企业中有足够的职业发展空间。尽管当时该公司的薪水与相关行业相比处于中下水平,但由于员工职业规划与企业发展目标一致,员工对公司有强烈的归属感和认同感,这使员工一直保持创业初期的昂扬斗志。

而该公司华南区情况就大不相同了。一方面,同类产品已得到了市场的充分认可;另一方面,新员工要么冲着该公司的名气和薪资而来,要么对这个行业缺乏了解。显然,他们中大多数人都不清楚自己在该企业的发展方向,自然也不会有明确的职业目标,在经历一些挫折后,部分员工选择了离开。

1. 你认为该公司华南区为什么会发生"数位高管相继离职"的情况?
2. 你认为怎样做才能帮助华南分公司改善现状?

第一节 中小企业员工职业生涯规划概述

一、职业生涯规划的含义

（一）职业

"职业"（career）一词，不同于工作（job），它更多的是指一种事业。因此，职业问题不是简单的工作问题。就职业一词的本意而论，它至少包括两个方面的含义：

首先，职业体现了专业的分工，没有高度的专业分工，也就不会有现代意义上的职业观念，职业化意味着要专门从事某项事务；

其次，它体现了一种精神追求，职业发展的过程也是个人价值不断实现的过程，职业要求个人对它有忠诚度。

因此总的来说职业是指从业人员为获取主要生活来源而从事的社会性工作类别。

职业须同时具备下列特征：（1）目的性，即以获得现金或实物等报酬为目的；（2）社会性，即从业人员在特定社会生活环境中所从事的一种与其他社会成员相互关联、相互服务的社会活动；（3）稳定性，即在一定时期内形成并具有较长生命周期；（4）规范性，即必须符合国家法律和社会道德规范；（5）群体性，即必须具有一定的从业人数。

（二）职业生涯

根据美国组织行为专家道格拉斯·霍尔（Douglas·T. Hall）的观念，职业生涯指一个人一生工作经历中所包括的一系列活动和行为。它是员工发展经历一系列阶段的过程，每个阶段都有不同的开发任务、活动和关系。

职业生涯是一个连续的、不断前进的过程，这个过程的核心就是个人和组织的关系，它具有个体性和组织性。

（三）职业生涯规划

职业生涯规划（career planning）简称生涯规划，又称职业生涯设计，指个人与组织相结合，在对一个人职业生涯的主客观条件进行测定、分析、总结的基础上，对兴趣、爱好、能力、特点进行综合分析与权衡，并结合时代特点，根据自己的职业倾向，确定最佳的职业奋斗目标，并为实现这一目标作出行之有效的安排。职业生涯设计的目的绝不仅是帮助个人按照自己的资历条件找到一份合适的工作，实现个人目标，更重要的是帮助个人真正了解自己，为自己定下事业大计，筹划未来，拟定发展方向，根据主客观条件设计出合理且可行的职业生涯发展规划。简言之，职业生涯规划是针对决定个人职业选择的主观和客观因素进行分析和测定，确定个人的奋斗目标和职业目标，并对自己的职业生涯进行合理规划的过程。良好的职业生涯规划应具备以下特性：可行性、适时性、适应性和持续性。

二、职业生涯的特点

职业生涯包含外职业生涯和内职业生涯。

（1）外职业生涯。外职业生涯是指从事职业时的工作单位、工作地点、工作时间、工作内容、工作职务、工作环境、工资待遇等因素的组合及其变化过程。外职业生涯的构成因素通常由别人给予，但也容易被别人收回。外职业生涯一般存在于职业生涯初期。

（2）内职业生涯。内职业生涯是指从事一项职业时所具备的知识、观念、心理素质、经验、能力、内心感受等因素的组合及其变化过程。内职业生涯的各项因素可以通过别人的帮助实现，但主要还是由自己努力追求实现的。内职业生涯的各构成因素不因外职业生涯的构成因素不同，内职业生涯各因素一旦获得，别人便不能收回或剥夺，也不因外职业生涯因素的改变而丧失。

（3）内外职业生涯的关系。内职业生涯的发展是外职业生涯发展的前提，内职业生涯发展带动外职业生涯的发展，它在人的职业生涯乃至人生成功中具有关键性作用。

职业生涯应该具备以下三大特点：

（1）职业生涯的动力源泉在于自身。我们并不忽视家庭、企业、社会环境对个人职业生涯的影响作用，但如果不认清发展的动力源于个人自身，就无法解释为什么有的人一生都无所作为，而在类似或更困难的客观条件下有的人却出类拔萃。

（2）个性化特征。职业生涯规划不是企业强加于个人的实施方案，而是员工在内心动力的驱使下，结合社会和企业的发展利益，依据现实条件和机会所制定的个人化的发展方案。

（3）心理合同性质。心理合同的最大作用是激励。企业要做的就是提供机会、发展信息和帮助。企业可以用提供信息和帮助的方法来引导员工制定与企业发展目标相结合的职业生涯规划，但一定不能代替员工制定规划。

三、职业生涯发展的阶段

关于职业生涯阶段的划分，学术界有多种方法。其中最常使用的是四分法，即根据个人所从事的职业，先后形成四个阶段：探索阶段、立业阶段、维持阶段、离职阶段（如图8-1所示）。

在探索阶段，员工会根据自己的兴趣、爱好和技能找到适合自己的岗位。员工要清楚地了解自己的个性，只有将个性与职业进行匹配，才可能发挥个人的最大才能。在这个阶段员工所要做的就是找到适合自己的工作。

在立业阶段和维持阶段，员工个人主要关注的是个人能力及绩效的提高，希望自己可以有更多的培训机会来更新自己的技能以达到提升自己的目的；希望自己有更多晋升机会来不断实现自我价值；希望获得加薪的机会，增强安全感；希望自己能够加强同上级的交流和沟通，有机会参与组织的决策等。因此，在这个阶段员工的主要目

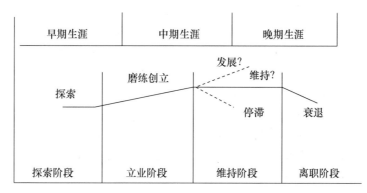

图 8-1 职业生涯阶段

标就是不断地提升自己,寻找机会展现自己,使自己成为一个成功的社会人。

在离职阶段,员工关注的目标是退休计划,需要在工作和非工作计划中找到平衡。在这个阶段员工非常在意自己的退休金、福利金、养老金等是否能按时支取,在意自己是否能适应非工作的状态,这些都成为这个阶段员工主要关注的目标。

员工应当根据各个阶段的目标,来制定适合自身特点的职业生涯规划。

表 8-1 职业生涯不同阶段的目标与活动

	职业生涯阶段			
	探索阶段	立业阶段	维持阶段	离职阶段
目标	了解个人兴趣、技能、找到能与自己匹配的工作或尽量与本身所拥有的工作匹配	探索生活方式	持续做出成绩、更新技能	退休计划,在工作和非工作计划中找到平衡
活动	学习、按指导行事	做出贡献	培训、帮助他人	逐步结束工作

四、职业生涯规划的作用

(一)职业生涯规划对个人的作用

对每个人来说,自我变革的重要手段就是职业生涯规划,这是每个员工充分开发自己的潜能,并自觉地进行自我管理的有效工具。具体地说,职业生涯规划对个人有下面一些作用:

1. 规划能帮助个人确定职业发展目标

职业生涯规划的重要内容之一就是对个人进行分析。通过分析,认识自己,了解自己,估计自己的能力,评价自己的智慧;确认自己的性格,判断自己的情绪;找出自己的特点,发现自己的兴趣;明确自己的竞争优势,衡量自己的差距;获取公司内部有关工作机会的信息等。通过这些分析,我们能确定符合自己兴趣与特长的生涯路线,正确设定自己的职业发展目标并制订行动计划,使自己的才能得到充分发挥,同时使自己得到恰当的发展,以实现职业发展目标。

2. 规划能鞭策个人努力工作

制定职业生涯规划有两方面的作用：它是努力的依据，也是鞭策。规划给了员工一个看得着的射击靶。随着这些规划一步一步变为实现，你就会有成就感。有一点很重要，规划必须是具体的，可以实现的。如果规划不具体，或者无法衡量是否实现，就会降低自己的积极性。

3. 规划有助于个人抓住重点

制定职业生涯规划的一个最大的好处是有助于我们安排日常工作的轻重缓急。没有职业生涯规划，就容易陷入与人生目标无关的日常事务当中。通过规划，能使我们紧紧抓住工作的重点，增加我们成功的可能性。

4. 规划引导个人发挥潜能

规划能助你集中精力，全神贯注于自己有优势并且会有高回报的方面，这样有助于你发挥潜力。另外，当你不停地在自己有优势的方面努力时，这些优势会得到进一步发展。

5. 规划能评估目前的工作成绩

职业生涯规划的一个重要功能是提供了自我评估的重要手段。如果规划是具体的，规划的实施结果是看得见、摸得着的，就可以根据规划的进展情况评价你目前取得的成绩。因此，职业生涯设计在现代人力资源管理中是强化自我管理、有效开发与利用员工智能的重要手段。

（二）职业生涯规划对组织的作用

职业生涯规划对组织的好处主要表现在：第一，能够使不愿意留在组织的人尽早离开。一个三心二意的员工不仅自己不会努力工作，还会影响其他人的士气；第二，能做到人才和岗位的自愿匹配，提高人才的利用率；第三，能推进组织的学习型组织建设。

组织积极介入员工的职业生涯对组织的作用主要表现在：第一，使员工与组织同步发展以适应组织发展和变革的需要；第二，能够促进学习型组织的构建；第三，经过职业生涯管理，一旦组织中出现空缺，可以迅速在企业内部找到替代者，减少职位空缺所带来的损失和填补空缺职位所花费的成本；第四，从组织内部选择的员工在组织适应性方面比从外部招聘的强；第五，满足员工的发展需要，可增加对组织的承诺，使员工特别是优秀员工能留在组织中。

第二节　中小企业员工职业生涯规划

一、影响中小企业员工职业生涯规划的因素

职业发展决策是个复杂的过程，影响它的因素有很多，既有外在的，也有内在的（如图 8-2 所示）。

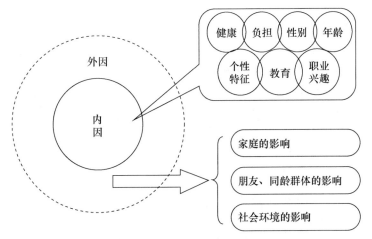

图 8-2　影响职业生涯规划因素图解

（一）内在因素

1. 健康

健康是最具影响力的一项，几乎所有的职业都需要健康的身体。当然，也有人因为战胜病魔而变得更加坚强。

2. 个性特征

不同气质、性格、能力的人适合不同类别的工作。例如，多血质的人较适合做管理、记者、外交等，不适合做过细的、单调的机械工作。如果做与自己个性特征不符合的工作，那么就容易觉得自己的能力被束缚，思想被禁锢。

3. 兴趣爱好

与职业选择有关的兴趣称为职业兴趣。不同职业兴趣要求对应的职业不同。例如，喜欢具体工作的，相应的职业有室内装饰、园林、美容、机械维修等；喜欢抽象和创造性工作的，相应的职业有经济分析师、新产品开发、社会调查等。

4. 负担

负担是指对别人（多为家人和朋友）、对社会及对财务状况所承担的义务。成年人必定会受各种义务的束缚，选择职业也绝不可能毫不考虑个人的生活状态。

5. 性别

虽然男女平等是基本国策，但性别因素仍然在当下的职业发展中扮演着重要角色。职业性别隔离严重存在，很少人能漠视性别问题。当然，如果坚信男女在智慧和能力上基本上相同，那么性别应该不会影响事业选择和事业成功。

6. 年龄

对工作的看法和态度、对机会尝试的勇气、对任务的胜任能力和经验，不同年龄的表现都有所不同。

7. 所受的教育

一个人所受到的教育程度和水平，直接影响他的职业选择和从事他喜欢的职业的概率。

（二）外在因素

1. 家庭的影响

每个孩子所生长的环境对他们的就业都有很大影响。首先，教育方式的不同造成他们认知世界的方法不同；其次，父母职业是孩子最早观察模仿的角色，孩子必然会得到父母职业技能的熏陶；最后，父母的价值观、态度、行为、人际关系等对个人的职业选择起到直接和间接的深刻影响。因而，我们常常看到艺术世家、教育世家、商贾世家等。

2. 朋友、同龄群体的影响

朋友、同龄群体的工作价值观、工作态度、行为特点等不可避免地会影响到个人对职业的偏好、选择从事某一类职业的机会和变换职业的可能性等方面。例如，张璨，美国一位拥有亿万资产的年轻女总裁，当年在找工作时，就是同学引导她走向商界，投身电脑行业。

3. 社会环境的影响

社会环境中流行的工作价值观、政治经济形势、产业结构的变动等因素，无疑都会在个人职业选择上留下深深的烙印。"二十世纪五十年代的兵，七十年代的工人，九十年代的个体户，二十一世纪的IT业商人"，每年的职业地位排序都影响着高考志愿的填报和就业选择的影响。不同的社会环境所给予个人的职业信息是不同的。

不能否认，决定一个人职业生涯的因素中也有称之为机遇的随机性成分，但完全让命运摆布的人毕竟是少数，多数人对自己未来的发展能够从内外因素进行理性分析，从而有效地进行职业生涯的规划。

二、职业生涯规划步骤

员工职业生涯规划一般按以下八个步骤进行：

（1）确定志向。志向是事业成功的前提，没有志向，事业的成功也就无从谈起。俗话说："志不立，天下无可成之事。"立志是人生的起跑点，反映着一个人的理想、胸怀、情趣和价值观，影响着一个人的奋斗目标及日后成就的大小。所以，在制定职业生涯规划时，首先要确立志向，这是制定职业生涯规划的关键，也是职业生涯中最重要的一点。

（2）自我评估。自我评估的目的是认识自己、了解自己。因为只有认识了自己，才能作出正确的选择，才能选定适合自己发展的职业生涯路线，才能对自己的职生涯目标作出最佳抉择。自我评估包括兴趣、特长、性格、学识、技能、智商、情商、思维方式、思维方法、道德水准以及社会中的自我等。

（3）职业生涯机会的评估。职业生涯机会的评估主要是评估各种环境因素对职业生涯发展的影响，每一个人都处在一定的环境之中，离开了这个环境，便无法生存与成长。所以，在制定职业生涯规划时，要分析环境条件的特点、环境的发展变化情况、个人与环境的关系、个人在这个环境中的地位、环境对个人提出的要求以及环境中对个人有利的条件等。只有对这些因素充分了解，才能做到在复杂的环境中避害趋利，使职业生涯规划具有实际意义。环境因素评估主要包括：组织环境、政治环境、社会环境和经济环境。

（4）职业的选择。职业选择正确与否，直接关系着人生事业的成功与失败。如何才能选择正确的职业呢？至少应考虑以下几点：

① 性格与职业的匹配；

② 兴趣与职业的匹配；

③ 特长与职业的匹配；

④ 内外环境与职业相适应。

（5）职业生涯路线的选择。在职业确定后，向哪一条路线发展，要作出选择。即是向行政管理路线发展，还是向专业技术路线发展；是先走技术路线，再转向行政管理路线，还是……因此，在职业生涯规划中，须作出抉择以使自己的学习、工作以及各种行动措施沿着职业生涯路线或预定的方向前进。通常职业生涯路线的选择须考虑以下两个问题：

① 想向哪一条路线发展？

② 能向哪一条路线发展？

对以上两个问题，进行综介分析，以此确定最佳的职业生涯路线。

（6）设定职业生涯目标。职业生涯目标的设定是职业生涯规划的核心。一个人事业的成败，在很大程度上取决于有无正确适当的目标。没有目标，就如同驶入大海的孤舟，四野茫茫，没有方向，不知道应走向何方。只有树立了目标，才能明确奋斗方向，目标犹如海洋中的灯塔，引导我们避开险礁暗石，走向成功。

目标的设定，是继职业选择、职业生涯路线选择后，对人生目标作出的抉择。这个选择是以自己的最佳才能、最优性格、最大兴趣、最有利的环境等信息为依据的，通常分短期目标、中期目标、长期目标和人生目标。短期目标一般为1至2年，又分日目标、周目标、月目标、年目标。中期目标一般为3至5年。长期目标一般为5至10年。

（7）制订行动计划与措施。在确定了职业生涯目标后，行动便成了关键的环节。没有行动，目标就难以实现，也就谈不上事业的成功。这里所指的行动，是指落实目标的具体措施，主要包括工作、训练、教育、轮岗等方面的措施。例如，为达成目标，在工作方面，采取什么措施提高工作效率？在业务素质方面，计划学习哪些知识，掌握哪些技能，提高业务能力？在潜能开发方面，采取什么措施开发你的潜能等，都要有具体的计划与明确的措施。并且这些计划需要特别具体，以便定时检查。

（8）评估与回馈。俗话说："计划赶不上变化。"影响职业生涯规划的因素诸多，有的变化因素是可以预测的，而有的变化因素难以预测。在此情况下，要使职业生涯规划行之有效，就必须不断地对职业生涯规划进行评估与修订。修订的内容包括：职业的重新选择、职业生涯路线的选择、人生目标的修正、实施措施与计划的变化等。

第四节　中小企业员工职业生涯管理

一、含义

职业生涯管理是人力资源管理的重要内容之一，是企业帮助员工制定职业生涯规划和发展的一系列活动。职业生涯管理应看作是竭力满足管理者、员工、企业三者需要的一个动态过程。在现代企业中，个人最终要对自己的职业发展计划负责，这就需要每个人都清楚地了解自己所掌握的知识、技能、能力、兴趣、价值观等，同时还必须对职业选择有较深的了解，以便制定目标、完善职业计划；管理者则必须鼓励员工对自己的职业生涯负责，在进行个人工作反馈时给予帮助，并提供员工感兴趣的有关组织工作、职业发展机会等信息；企业则必须让员工了解发展目标、政策、计划等，还必须帮助员工做好自我评价、培训、发展等。当个人目标与组织目标有机结合起来时，职业生涯管理就有重大意义。因此，职业生涯管理就是从企业出发的职业生涯规划和职业生涯发展。

职业生涯管理主要包括两种：一是组织职业生涯管理（organizational career management），是指由组织实施的、旨在开发员工的潜力、留住员工、使员工能自我实现的一系列管理方法。二是自我职业生涯管理（individual career management），是指社会行动者在职业生命周期（从进入劳动力市场到退出劳动力市场）的过程中，由职业发展计划、职业策略、职业进入、职业变动和职业位置的一系列变量。

二、职业生涯管理中的角色

（一）员工、管理者和人力资源部门的角色和任务

（1）基于工作需求和个人的优点，配合选用。员工提供自我资料，争取晋升机会；管理者界定某一工作所需的技能、知识和其他特殊资格条件，面试和甄选候选人，并作最佳配置；人力资源部协调、指引工作分析，并提供工作概况信息，对管理者和员工提出建议，确定甄选升适标准。

（2）绩效规划和评估。员工规划个人目标，请求和接受反馈，完成发展计划书。管理者从整体的策略出发，为员工提供持续的反馈和指导，以正式或非正式的方式评估方案。人力资源部监督和评价各种标准，并确保其一致性和公平性，培训管理者教导和评估员工。

（3）营造开放真诚的环境，沟通生涯兴趣和生涯目标。员工承担生涯发展的任务，寻找并获得有关个人和生涯取向的真实信息，界定和沟通发展的兴趣，完成发展计划书。管理者引导开放和真诚的讨论，提供真实的反馈资料，鼓励和支持员工发展。人力资源部门评价每一员工的潜力，使其与公司的发展需求相配合，并且能确保组织的效能和持续成长。

(4) 生涯发展评估。员工告之管理者自身发展的兴趣并与管理者讨论发展的需求，进行自我认识与评估；管理者基于员工目前的绩效，潜力和生涯兴趣评价员工。人力资源部协调、帮助和维持过程有职位空缺或新增时，通知管理者，推荐合适的人选。

（二）员工职业生涯管理其实就是一项全员参与式的管理活动

只有充分调动员工本人、管理者、公司或组织等各方面的主动性，才有可能实现有效的职业生涯规划。在一套有效的职业生涯规划体系中，这几个方面承担的责任，扮演的角色各不相同，但又缺一不可（如图 8-3 所示）。

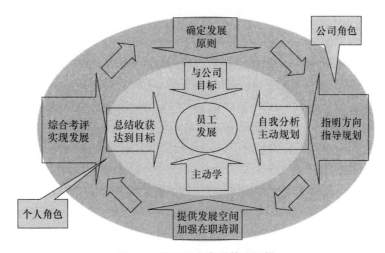

图 8-3 员工职业发展管理逻辑

职业生涯规划从某个角度讲，就是员工对人生的规划和设计。因此，没有本人参与其中的职业生涯设计是不可想象的。那么，企业在开展员工职业生涯规划的过程中，应该让员工承担哪些责任？或者说让员工扮演什么样的角色？以下从多个方面来分析员工、管理者和人力资源部门以及组织的角色和任务。

(1) 初步了解职业生涯规划方面的理论知识，明确自身所处的职业生涯阶段和开发需求。这一步应该是员工所扮演角色的重中之重。

(2) 确定自己未来的职业发展方向。未来的职业发展方向只有员工本人才能确定，别人是难以强加的。

(3) 展现良好的工作绩效。这样，员工才会有在公司中进一步发展的可能。而反过来，职业生涯规划也有助于员工提高自己的绩效。

(4) 主动从上司、同事、客户等信息源那里获得有效的反馈，从而清楚地认识自己在工作中的优势及不足。

(5) 主动了解公司内部有哪些学习活动、培训项目。通过自我评估，员工确定了自己需要的知识技能，这时他就需要主动收集公司内相关的教育培训信息。

(6) 跟着管理者或者组织开展有关职业生涯规划的面谈。

(7) 与来自公司内外不同的群体进行接触，如专业协会、项目小组等。一方面可以进一步收集信息，另一方面也在学习中提高自己的能力。

任何企业员工的职业生涯管理都是企业和员工双方的任务，因此都必须由企业与员工分别做好职业生涯管理的分内工作，努力合作，紧密配合，共同完成对员工职业生涯的管理。虽然在员工职业生涯管理过程中，员工个人、家庭、同事、上下级、企业的人力资源经理以及高层领导和相关的外部专家都会参与并扮演一定的角色，发挥各自不同的作用，但其中最重要的还是员工本人、直接上司、人力资源经理以及组织所扮演的角色和共同承担与分享的责任。

员工所在的企业应负责向员工提供职业生涯规划与发展所需的资源，开发职业生涯管理的支持系统，建设鼓励职业生涯发展的组织文化。企业的人力资源部门经理在负责上述工作的具体事项的同时，还应该积极提供与职业生涯开发有关的培训与开发机会的信息和建议，大力提供各种有关的专业服务，如对员工价值观、兴趣和技能进行测评、提供与职业有关问题的咨询、组织职业问题研讨会、为员工的工作转换提供帮助等。员工的上级主管部门和领导应为员工的职业生涯规划与发展提供必要的在职辅导、咨询、职业建议以及职位空缺、开发机会、培训课程等方面的信息，应当帮助员工处理好职业发展问题，通过满足个人要求来帮助员工管理好职业生涯。

三、职业生涯的管理

（一）职业适应性管理

职业适应性是一个人从事某项工作时必须具备的生理、心理素质特征，它是在先天因素和后天环境相互作用的基础上形成和发展起来的。对职业的适应是职业生涯的第一步。

职业适应性分为一般职业适应性和特殊职业适应性两大类。一般职业适应性研究历史较为久远。1934年，美国劳工部就业保险局组织专家对美国2万个企业中的7.5万个职位进行了调查分析，并进行了长达10年的专门研究，确定了20个职业模式和10种能力倾向，由此形成颇具影响力的"一般能力倾向成套测验"（General Aptitude Test Battery，GATB）。其后，世界上许多国家，如日本、澳大利亚和加拿大等国，也使用了GATB，并根据国情进行修订，收到了良好的效果。我国从20世纪90年代起，在对一般职业适应性的研究方面取得了长足的进展。1993—1994年金会庆、戴忠恒应用日本1983年修正版GATB，对我国初、高中学生进行了测试，并根据我国国情作了修订，制订了GATB的中国常模。近年来，中国科学院心理研究所和北京大学、华东师范大学、杭州大学的心理学系等已开始使用人才测评量表；各地的人才市场、劳动力市场也开始了人才素质测评服务。特殊职业适应性研究起源于20世纪初，尤其是第一次世界大战期间，对飞行员选拔的需要促进了飞行员适应性的研究，60年代以后发展到对焊工、电工、起重工、司炉工等特种作业人员的职业适应性研究。我国从20世纪80年代起在驾驶适应性方面开展了系统的研究，自90年代对起重机械作业、锅炉司炉、压力容器操作、金属焊接作业、电工作业等特种作业的职业适应能力要求和测试方法也进行了较为系统的研究。

职业适应性测试内容因职业而异，但一般应包括文化基础知识与能力、生理特征、心理素质和特殊要求等四方面的测试。对文化基础知识的测试，可通过文化考试的方式进行；能力测试一般通过实际操作来考核；特殊性能检查是对某种职务特别要求的适应性检查；生理特性检查包括体格、体力（肌肉力量、呼吸、循环机能等）及作业必要的感觉机能方面的项目。通常对身体检查要进行身高、体重、胸围、主臂力、握力、背肌力、肺活量等的测定，还要利用步行试验检查循环机能，并对视觉和听觉以及各种疾病进行检查；心理素质测试项目有智力、注意力、人格特点、反应时间、能力、危险感受性、安全态度、安全动机、安全意识及动作技巧等。在实际应用中有必要根据工作对从业人员的生理、心理素质要求，选择不同项目进行测试。例如，机床操作员和驾驶员应侧重于人的视觉、感知技能、注意力和反应速度等心理素质方面的测试。

职业适应程度可以从两个角度分析：对人而言，是指人的个性特征对其所从事职业的适应程度；对职业工作而言，是指某一类型的职业工作对个人的个性特征及其发展水平的要求。

由于不同的企业员工所处的职业生涯阶段和企业发展阶段在不断变化且特点各异，因此，一个企业对其员工的职业生涯管理是一种动态管理，它贯穿于员工职业生涯发展的全过程和企业发展变化的全过程。员工职业生涯管理，实际上是研究企业发展决定的职业需求与员工理想抱负及主导个人职业发展需求之间的关系及其相互适应规律的科学。一个企业若要对其员工进行有效的职业生涯管理，就必须在系统的分析、研究员工个人因素、企业因素以及所处环境因素的基础上全面展开。

一要构建企业的员工职业生涯管理系统和发展体系；二要确立企业的发展目标以及相应的职业——职位需求规划；三要帮助员工确立职业目标，推行职业生涯规划和职业生涯开发；四要开展与职业生涯管理相配合的绩效考核工作；五要为员工提供职业生涯发展在教育、咨询、资源、激励等方面的支持；六要对员工职业生涯发展状况进行评估；七要建立完善的人力资源档案，进行职业记录并恰当使用，使之与员工的职业能力、现状、潜力与发展阶段相适，成为制订具体的员工培养与使用计划的依据。员工职业生涯管理工作实施中的重点是对于有潜质的苗子，要有针对性地培养和使用。管理者挖掘、培育的主要措施是鼓励和帮助员工妥善制订个人发展计划、保证上下沟通渠道畅通、提供咨询、加强对话、散发指导材料等。

（二）职业生涯的三维管理

职业生涯的三维管理理论是廖泉文教授结合20年的理论和实践经验，在其所著的《人力资源管理》一书中提出的独创性理论。与其同类教材通常仅从组织角度论述职业管理，而廖教授将组织的职业管理和个人的职业生涯发展紧密联系，创造性地提出"提高职业成功概率的六大理论""职业生涯的三维策划和三维管理""职业生涯发展'三三三'理论"。

职业生涯的三维管理是指个体的工作系统、自我事务系统、家庭系统三方面相互影响、相互作用、共同影响一个人的职业发展。职业生涯开发应该同时进行三个维度的管理：职业管理、自我事务管理、家庭生活管理。在职业管理的同时，不可忽视对自我事物管理和家庭生活管理，这一方面体现了当前人力资源管理发展强调工作、生活、家庭的平衡趋势，另一方面也体现了对个体综合事务与在组织中的职业发展的和谐统一（如图8-4所示）。

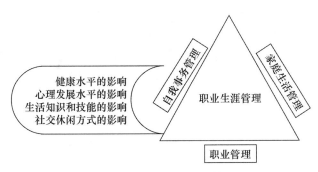

图8-4　职业生涯的三维管理

职业生涯管理必须理想与实际相结合，职业生涯诊断能够帮助个人真正了解自己，并且进一步详估内外环境的优势与限制，在"衡外情，量己力"的情形下，设计出合理且可行的生涯发展方向。自身因素和社会条件只有做到最大程度的契合，才能在现实中趋利避害，使职业生涯规划更具实际意义。

（三）心理契约的管理

职业生涯是一个动态的过程，其发展经历探索、立业、维持和离职四个阶段。在不同的阶段，员工的需求、态度、工作行为会有较大的差别，员工与企业之间的心理契约在内容上也会发生变化。因此，对心理契约的动态管理是企业职业生涯管理工作的重要内容。

在现实中，心理契约的违背常常是由于双方对契约某些内容的理解不一致或者存在于双方之间的某种误解而导致的。而对这种隐性契约的违背通常是一个主观的体验，它的发生是由于一方在主观上认为另一方没有充分履行契约，而不管违约行为是否实际发生。在员工职业生涯的动态发展过程中，员工的职业需求会发生变化，企业的内外部环境也会发生变化，这些变化都会改变心理契约的内容，这种改变如果没有被及时地认识和重视，就可能加深原有的误解或产生新的误解。所以，如果契约关系的每一方能够较为清楚地认识到自己希望被如何对待，对方希望被如何对待，也就是使心理契约的内容尽可能地公开和具体，就可以在一定程度上减少误解和冲突，从而降低心理契约违背的发生概率。由此可见，在职业生涯管理过程中建立畅通的沟通渠道，关注员工心理变化的轨迹，适时管理心理契约是维护员工个体与企业组织之间心理契约相对平衡的关键，其具体过程如图8-5所示：

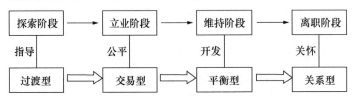

图8-5　职业生涯各个阶段心理契约的动态管理

1. 探索阶段心理契约的管理：指导

职业生涯的探索阶段是员工不断尝试并选择适合自己职业的阶段，也是对工作报以高度热情的阶段。此时，员工通常以求职者或者新员工的身份与组织产生联系。对于员工而言，无论处于哪一种身份，都希望尽可能多地获取关于组织的各方面信息（包括正面信息与负面信息），加深对组织的了解，以帮助其决定是否在组织中工作。对于组织而言，则希望留住优秀的求职者，获得新员工的认同，并且尽可能地使个体与组织之间的心理契约关系由过渡型向交易型转变。因此，对这一阶段的心理契约进行管理的关键在于指导。

企业组织对求职者的指导体现在招聘过程中客观地提供有关企业的信息，也就是进行"现实性的工作介绍"。这种方法通过书面材料、音像资料，或者允许求职者与组织的现任员工进行交谈等方式，将信息传递给求职者，以避免求职者（未来的新员工）对企业产生不切实际的期望，因为这种不切实际的期望会导致低水平的道德感和较高的离职率。

企业组织对新员工的指导则体现在帮助其调整心态，尽快适应工作环境。此外，为了使员工适应在职业生涯探索阶段的心理特征，组织应该尽可能地为其提供多种职业成长机会，安排其从事具有一定挑战性的工作并赋予一定的工作职责，使员工产生成就感和满足感，帮助其建立职业自信心。

2. 立业阶段心理契约的管理：公平

立业阶段可以认为是员工职业生涯的上升时期。从组织的角度来看，企业对处于此阶段的员工所抱有的期望是：最大限度地发挥其能力，实现高水准的工作绩效。由于此阶段员工与组织之间的心理契约较为符合交换型心理契约的特点，所以，要维持这一关系的相对平衡，最重要的是使员工感受到付出与获得的对等性，即在对员工的管理过程中尽可能地体现公平，并在此基础上使交易型心理契约向较为稳定的平衡型心理契约发展。

尽管公平是人力资源管理应该遵循的一个重要原则，但是在实践中，个体的差异使不同的人对公平的含义有不同的理解，所持的评判标准也各不相同。因此，绝对的公平只是一种理想。企业组织内部的公平更多的是员工对于与其个人利益相关的制度、政策和措施的公平感受，即组织公平感。为了使立业阶段员工适应该心理特点，企业在以下三个方面的努力有助于组织公平感的产生：首先，建立科学合理的绩效考核体系和薪酬体系；其次，增加员工工作的自主权，为员工创造参与管理的机会；最后，尽可能地实现公开和平等的沟通。

3. 维持阶段心理契约的管理：开发

在维持阶段，员工与组织之间的雇佣关系已经持续较长的时间，员工的职业发展通常已达到了职业生涯的顶峰。这种情况意味着员工很难再获得职务的晋升或承担更多的责任，同时面临着知识技能老化的问题。到达职业顶峰容易使员工对工作产生倦怠心理，知识技能的老化则容易导致其产生危机感。所以，员工可能出现情绪异常，工作绩效不佳等情况。

而从企业组织的角度来看，对处于此阶段的员工的期望主要是：保持较为稳定的工作绩效并与组织中的其他成员分享工作中所积累的经验。因此，对维持阶段心理契约的管理关键在于开发。一方面，可以为员工设计富有吸引力的培训计划，或周期性地改变其工作或工作内容，帮助其完成知识技能的更新；另一方面，组织要为员工创造一个有利于信息交流的工作环境，使员工之间的工作经验能够实现共享。更为重要的是，企业可以训练处于维持阶段的员工去帮助新员工，这样既有利于新员工的成长，又迎合了老员工想在组织中留下一些可以证明自己存在和成就的印记，进而减少其心理上的失落感。通过这一系列措施，可以促使员工与组织之间的平衡型心理契约向更为稳定的关系型心理契约转化。

4．离职阶段心理契约的管理：关怀

离职阶段是员工职业生涯的最后阶段，同时也是员工生命周期的后期。处于此阶段的员工通常要面对身体机能的下降和即将开始退休生活的心理调整。由于与组织之间维系了较长时间的关系，员工对组织怀有较为深厚的感情，而企业对处于此阶段的员工所抱有的期望是：做好退休的准备，顺利完成各项交接工作。

适应离职阶段员工的心理特点，此阶段心理契约管理的关键在于关怀。因此，企业在向员工承诺稳定的福利和经济支持的同时，还应该有针对性地为员工提供包括退休政策和方法、工作交接程序、健康保健知识、休闲活动介绍等内容在内的退休前培训。这种培训对于员工圆满结束其职业生涯，开始新生活有着重要的意义。

由于此阶段员工个体与企业组织之间的心理契约关系最为稳定，企业对员工的体谅和关怀可以获得员工更加持久的忠诚与良好的口碑。同时，这种体谅和关怀也有利于在企业内部真正体现"以人为本"的管理理念，对在职员工的心理也起到一定程度的稳定作用，进而有利于推动组织中各层次心理契约关系向长期信任的方向发展。

（四）实施职业生涯成长计划

在发达国家的不少企业里都有称为 PPDF（personal performance development file）的文档，不少企业、公司靠它将自己的员工形成一种合力，形成团队，为了单位的目标去努力实现自我价值。为什么它能起到这样的作用呢？主要是它将所有员工的个人发展，同企业的发展紧紧地联系在一起。它为每个员工都设计了经过努力可以达到的个人目标，使他认识到只要公司发展了，他个人的目标也就可以实现了。这实际上是一种极有效的人力资源开发的方法。正因为如此，许多企业纷纷效仿。

职业生涯成长计划把个人发展与企业发展紧密联系在一起，企业通过它让员工形成合力，形成团队，为组织的目标去努力并实现自我价值。

下面我们来简单看一下 PPDF 法。

1．PPDF 的主要目的

PPDF 是对员工工作经历的一种连续性的参考。它的设计使员工和他的管理者对该员工所取得的成就，以及员工将来想做些什么有一个系统的了解。它既指出员工现时的目标，也指出员工将来的目标及可能达到的目标。它同时指出，如果要达到这些目标，在某一阶段应具有什么样的能力、技术及其他条件等。同时，它还帮助员工在实施行动时进行认真思考，测试其是否非常明确这些目标，以及该员工应具备的能力和条件。

2. 怎样使用 PPDF

PPDF 是两本完整的手册。当员工希望去达到某一个目标时，它为员工提供了一个非常灵活的档案。将 PPDF 的所有项目都填好后，交给管理者一本，员工自己留下一本。管理者与员工一起研究，分析其中的每一项，管理者会指出哪一个目标设计得太远；哪一个目标设计得太近。也可能告诉员工，在什么时候应该和电大、夜大等业余培训单位联系，他也可能会亲自设计一个更适合的方案。总之，不管怎样，你将单独地和你相信的领导一同探讨你该如何发展、奋斗。

3. PPDF 的主要内容

（1）个人情况。首先是个人简历，包括个人的生日、出生地、部门、职务、现住址等。其次是文化教育程度，范围包括初中以上的学校、地点、入学时间、主修课程、参与课题名称、所修课程是否合格、在校负责过何种社会活动等。文化教育还应包括学历情况，应填入所有的学历、取得的时间、考试时间、课题以及分数等。再次是曾接受过的培训，包括曾受过何种与工作有关的培训（如在校、业余还是在职培训）、课题、形式、开始时间等。工作经历，应按顺序填写工作过的单位名称、工种、工作地点等。还要写上自己认为有成绩的工作，对工作进行的评价，以及关于行为管理的事情。最后是评估小结，即对档案里所列的情况进行自我评估。

（2）现在的行为。填写现时的工作情况包括个人的工作岗位、岗位职责等。写上个人现在行为的管理文档记录中，可以对这些记录加一些必要的注释。最重要的是现实目标行为计划，这是描述现在行为的核心。个人设计一个目标，同时列出与此目标有关的专业、经历等。这个目标是有时限的，要考虑到成本、时间、质量和数量的记录。如果出现什么问题，可以立即同上司探讨解决。个人如果有了目标，必须写明目标的名称，并为目标设定具体的期限。此外还应写出个人和上司谈话的主要内容。

（3）未来的发展。一般应包括职业目标、所需能力和知识、发展行动计划和发展行动日志这四项。职业目标主要指在今后三到五年里，个人准备在单位里达到什么级别。所需能力和知识指为了达到目标，个人认为应该拥有哪些新的技术、技巧、能力和经验等。发展行动计划是指个人为了获得这些能力和知识，准备采用哪些方法和实际行动。选择其中个人认为最有效或者最好的一种，同时需注明谁对执行这些行动负责，什么时间能完成。发展行动日志应填写发展行动计划的具体活动安排，所选用的培训方法，如听课、自学、所需日期、开始的时间、取得的成果等。这不仅仅是为了自己，也是为了了解工作、了解行为。同时，还要对照自己的行为和经验，写上自己从中学到了什么。

4. 怎样使用 PPDF

这里我们先看看通用电气公司（以下简称"GE"）的 PPDF。GE 每年 4—5 月开年会，公司高层领导前往 GE 的 12 个业务部门现场评审公司 3000 多名高级经理的工作进展，对最高层的 500 多名主管则进行更严格的审查。会议评审在每天正常工作时间内进行，由业务部的 CEO 及高级人力资源部门的经理进行评审。这种紧张的评审逼迫这些部门的管理者找到未来的继任，制订出所有关键岗位的培训计划，决定哪些有潜质的经理送到 GE 的培训中心接受领导才能的培训。人事档案包括实际经营结果和工作目标的比较，以及为了继任与发展评估所作的鉴定。其中成就分析是由 2 名人力资源专家花费一个星期时间所准备的长达 10—15 页的文件。内容包括详细而彻底地评价一个主管的优缺点，以及其他有关的资料，从财务绩效、心理状态到健康状况都包括在内。这些报告建议进一步的发展方向，如任职海外、到研究所进修等。GE 的 PPDF 其实代表了一般企业 PPDF 的内容。

可以看出，在企业中实行 PPDF 涉及两个方面。一方面是管理者，要求管理者是民主型领导，这指的是管理者发动下属讨论，共同商量，集思广益，然后决策，同时要求上下融洽，合作一致地工作。管理者要充分了解每一个员工，根据每个员工的特点实行 PPDF。另一方面是员工，员工要根据自己的实际情况制定目标，主动与管理者交流自己的想法，接受管理者的纠偏意见，最终达到目标。这两个方面缺一不可，因此双方充分有效的沟通在实行 PPDF 过程中显得十分重要（如图 8-6 所示）。

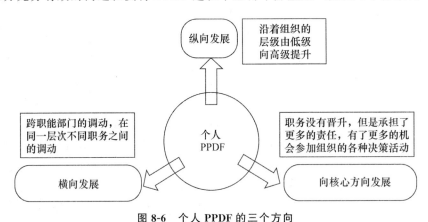

图 8-6　个人 PPDF 的三个方向

第五节　组织职业生涯管理

对于职业生涯发展，组织与员工之间有着不同的目标和出发点。组织的职业生涯管理侧重于确定组织未来的人员需要、安排职业阶梯、评估员工的潜能、实施相关的培训与实践，进而建立起有效的人员配置体系。而员工个人的职业生涯管理，则更多关注自身的能力和兴趣、设定职业发展的目标、评估组织内外部的发展机会、通道及可能性等方面。本书在上节讲述了员工如何进行自我职业生涯管理，但员工不可能离开企业单纯地讨论自我职业生涯发展，他们需要依托企业去实现自己的职业目标。同时，现代企业经营和发展，除了对利益的追求外，也要考虑员工职业理想和抱负的实现。这样才有可能实现企业和员工的共同成长。美国麻省理工学院（MIT）斯隆管理学院教授、著名的职业生涯管理学家施恩根据其多年的研究，提出了组织发展与员工职业发展的匹配模型（如图8-7所示）。在该模型中，他强调组织与员工个人间应该积极互动，最终实现利益的双赢，即组织目标的实现及员工的职业发展与成功。

职业生涯管理包括两个方面：一方面是员工自我职业生涯管理；另一方面是组织协助员工规划其生涯发展，并为员工提供必要的教育、培训、轮岗等发展机会，促进员工生涯目标的实现，即组织职业生涯管理。

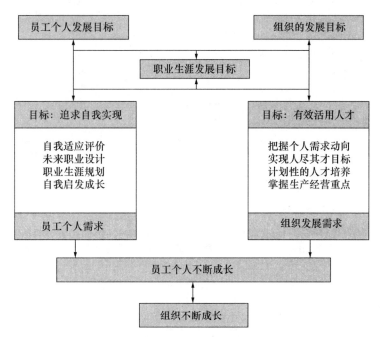

图8-7　组织发展与员工职业发展的匹配模型

一、组织职业生涯管理程序

人力资源管理的一个基本假设就是，企业要最大限度地利用员工的能力，并且为每一位员工都提供一个不断成长、挖掘个人最大潜力和迈向成功的职业机会。而组织职业生涯管理是从组织角度出发，将员工视为通过开发可增值而非固定不变的资本，通过激发员工对职业目标的努力，谋求组织的持续发展。职业生涯管理是一个复杂的过程，其管理程序如下：

（一）确定个人需求和组织需求，并使之相匹配

当今员工的需求多种多样，不同的员工有不同的需求。每个人都在尽力了解自己的知识、技能、兴趣和价值观的基础上为自己制定职业生涯规划，并发现职业生涯选择方面的信息，以设立目标和开发职业生涯计划。组织的需求要与个人的职业生涯需求联系在一起，这种联系可以通过将员工的有效性和满意度与组织的战略目标结合来实现（如图8-8所示）。

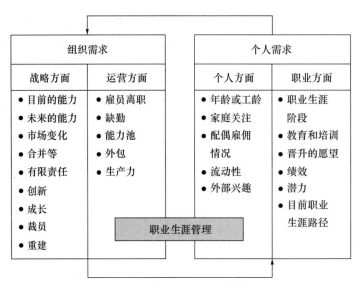

图 8-8　平衡个人和组织的需求

（二）识别职业机会

在确认了组织的需求和个人的需求后，接下来就是对现实情况的全面审查。在这一过程中，员工获得公司对他们的知识和技能的评价，以及他们的职业目标是否与公司的规划（潜在的晋升机会、职业生涯路径的选择）相符等方面的信息。通常情况下，这些信息是由员工的上级管理者作为绩效评价过程中的组成部分提供给员工的。员工与管理者在绩效考核后还要进行单独的面谈，以讨论员工的职业性向及可能参与的培训开发活动。一般包括以下几个方面的工作：

（1）能力分析。从组织的角度讲，需要了解一项工作要求员工掌握的知识和技能水平，这也就意味着要进行工作分析。通过工作分析和诸如用于报酬方案中的评估体系来识别和分配每一个人需要掌握的知识和技能的权重。在系统测量中，每一项工作需要衡量三种基本能力：技术诀窍、解决问题的能力和责任心。技术诀窍又可分为三种类型的工作知识：技术型、管理型和人际关系。解决问题的能力和责任心也有几个方面。要对每一个工作中的这三个主要能力进行评分，而且对每一个工作都要计算总价值。对任何计划调换的职位而言，反映在每一个技能层面及总价值点上的工作量应该被计算。然后，使用这个信息来确定不同工作的职位调换就是部分员工在成长中所要求的调动。

（2）工作晋升。工作晋升是每一个新员工都会经历的，包括起始工作，一直到需要更多知识和技能的工作。企业可以根据工作的重要性对其所需要的技能进行确认，在此基础上进行工作晋升计划。典型的事例就是一个没有经验的新员工被分配去从事一项"初始工作"。从事此项工作一段时间之后，这个员工可以晋升到一个需要更多知识和技能的岗位上来。大多数组织集中发展管理型、专家型和技术型的工作晋升，然而工作晋升应该针对工作的所有量表进行。这样，这些工作晋升就可以作为个人发展其职业成长道路的基础。表 8-2 反映了一个大型跨国公司在人力资源领域中的典型晋升线路。

表 8-2　人力资源管理领域中一个典型的晋升路线

				HR 副总裁
			公司 HR 总裁	
		公司 HR 管理者	部门 HR 总裁	
		部门 HR 管理者		
	地区 HR 管理者	工厂 HR 管理者		
	工厂的 HR 助理管理者			
地区的 HR 干事	HR 监督者			
HR 干事				

许多组织准备了有趣而有吸引力的职业手册，对员工可使用的职业生涯道路进行了详细的描述。通用汽车公司准备了一个职业发展指南，它根据工作领域的不同划分出不同的岗位，如工程、制造、沟通、数据加工、财务、人力资源和科学部等。这些描述使员工对各个领域的职位有了一个清楚的了解。

（3）职业生涯发展通道。在组织寻求发展的同时，员工自然也要寻求发展。员工的目光将首先定位于组织内部存在的条件和机会，即"成长通道"。在组织的发展过程中，组织可以通过多种途径实施员工的职业生涯发展，如建立职业发展通道、职业阶梯、实施工作轮换、导师制、管理继任者计划（接替计划）、无边界职业等。这里主要介绍施恩教授的员工"职业发展三维圆锥模型"、职业生涯发展通道、水平发展模式、网状发展模式和多通道发展模式。

① 施恩教授的员工"职业发展三维圆锥模型"

艾德加·施恩提出了员工"职业发展三维圆锥模型"，该模型描绘了员工在组织内部的职业发展表现为垂直的、向内的、水平的三种线路（如图 8-9 所示）。垂直的发展线路指职位的晋升，即根据企业组织发展的需要及组织设立的职业阶梯，员工不断地从下一层职位晋升到上一层职位。

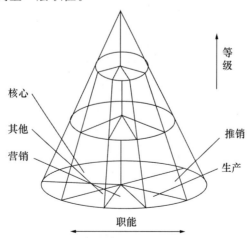

图 8-9　施恩的"职业发展三维圆锥模型"

垂直的职业生涯发展线路是员工职业生涯发展的主要模式，这种发展模式要求员工具有目标职位所应具备的能力、素质，员工总是在能力或素质达到一定水平后，才能上升或被提升到更高的职位。企业组织则通过设立相应的职业发展阶梯（career ladder），为员工提供职业生涯持续发展的可能性。第二种发展模式是向内职业发展线路，这种发展模式可能是最令人陌生的，因为它不一定要伴以职位或头衔上可见的变化。员工需要用实际行动证明给管理者看自己是值得信赖的并可献身于公司。对于新员工来说，第一步考验往往是这样的：上司说出了一个机构的内部秘密，如作某项特别决定的原因，或谁现在得到了老板的欢心等。分享这个秘密意味着员工要在实施某特定行动或作决定时给予一定的帮助与支持。如果该员工经受住了考验，上司的其他任务就会源源不断地到来。相反，如果该员工经不住考验，后果是惨重的：丢失升职机会、没人向他提供会影响工作地位的信息。当然，通过考验有时也非唯一的或最好的选择。总的来说，地位越高，得到机构内部秘密消息的渠道就越多，处于高级领导层的人需要有大量的消息来帮助决策。所以向核心集团靠拢往往也会伴以升职或头衔的改变。第三种发展途径是在组织机构内部不同职能部门之间的轮换。员工不是在向上攀爬，而是在同一级别的不同职位间水平调动。

② 职业生涯发展通道

人力资源管理要善于有效地把组织的目标和员工的个人职业发展目标结合起来，努力为他们确定一条可依循的、可感知的、充满成就感的职业生涯发展通道，这也应该是现代企业需要正视和面对的一项紧迫任务。到目前为止，主要有五种模式：单通道模式、双通道模式、水平发展模式、网状发展模式和多通道发展模式。

一是单通道模式。单通道模式即传统的职业生涯管理模式：单一金字塔式的职业阶梯，即在组织中不断纵向晋升、向上发展的路径。例如，一般管理人员→初级经理→部门经理→子公司经理→分公司经理→总公司经理，图8-10就是典型的单通道发展模式。

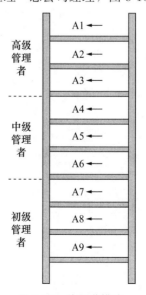

图8-10 单通道模式

二是双通道模式。随着组织结构扁平化和分权化改革,员工发展空间受到限制。为摆脱单阶梯弊端,许多企业为员工提供两种职业发展路径:管理通道和专业技术通道(如图8-11所示),我们把这种模式称为双通道模式,也称"双轨制",现在已成为企业中较流行的职业生涯管理模式。这一模式既避免了因管理岗位拥堵而造成的人才流失或浪费,又为那些同时具备专业技术基础及特殊管理能力的卓越人员提供了更大发展空间。

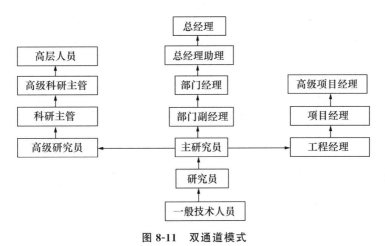

图 8-11　双通道模式

在进行"双轨制"型职业生涯路径设计时,应注意以下原则:

首先,清晰定义管理通道和专业通道。管理通道较容易定义,它与企业组织结构相对应,参照组织结构即可明确该通道每个级别的行为准则、资历标准、职责范围等。专业技术通道的高度取决于研发人员所从事工作的性质以及研发人员相对于管理人员的劳动力市场价值。需要分析研发机构中存在的研发工作等级,从而确定专业通道中的级别,然后为每一级别确定称谓、行为准则、资历标准、职责范围等。

其次,保证两条通道的平行、平等。对专业通道要提供与管理通道相同的认可、地位和报酬,每个专业技术级别都应对应一个管理等级,以保证两条通道各个级别之间的平行关系。

最后,要确保专业通道的声誉。允许专业技术人员自行决定其职业发展方向,但是对于着眼于管理通道发展的人员,应避免其转向专业通道,以确保专业通道的素质,防止将专业通道作为安置失败管理人员的"收容所"。

三是水平发展模式。事实上,职业生涯发展并不仅限于直线向上发展,这种传统式的发展是相当有限的,而且现在组织结构的扁平化使得这种传统模式的提升机会越来越少。工作扩大化、工作丰富化和职务轮换就是员工向水平发展的一种模式。

四是网状发展模式。它是指纵向职务序列和横向转换线路相结合的发展网络通道。如在银行中,私人业务部经理→公司业务部经理→二级分行行长→一级分行业务部经理→甲省一级分行行长→乙省一级分行行长→总行副行长等。这一模式承认某些层次工作经验的可替换性,是员工在纵向晋升到较高层次职位之前具有拓展和丰富层次工作经验的经历。这种通道比传统通道更能现实地为员工提供了发展机会，纵向和横向的选择交错，减少了职业道路堵塞的可能性。

五是多通道发展模式。建立职业生涯发展的双重通道，既是为了满足员工职业生涯发展的需要，更是为了构建稳定的核心员工队伍，从而确保组织竞争力的不断提升和持续发展。现代企业更多地开始建立多层次的职业发展通道，它包括管理、技术和业务等不同的职级序列，还包括岗位轮换、丰富工作内容等管理机制，并且在薪酬设计上相互衔接和对应，使具有不同能力素质、职业兴趣的员工都可以找到适合自己的上升路径和比较满意的工作状态，避免所有人都拥挤在管理通道上。图8-12说明了采取多重职业发展路径，能够使得满足条件的科技研发人员既可以转化为营销人员，也可以转化为管理人员。

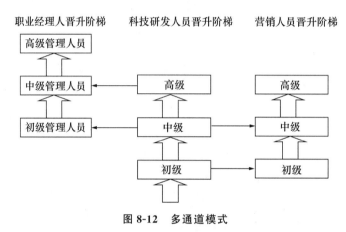

图8-12 多通道模式

（三）职业目标设定

在全面摸清和识别职业机会后，企业和员工要共同设定职业目标。设定目标时应注意两个问题：一是目标的高低；二是目标的长短。即目标的设定要符合可实现性和时间的限定性。随着竞争的加剧，企业的生命周期越来越短，企业适应环境变化进行调整的频率也越来越快，这些大大增加了实现目标的难度。除此之外，一定要注意员工的职业目标必须和组织的目标相一致，而且，员工要在组织目标的基础上设立自己的职业目标。

（四）评估员工的潜能

与描绘和识别组织的职业机会一样，管理者必须对他们可以利用的人才库有清晰的了解。这一过程通常以绩效评估作为开始，然后再采用其他更加复杂的办法。常用的评估方法有：绩效评估、量表化管理人才和运用评估中心等。关于绩效管理笔者在前文已有详细阐述，在这里需要提醒的是：绩效评估在职业生涯管理中尤为重要，它成为员工职业发展的衡量标准或决策标准，有很好绩效的人往往是成功晋升的人选，而绩效差的人可能需要从一个岗位调换到适合他的岗位上去，或者甚至被降职。

运用评估中心是一种现在较为流行的评估员工潜能的方法。如加州高速公路巡警学院（California Highway Patrol Academy）管理评估中心项目，评估中心方案中的各种活动如表 8-3 所示：

表 8-3　加州高速公路巡警（CHP）评估中心项目

时间	内容
星期一上午	• 评估员评估练习。 • 对参加者进行介绍。 • 无领导小组讨论。参加者被分为两个组，每组 6 个人，3 名评估员；1 名评估员观察 2 名参加者。
星期一下午	• 评估员准备报告。 • 公文处理练习：每一个参加者分别在 3 小时里处理 31 件公文。 • 评估员对公文处理练习进行评价和打分，并准备第二天的公文处理面试。
星期二下午	• 参加者参加 40 分钟的阅读测试（戴维斯阅读测试）。 • 评估员和参加者一起评估公文处理练习中观察到的情况，并准备报告。
星期三上午	• 参加者完成个人分析练习，并就这个问题准备 7 分钟的即兴讲演。 • 参加者进行即兴讲演。
星期三下午	• 参加者回到工作岗位。 • 评估员准备报告。 • 监督者准备第二天每一个候选人的评估。
星期四全天	评估员对每一个参加者全部练习中的情况进行整合，要在每一个被评估的技能上达成一个双方都同意的评估结论，并且对有特殊才能的人员加以推荐。
在 45 天内	评估员与参加者及其监督者一同讨论观察结果。
在 60 天内	参加者和监督者共同完成职业发展计划来帮助参加者提高其技能。

参与这些活动可以提供提升所要求的具有代表性的行为模式。在评估的最后阶段，评估员的观察被融合和整合，以用来描述参加者的优势。通常，评估员会提交给上级管理部门一份报告，并且及时反馈给参加者。目前，人们越来越重视评估中心程序的有效性。

（五）制订行动计划并给予员工特定的支持

在评估了员工的潜能以及确定了职业路径和目标后，就需要具体的行动计划甚至是时间表来保证目标的实现。行动计划是在综合个人评价和组织评价结果的基础上，为提高个人竞争力和达到职业目标所要采取的措施，它包括：个人体验、培训、轮岗、申请空缺职位等。通过这些方式，可以弥补个人的能力缺陷，同时增进对不同工作岗位的了解。行动计划制订后，还需要有实现职业目标的时间表，如用两年的时间取得相应的技术职称，在三到五年时间内成为某项技术开发项目的带头人等。

（六）评估和反馈

任何一个人的职业发展都不可能一帆风顺，即使为自己制订了非常完善的计划，也会因为环境和组织条件等因素的影响而不得不随时进行调整。在现代社会，这种调整的频率会随着组织间竞争的加剧而越来越快。因此，在实施计划的过程中，要随时注意对各种影响要素进行评估，并在此基础上有针对性地调整自己职业规划的目标。

二、不同职业生涯时期的职业管理任务

（一）探索阶段

组织要做好招聘、挑选工作，要根据发展的目标和现状，向求职者提供准确的职业信息和发展信息，以供他们参考。

（二）立业阶段

组织通过试用和新任务，发现员工的才能，帮助员工确定长期发展目标，明确员工的职业定位。

（三）维持阶段

员工事业发展基本定型或趋向定型，个人特征表现明显，情感复杂化，导致职业生涯中期的危险性。面对这一复杂的人生阶段，组织一方面要通过各种方法，帮助员工解决诸多实际问题，激励他们继续奋斗，以获得更大的成就；另一方面要通过各种方式，针对不同员工的不同情况，为其开辟事业发展的新通道。

（四）离职阶段

年老员工即将结束职业生涯，组织一方面要鼓励员工继续发挥自己的能力，让他们把知识和经验传授给年轻人；另一方面，要帮助员工做好退休的心理准备安排。

第六节　中小企业员工职业生涯规划

一、中小企业做好员工职业规划的方法

当前，随着中小企业规模逐渐扩大，员工人数逐渐增加，许多管理者已经开始关注内部管理问题，无论是外企还是国企，员工的职业生涯规划已经成为企业管理的重要组成部分。而在中小企业中，员工职业生涯规划会受到局限和约束，未能得到推广。中小企业管理者应该从员工和中小企业两个角度把握企业内部员工职业生涯规划方向，进而通过寻求有效、合理、科学的方法实施。

首先，在员工职业生涯规划方面：要制定中小企业内部岗位晋升与发展的路径图，帮助员工认识自己，找出发展的动力以及个人和企业的结合点，不断促进融合。

其次，在企业职业生涯规划方面：管理者要树立以人为本的管理理念，要将人力资源的发展作为企业发展战略之一，要将帮助员工全面发展的理念深入企业内部，将企业对人力资源的需求与个人发展相结合，在日常工作中多关心员工，挖掘他们的潜力，从更广泛的意义上去理解职业生涯规划的意义，并且要不断发现并解决在职业生涯规划过程中出现的问题，使其不断完善和成熟。通过人力资源部的有效引导，用科学的方法帮助员工认识自我，在与员工沟通的基础上，使员工的发展与企业目标相融合。

中小企业只有关注员工的职业生涯发展，为其提供良好的职业发展通道，同时创造良好的发展环境，才能实现企业和员工的共同成长，在日趋激烈的竞争中赢得优势。

二、中小企业职业生涯管理成功的关键

管理层负责拟定企业发展的决策和战略,如果职业生涯规划管理获得管理层的支持,那么它就有了基石。职业生涯规划和管理是一门技术,需要具有经验的管理人员进行把控和推行;实施者则是员工和各级管理者,做好职业生涯规划和管理,除了需要支持和技术,最重要的还是在实施过程中的实践和改进。实践出真知,职业生涯管理亦是如此。

学习案例

(一)佳泠公司基本情况

深圳市佳泠环境科技有限公司(下文简称"佳泠公司")成立于1998年,是一家专业从事中央空调设备销售、施工设计、工程安装以及售后服务的企业。该企业属于建筑行业,具有建设厅颁发的"机电安装二级资质"和"维修企业一级资格证书",可以独立设计、施工安装10级以上净化工程和5000万以上的中央空调施工项目。

佳泠公司的前身是一家从事中央空调维修和施工安装的家族式企业,成立于20世纪80年代,那时商用中央空调虽然在世界上已经有一百多年的发展历史,但在我国还属于新兴行业。广东气候和地理位置的特殊性,使少数人最先接触到中央空调行业,个别商业嗅觉灵敏的人发现了巨大的潜在市场,因此类似于佳泠公司这样的民营企业应运而生。起初因为缺少品牌厂家的支持,公司的业务主要侧重于维修和转承包的施工安装,企业架构简单,人员类型单一,绝大多数都是一线施工人员,没有什么专业背景,以学徒的身份进入这一行业,由师傅口传身授加上自己经验的总结,可以说技术含量不高。佳泠公司管理人员很少,几个创业股东身兼数职,在企业经营的道路上摸索,还没有接触到企业战略、品牌建设、人才培养、职业规划这些先进的管理理念。但是借助于当时深圳政策的优势,中央空调行业的迅猛发展以及佳泠公司第一批创业股东的艰苦打拼和优秀的施工质量,佳泠公司逐渐积累起了良好的口碑和信誉。

20世纪90年代,中央空调行业蓬勃发展,40%以上的利润对于苦陷价格战的其他行业来说无疑是充满诱惑的。佳泠公司新一任总经理上任伊始,就迅速与两大国际知名中央空调品牌"大金""特灵"签订代理合作协议,转换公司业务结构和经营模式。这一系列举动不仅提升了佳泠公司的品牌形象,更优化了佳泠公司的业务结构。经过优化,佳泠公司从原来单一转包形式的施工转向以销售为主导,辅以施工设计和安装的企业经营模式,加之先前已有的售后维修服务解决了客户的后顾之忧。在新任总经理上任的第三年,佳泠公司就在众多的中央空调行业中脱颖而出。同时,企业人员结构也发生了重大变化,一批具有暖通、制冷、中央空调专业

背景的知识型人才纷纷加入，这些人后来绝大多数都成为企业的中高层管理人员。

20世纪90年代中期，佳泠公司处于稳定的上升期。在这一时期，佳泠公司注重企业文化建设，确立了企业宗旨和价值观；感恩老员工，重新配置股份，将为企业做出贡献的老员工吸纳为公司股东；重视人才培养，招收了大批具有专业知识的应届毕业生，轮岗培训；成立企业商学院，为企业输入新鲜血液；严抓施工质量，规范施工流程，配以完善的售后服务；成立专门的客户服务中心，接受客户建议。十年间佳泠公司几乎成为深圳高端中央空调品牌的代名词，并于2005年、2006年、2007年连续三年销售额突破1亿元人民币。

2008年，佳泠公司受经济形势影响，当年销售业绩虽然超过8000万人民币，但许多已签订的施工合同因甲方资金投入放缓使工程陷入长期的停滞状态。国内诸多大企业裁员的报道经常见诸新闻、报纸，同样残酷的现实也在考验着佳泠公司的经营者，是以惨淡的经营效益继续维持这个一百多人的企业，还是精简掉大多数员工保存企业实力？在经济繁荣时期不曾考虑的问题现在已经摆上了企业的经营日程。精简员工，好多员工是一出校门就在企业服务的，他们陪伴着企业发展，企业呵护着他们成长；不精简员工，锐减的销售业绩，就意味着在开源的同时还要合理节流，不然企业难以渡过经济的寒冬。在痛苦思索了近两个月后，2009年初，一批员工首先离开了企业。虽然在国家经济干预下，国内经济短暂复苏，但无奈国际经济形势仍不容乐观，2011年底又一批员工离开了企业。

2012年初，佳泠公司在职员工减少了2/3，仅剩下30多人，一夕之间办公室里冷清了许多，留下来的员工思想、情绪等各方面都受到了极大影响。佳泠公司新一任总经理临危受命，果断作出决策：一是合并部门，增加员工工作量，提高工资，让员工忙起来；二是加强销售技巧和专业知识的培训，定期开展各项活动调动员工积极性；三是严抓工程质量和售后，服务好老客户；四是多渠道开发优质客户，加强工程尾款回收。在开源节流以及公司各项政策的支持下，仅30多人的佳泠公司在2012年、2013年均实现了纯利润300万元以上的良好业绩。

（二）佳泠公司员工基本情况

由于行业特点，佳泠公司员工分为两类：第一类——非正式员工，这类员工是以工程项目为单位，由工程施工承包人负责招募、培训、管理的一线施工人员，他们技术性不强，素质不高，人员数量庞大，流动性高；第二类——正式员工，这部分员工涵盖了该企业营销、设计、施工管理、行政人事、财务等部门，共有34人，其中中青年员工大约占90%。这批员工84%以上都具有专业知识背景且经过良好的教育，87%的员工已经成家。在这些员工中，绝大多数已在佳泠公司工作6年以上，最长的为企业服务了11年，他们大多经历了企业的上升期，也经历了2008—2011年的变化期，因而其职业生涯发展是伴随着企业的发展而发展的，所以大多数人都对企业怀有很深厚的感情。

(三) 佳泠公众青年员工职业生涯管理的不足之处

2008—2011年，中央空调行业经历了两次重大波动，许多小企业倒闭，原来的中型企业缩小经营规模保存实力。佳泠公司是众多尚存的中央空调企业的一个缩影，它经受了产值锐减、企业经营规模缩小、核心人员流失严重等一系列严峻的考验。2011年"十二五规划"开始，国家产业政策调整，中央空调行业销售规模有所扩大，佳泠公司2012年的销售额近4000万元人民币。根据暖通行业权威机构预测，未来五年，中央空调行业将进入"稳定的发展期"。行业内的大多数企业期望抓住这一契机，扩大经营规模，培养核心人才，提高企业核心竞争力。佳泠公司也希望在这一"稳定的发展时期"能够扩大其市场占有份额，实现企业目标，于是将组织职业生涯管理与员工职业发展管理重新纳入企业经营轨道。但经历了2008—2011年行业波动后，企业中的中青年员工不知如何了解自己、如何正视自己职业生涯现状。在企业花费了大量时间、金钱、精力之后，却因为各种原因造成人才流失以及员工满意度的下降，企业与员工之间建立的感情桥梁越来越薄弱。对佳泠公司而言，如何经受住日益激烈的市场竞争的考验？如何使企业应对丧失竞争优势甚至被行业淘汰的局面？

讨论题

1. 你对佳泠公司从成立到发展壮大过程中的员工职业生涯管理有什么想法？
2. 你认为佳泠公司应该采取什么样的职业生涯管理措施来为企业留住人才？

本章思考题

1. 职业生涯通常分为哪几个阶段？各阶段的特点有哪些？
2. 什么是职业锚理论？
3. 影响员工职业生涯规划的内外部因素有哪些？
4. 组织职业生涯管理的程序是怎样的？

第九章

中小企业人力资源管理外包

引导案例

　　M公司成立于2008年,是一家小型模具生产企业。经过近10年的发展,M公司不断壮大,现有员工100多人。随着公司业务与规模的不断扩大,公司人力资源管理的压力也越来越大。各业务部门总是抱怨人手不够,同时部分员工又抱怨工作饱和度不够,薪资偏低,年终奖金分配不合理,随意性太大。之后,公司迅速采取了以下措施:

　　1. 选择人力资源部外包服务商。为了使公司尽快摆脱困境,M公司迅速找到本地一家从事人力资源咨询的公司。在谈判过程中,M公司一味压低外包服务价格,而对咨询公司的其他状况未作详细考察,双方很快签订了外包服务协议。

　　2. 设计新的绩效考核体系。协议签订后,咨询人员进驻M公司,针对各类岗位有代表性的信息进行收集。一个月后,通过实地观察、访谈等手段,咨询公司制定了M公司各岗位职位说明书,并在此基础上设计了M公司的绩效考核体系。按照M公司管理层的计划,新的考核体系的出台就意味着员工的薪资、奖励以及年终奖等将与考核结果挂钩。

　　3. 实施新的绩效考核体系。新的绩效考核体系完成后,咨询人员认为他们对此体系最为熟悉,因此建议M公司将绩效考核的实施工作由他们来完成,这一建议得到了M公司管理层的同意,并与咨询公司签订了新的人力资源外包服务协议。

　　新的绩效考核体系运行半年后,公司的绩效水平没有明显提升,而且在实施过程中不断遭到许多员工的反对,尤其是老员工极为不满。不满主要来自两个方面:一是他们质疑咨询公司收集的岗位信息的真实性、准确性和全面性;二是他们难以接受新的考核体系对公司原有制度的彻底破坏与否定。一部分员工为此离开公司。更令公司没有想到的是:咨询人员在绩效考核的过程中,接触到了M公司的许多商业信息与业绩的数据,并借助商业信息为自己赚取外快,同时向其他公司透露了M公司的员工信息,造成大量优秀人才流向竞争对手,因此公司再度陷入困境。

1. M 公司人力资源外包存在什么问题？是什么导致人力资源外包的失败？
2. 人力资源外包服务存在什么风险？

第一节 中小企业人力资源管理外包概述

1990年，加里·哈默尔（Gary Hamel）和普拉哈拉德（C. K. Prahalad）在其发表在《哈佛商业评论》上的《企业核心竞争力》一文中首次用到了"外包"这个词。什么是外包？字面意思就是"资源外取""外部寻源"，引申为任何企业能获得的资源都是有限的，为了获得最大的经济利益，企业应将资源运用到最有优势、最能产生价值的业务上，而将其他辅助业务委托给更专业、更有成本优势的企业去做。虽然外包这种管理模式在20世纪60年代就已经出现，但为大家接受还是在20世纪90年代以后，源于西方企业提高竞争力、精简机构、回归主业、做强核心能力的目的，外包这种管理模式才逐渐流行开来。

一、中小企业人力资源外包及其动因

（一）中小企业人力资源外包的概念

中小企业人力资源管理外包是企业人力资源外包之一种。其概念为：通过外包那些自己并不擅长的人力资源管理职能给更加专业化的外部公司，中小企业可以专注于创造价值的核心竞争力。

（二）中小企业人力资源外包的动力

是什么因素推动了中小企业人力资源外包业务的发展？一般来说，有以下几种因素：

1. 战略管理的需要

中小企业的战略包括经营范围、资源配置、竞争优势和协同作用四个因素。中小企业通过人力资源管理外包可以合理运用外部资源，同时促使对内部资源进行有效的配置，发挥企业内外协同作用，建立核心竞争力。

2. 市场竞争的需要

日益激烈的市场竞争要求中小企业把有限的资源运用在核心业务上，以增强中小企业的核心竞争力。中小企业为提升其核心竞争力，适应市场竞争的需要，通过人力资源管理外包将非核心的业务外包给服务供应商，与服务供应商建立联盟。

3. 降低成本的需要

人力资源管理外包决定通常都是针对降低人力资源服务成本提出的。这是因为人力资源服务的供应商可以形成规模效应，获得更大的劳动力弹性，支付更低的薪酬

等。中小企业需要高效地处理人事问题，在低成本运作情况下保证业务的正常进行，及时解决可能产生的问题。在这种情况下，将大力资源管理外包就成了一个不错的选择。

4. 寻求资源的需要

由于客观条件限制，中小企业不可能获得自身所需要的所有的资源，因此人力资源管理外包过程也就是发挥资源选择机制的过程，同时能解决中小企业自身人力资源管理资源不足的问题。例如，中小企业在起步及发展过程中因规模的限制，没有设置人力资源管理部门，又缺乏专业的人力资源管理人员，因此没有人力资源规划，不能给员工提供完善的福利待遇和培训机会等。人力资源管理外包的出现使中小企业有机会利用外部资源弥补自身的不足。

5. 专业技术的需要

信息技术的飞速发展使人力资源职能发生了翻天覆地的变化。人力资源职能的变革需要加大技术投资力度。许多专业服务公司对技术的投资很大，但他们可将成本分摊给很多客户。因此通过外包，中小企业可以以较低的成本获取最新技术，运用服务公司提供的最新系统和技术。

6. 规避风险的需要

中小企业为了自身的发展，也为了避免劳动纠纷和昂贵的法律诉讼，更愿意在人力资源管理方面将风险转由专业化公司承担。这样一来，双方就构成一种利益联盟。利益联盟的建立无形中降低了中小企业运营中的系统风险和特殊风险。

7. 观念转变的需要

随着中小企业人力资源管理从过去的劳资管理向人力资本开发的转变，中小企业的管理方式必然也要有相应的改变。一些不重要的人事业务，如社保档案、工资发放等都可以外包出去，这样中小企业就可以在招聘、培训、绩效等核心人力资源事务上下更多的功夫，培养人力资源核心竞争力。

二、中小企业人力资源管理面临的挑战

（一）新技术的运用

科学技术的快速发展，尤其是信息技术的广泛应用改变了人力资源管理工作的模式，如人力资源管理信息系统，使得人力资源管理更加便捷和高效。但不容置疑的是，新技术所产生的高成本也让中小企业难以承受，或者难以产生规模效益。同时，中小企业也没有足够的财力雇用一批信息技术的人才。这为中小企业人力资源外包创造了契机。

（二）人力资源管理者职责的转变

现在，人力资源管理部门已由原来的辅助功能部门转变为企业的战略合作部门。传统的人力资源管理工作大致可以分为两个方面：一是作业性的；二是战略性的。所谓作业性工作是指人事档案管理、绩效考核、薪资福利等行政性工作。战略性工作是指人力资源管理政策的制定、执行、员工的培训、组织发展规划等。把一些非核心

的、过于细节化的作业性人事管理外包，将成为中小企业提升人力资源管理竞争力的必然选择。同时，这也有利于中小企业人力资源管理者专注于系统性、全局性的事务上。

（三）人力资源全球化自由竞争

经济全球化和企业的跨国经营活动使得人力资源在全球范围内得到有效配置，并逐渐形成人力资源在全球范围内的自由竞争态势。各国、各企业对高科技、高水平和创新性人才的争夺必然导致人力资源的短缺现象，也对企业人力资源管理中的人才吸收、配置、留用等职能提出了更高的要求。中小企业必须制定行之有效的人力资源规划，并以优厚的薪酬福利和发展空间等条件吸引、激励、保留人才，取得人才竞争优势。

三、中小企业实施人力资源管理外包的必要性

面对来自各方面的挑战，完善中小企业的人力资源管理职能已经到了刻不容缓的地步。通过外包可以弥补中小企业人力资源管理的先天不足，人力资源管理外包对我国中小企业有以下几点重要意义：

（一）有助于中小企业降低成本，提高企业效率

外包初始的理念就是节约资源，降低成本，将有效的资源用到企业具有竞争力的业务上去。因此，人力资源管理外包对中小企业最重要也最直接的意义就是使中小企业集中有限资源，专注核心工作。

对中小企业人力资源管理部门来说，通过人力资源管理外包，把不擅长的任务交给外包商来做，可以使中小企业的人力资源管理部门从烦琐的任务中解放出来，同时裁掉不必要的人员，从而使该部门人员专注于更有收益的、对企业影响更大的工作。同时，人员的减少也能降低成本支出。

（二）有助于中小企业吸引和保留优秀员工

就招聘来说，中小企业找外部专业机构来负责招聘有两大优势：一是使招聘更专业、质量更高。由于外包商专注于为企业提供这方面的服务，因此在招聘水平上要比企业更高。二是保证了招聘的公正性。如果是中小企业自己负责招聘，中小企业的领导和招聘人员很有可能偏向于和自己有一定关系的人，导致招聘不够客观公正。

就薪酬福利来说，由于中小企业没有合理健全的福利制度与员工培训政策，难以吸引优秀的员工。而通过人力资源管理外包，让有经验的外包商为中小企业制定有竞争力的福利政策和职业生涯发展计划，可以减少中小企业员工流动性，大幅提高核心员工的吸引力。

（三）有助于中小企业建立系统完善的人力资源管理制度

中小企业的人力资源管理主观随意性较大。通过外包，可以让专业公司帮助中小企业制定清晰的工作说明书和岗位规范、管理员工考勤、建立员工档案、搭建人力资源管理信息系统，使之走上制度化管理的轨道。

（四）有助于中小企业提高人力资源管理能力

通过人力资源管理外包，中小企业人力资源管理人员通过学习可以获得更先进的人力资源管理理念和技术，从而提升人力资源管理部门的业务能力。

四、中小企业人力资源外包的可行性

无论是外部环境，还是内部环境，中小企业都已具备人力资源外包的条件。

（一）外部条件

1. 外包理论的完善和发展

人力资源外包理论经过各国学者的深入研究及多年的企业实践，已经获得了进一步的完善和发展。中小企业可以根据企业实际情况，有针对性地制定相关的人力资源外包策略。

2. 人力资源外包市场不断规范

《劳动合同法》《劳动合同法实施条例》及《劳务派遣暂行规定》等相关的法律法规为人力资源外包提供了法律支持。同时，人力资源外包市场不断扩大和完善，行业性规范也在不断完善中，这为人力资源外包市场的健康发展创造了条件。

3. 人力资源管理外包服务机构的专业化水平不断提高

随着我国人力资源市场的开放，一些国外专业的人力资源外包公司纷纷进入国内市场，这推动了国内人力资源外包服务水平的提升。同时，也加剧了人力资源外包市场的竞争，这将使人力资源管理外包服务供应商的专业化水平和信誉不断提高。

（二）内部条件

1. 中小企业人力资源管理的理念正在转变

过去，中小企业人力资源管理水平较低。在竞争激烈的市场环境下，中小企业要想拥有自己的竞争优势，必须重视人力资源管理。而中小企业又不具备良好的人力资源管理能力和技术水平，因此，中小企业必须要借助外力，通过人力资源管理外包来提升人力资源管理水平。

2. 中小企业人力资源管理的特点有利于实施外包

中小企业缺乏健全的人力资源管理部门和相关的人力资源管理制度，这为中小企业人力资源外包创造了条件。凡是中小企业不能做、不会做、不愿意做的人力资源管理业务都可以外包。

第二节 中小企业人力资源管理外包模式

从理论上讲，人力资源管理所有职能都能外包。从实践看，我国中小企业人力资源外包内容主要涉及员工选拔、员工招聘、档案管理、培训及绩效考核等职能。外包模型也非常多。主要有以下几种：

一、联合管理模式

联合管理模式就是在不涉及中小企业核心机密的情况下,引进人力资源外包机构,中小企业与人力资源外包服务商联合参与中小企业人事管理,共同商讨人事管理制度,参与员工培训与薪金管理的一种管理模式。

联合管理模式非常适合中小企业,因为中小企业没有健全的人力管理职能和组织架构,人事方面机密较少。外包机构的参与,有利于针对中小企业的特点,制定符合中小企业实际的人事管理制度和人事流程。

二、横向一体化模式

横向一体化模式就是中小企业将部分人力资源管理职能进行外包的一种管理模式。

(一)员工招聘外包模式

招聘是中小企业保持活力,提升竞争力的重要手段。因此,提高招聘效率,完善招聘流程,实现招聘目标,成为中小企业实现招聘外包的重要动力。

招聘职能外包模式是指中小企业将人力资源招聘中大量低端的简历审阅、面试安排及实施等事务性工作外包的管理模式。外包服务供应商以岗位分析为基础,协助中小企业制订招聘计划、确定招聘流程及招聘策略、组织并实施招聘,包括招聘广告发布、简历筛选、初步面试、利用测评工具和通过相关资源对特殊岗位人才进行全面考察和信用审查等。这种外包模式能为中小企业降低运营成本,高效地完成招聘工作。

(二)员工培训外包模式

中小企业将员工培训职能外包,就可以充分利用外包公司的优秀师资、行业信息、专业的培训技巧等,降低培训成本,增强培训效果。尤其是一些高新技术型中小企业,员工知识更新快,利用培训外包可以让员工更好地掌握业务知识,帮助中小企业建立学习型组织。

(三)薪酬管理外包模式

薪酬管理外包模式是指中小企业将薪酬管理、工资发放以及薪资方案设计等管理职能外包。薪酬问题虽涉及企业机密,但中小企业将薪酬外包可以构建具有外部竞争性和内部公平性的薪酬管理体系,同时提高中小企业薪酬管理效率,降低成本。

(四)福利津贴外包模式

福利津贴是凝聚中小企业员工的重要手段,它可使员工产生归属感和认同感。中小企业将福利和津贴的规划与管理交给外包公司,这能提高中小企业的管理效率,降低企业的经营成本。现在许多的企业将福利津贴业务交由专业性机构代理,如五险一金、高温津贴等,多选用保险公司、银行代为管理发放。这些事务性项目如果交由外包机构代理,那么企业可以省去烦琐的计算,这避免了处理过程中的失误,有效地提高了企业工作效率。

（五）绩效评估外包模式

中小企业将绩效考核外包给专业机构，可以改变过去中小企业绩效考核中的一些缺陷，如形式主义、平均主义等，且绩效评估外包能使绩效评估更公平、公正和公开。中小企业将绩效评估交给外包公司去做，外包公司根据企业历史、企业文化、产品、工作内容及工作性质科学设计绩效考评系统及相关政策，以达到绩效评估的激励作用。

（六）人力资源管理制度外包模式

中小企业可以根据本企业在人力资源管理中存在的缺陷，聘请外包公司专门针对缺陷提供解决方案。无论是人力资源管理构架、人力资源战略、工作分析、招聘、培训、绩效考核或薪酬管理等内容，都可以请外包公司制定相关解决方案。

三、中介组织介入模式

外包机构充当企业的人力资源管理部门，仅是针对中小企业的一种人事管理模式。部分中小企业业务客户不具有保密性，故可以引进中介组织加入管理，这种管理模式，不仅可以为中小企业节约开支，同时可以减少人才流动，加强组织文化吸引力，规范组织管理，让员工更加具有归属感，为企业做大做强提供保证。

但同时，中介组织介入管理模式具有局限性，由于中小企业发展过程中必然要拓展业务领域，扩大经营范围或区域，因此涉及企业核心竞争力的项目应有人才保护政策，防止同行业恶性竞争。若外包机构完全介入人事管理，决策层在业务决策时会将同业信息透漏，这必然不利于组织发展。对于这种委托代理风险规避，企业应该考虑实际情况，制定有效应对策略。

第三节　中小企业人力资源管理外包管理

一、中小企业人力资源管理外包管理的三个要点

根据业务边界决策、外包商匹配、外包关系管理三个原则确定中小企业人力资源外包管理程序的三个要点。

（一）业务边界决策

业务边界决策就是在中小企业人力资源管理外包前，先确定企业自己的核心业务内容，由此决定人力资源外包内容。中小企业核心业务内容包括：企业基本情况、核心竞争力、现有人力资源管理状况、员工层级、业务水平、人力资源管理存在哪些问题等。通过对业务边界的仔细分析，能找到人力资源管理中存在的问题，且这些问题目前难以解决，或解决的成本比较高，在这种情况下，就可以确定中小企业人力资源管理外包模式了。

（二）外包商匹配

寻找并选择适合中小企业外包内容的人力资源管理咨询机构是人力资源管理外包

的关键环节，它影响到中小企业外包项目的实施效果。选择外包服务供应商的依据主要是其市场占有率、同行业评价以及外包合同履行结果测评等。

1. 确定潜在外包服务供应商名单

中小企业可以通过问询和比较等方式寻求合适的外包服务供应商。通过其过去的业绩和声誉初步筛选潜在的外包服务供应商。

2. 评估潜在外包服务供应商

对潜在外包服务供应商展开评估。首先，评估外包公司的信誉、从业年数以及核心员工的教育背景和技能水平等。其次，了解其对本中小企业的外包项目是否熟悉，外包公司委派的项目负责人对该项目的经验。再次，评价外包服务供应商以往的工作业绩及服务水平。最后，评估其财务状况，在人力资源外包项目实施期间不存在倒闭或破产等风险。

3. 前期沟通交流

在人力资源外包项目合同签字前，中小企业与外包公司应充分沟通。将企业背景、外包理由、外包目标、外包范围等与外包公司进行协商，以确保外包项目的顺利进行。

（三）外包关系管理

外包关系管理涉及中小企业内部和外部。对企业外部来说，企业与外包服务供应商签订外包合同后，应经常联系，掌握项目进展。因此，对于专门与企业保持定期沟通的外包商员工，更应充分沟通协调，及时发现问题，调整方案，确保外包达到预期目标。对于企业内部来说，在人力资源外包合同履行期间，也要做好企业内部员工的工作，员工要密切配合外包公司开展业务，因为这涉及员工的利益，更应密切沟通。

二、中小企业实施人力资源管理外包的基本程序

通常情况下，中小企业实施人力资源管理外包可分为五个阶段：人力资源外包需求分析、确定人力资源外包内容、服务提供商的选择、外包服务管理及外包服务评估（如图 9-1 所示）。

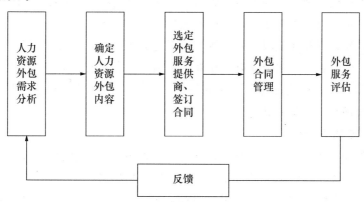

图 9-1　人力资源外包程序

(一) 人力资源外包需求分析

人力资源外包需求分析是中小企业人力资源管理外包实施的前提和基础，即在实施人力资源外包之前，首先需要对企业内部人力资源管理的现状进行分析，分析目前企业是否存在实施人力资源外包的需求；同时，企业还应全面考虑外包可能带来的各种成本以及收益，从而评估企业实施人力资源外包的经济性。这个阶段关系整个外包过程是否能够正确地运作。

(二) 确定人力资源外包内容

在进行外包内容选择时，企业必须从全局出发，全面分析人力资源管理的现状，结合企业自身的实际需求来决定哪些方面应该外包。

人力资源外包的内容大致可以归纳为六个方面：制度建设（组织设计、工作分析、员工分析、员工关系、劳动关系等）；人力资源配置（人力资源规划、招聘、人员调配等）；培训与开发（员工培训、员工职业生涯管理等）；绩效考评（考核、评估）；薪酬激励（工资、福利、保险、员工激励等）；人力资源信息系统建设等。

(三) 服务提供商的选择

外包服务提供商的选择阶段是中小企业人力资源管理外包实施的关键环节，外包服务商的合适与否直接影响外包工作的质量和外包目标的实现。因此，企业在进行外包服务商的选择时需要综合考虑多种影响因素，包括：

(1) 行业背景及信誉度，即外包服务供应商是否有成功实施外包业务的经验，是否具有很高的诚信度。

(2) 专业能力，即外包服务供应商在人力资源管理方面的专业技能、管理水平、员工素质等。

(3) 企业文化，即外包服务供应商是否具有以客户为导向的服务理念，是否能够理解、适应客户的企业文化。

(4) 价格因素。最好还应考虑外包服务供应商提供服务的价格。

(四) 外包服务管理

外包服务过程管理阶段是中小企业人力资源管理外包成功实施的保证，外包服务的过程直接决定外包工作质量的好坏和外包目标的实现与否。由于合作双方在企业文化等方面的差异，以及外包服务商对新环境不适应等因素，在外包服务的实施过程中往往会出现一些问题，因此企业应该在外包实施的过程中对外包进行实时监督，积极地与之进行沟通，了解外包业务的实施情况。与此同时，企业还应采取各种安全措施，保护商业秘密、重要信息等。

(五) 外包服务评估

对外包服务的评估是中小企业人力资源管理外包实施的最后一个环节。在外包结束以后，企业需要对外包服务进行评估，评价各项预期目标的达成情况并且进行原因分析，判断人力资源外包是否有利于自身核心能力的培养以及企业的持续稳定发展，为以后的人力资源外包活动提供指导。

三、中小企业人力资源管理外包的风险

中小企业进行人力资源管理外包面临的风险是不容忽视的。这里的外包风险就是指在人力资源管理外包过程中,造成的实际外包结果与预期目标背离的可能性。

(一)人力资源管理外包风险识别

根据人力资源外包进程,可以将风险划分为以下几种:

1. 外包准备阶段

在人力资源外包的准备阶段,可能存在的风险有:

(1)无法准确找出需要外包的业务而导致的风险

这个风险包含两个方面:一是泄露企业核心机密的风险;二是外包了一些用处不大或者由员工来做更经济的业务,即浪费企业资源的风险。

由于中小企业实力所限,没有专门的人力资源管理专家,因此在人力资源外包方面缺乏判断和取舍能力,有可能把一些涉及企业核心竞争力的业务外包,从而导致核心竞争力的丧失或是商业机密的泄露。

另外,中小企业外包人力资源管理部分工作,本来是出于降低人力资源管理成本的目的,如果最后却将企业自己做成本更低的工作外包了,这不仅没有降低中小企业人力资源管理成本,反而增加了成本。

(2)来自内部员工方面的风险

中小企业将人力资源管理职能外包出去,势必会影响一部分员工的自身利益,如裁员或转岗。这样,人力资源外包行为会引起部分员工的不满情绪,从而导致他们对人事外包行为的抵制。另外,当外部人员来履行企业的内部职能时,也会挫伤这些员工的工作积极性。

2. 外包服务供应商选择阶段风险

企业从多个外包服务供应商中进行选择,存在决策风险。决策正确与否直接决定外包的效果。中小企业可能面临选择不到合适外包商的风险、误选比较差或不适合的外包商。

(1)外包服务供应商选择的风险

因委托代理关系,中小企业并不真正了解外包服务供应商的情况,企业只有通过间接渠道去了解外包商的信息,这个过程是需要花费成本的。这阻碍了中小企业对外包商的深入调查。同时,外包服务供应商为了能够获得更多的业务,在企业进行调查时,也会向企业提供有悖事实或者不充分的信息,如夸大自身的优点,掩饰自身的缺点等。这些都可能导致中小企业作出不正确的决策。

(2)外包服务供应商与企业文化不相容的风险

有些中小企业选择外包商时强调的是最好,而不是最合适。这也会导致在决策时作出不正确的判断,最后的结果往往是花了大钱却并没有给企业带来良好的效果。

3. 合同协议阶段的风险

（1）签订合同的风险

外包服务供应商为中小企业提供外包服务，对中小企业需要外包的业务的情况和为中小企业提供外包所需的费用要比中小企业自己更了解，同时也更了解外包合同的细节。因此，在签订合同时，中小企业往往处于弱势地位。

（2）实施过程中的风险

实施过程中的风险主要存在于中小企业与外包商之间的互动。如果中小企业对外包服务供应商的监督过严，容易导致双方关系紧张。如果监督过松，又会导致失控，影响外包效果。

4. 退出外包阶段的风险

退出外包阶段主要涉及中小企业机密信息泄露的风险。很多中小企业都有自己独特的薪酬制度、福利待遇，在外包合同期满后，由于约束力的消失，外包商很有可能在此时将信息泄露出去。

5. 贯穿于合同和退出阶段的道德风险

实施人力资源管理外包过程中，即使中小企业对外包商进行监督管理，也很难准确地监督外包商的具体行为，企业只能以外包服务供应商提供服务的效果作为考核合同履行情况的依据。而这些效果本身就很难测量。这样就给了外包服务供应商很大的操作空间，如果外包服务供应商"偷工减料"，无疑会对最终的外包服务供应商成果产生负面影响。

同时，外包服务供应商会接触到一些企业机密的信息，这就意味着他有可能会将这些机密泄露给其他企业，用来谋取经济利益。

（二）中小企业人力资源管理外包风险规避方法

尽管中小企业在人力资源管理外包中存在一定的风险，但如果操作得当，这些风险是可以规避的。

1. 准备阶段的风险控制

（1）合理确定人力资源管理外包内容

首先，中小企业在作外包决策之前，要有清晰明确的目标。中小企业需成立专门的外包委员会，对企业的资源、人力资源管理工作和所处的环境作一个宏观详细的分析，为外包决策奠定基础。

其次，科学筛选需要外包的业务。中小企业应该外包何种人力资源管理，并没有固定的模式，各个企业应根据自身实际需求和内外环境来确定。这可分为三步：了解人力资源管理所包括的业务，如劳动关系、员工招聘、社会保障、薪酬福利等；对人力资源管理的各项工作进行成本收益分析；分析外包业务是否涉及企业机密，根据机密程度选取外包业务。

（2）与企业员工进行有效沟通

在中小企业决定外包人力资源管理业务之前，要与员工进行广泛的沟通，让他们意识到外包对企业、对员工都是有利的。这样做的好处是：可以让员工提前熟悉外包行为，对人力资源管理外包有适应的时间；企业可以及时了解员工对外包的看法，让企业能够针对员工提出的问题及顾虑进行解释，有助于企业人力资源管理外包的顺利进行。

2. 商议阶段的风险控制

企业选择正确的外包服务供应商要有一个可行的标准，按照这个标准对外包服务供应商进行评估。

（1）信誉评估

最好选择业内声誉好的外包服务商。中小企业可以从其等级证书和服务的其他企业那里得知该外包服务供应商的信誉情况。

（2）外包服务供应商的服务质量评估

中小企业在对外包服务供应商的服务质量进行评估时，必须进行实地考察。考察的项目包括：外包服务供应商人员是否持有相关证书；学历构成；软件和硬件设施；过去的外包绩效。

（3）外包服务供应商财务状况评估

中小企业要对外包服务供应商的财务报告进行分析，考察其市场份额，确定该供应商的投资水平是否能满足企业的外包项目。

3. 合同协议阶段的风险控制

（1）签订完善的外包合同

中小企业在与外包商签订相关合同时，应有相关法律人士参与合同的签订，对合同相关条款准确把握。合同内容包括外包的具体业务、服务价格、双方的责任和义务、合同的期限、各阶段目标、最终目标及违约责任等。

（2）加强与服务商的沟通与监控

中小企业实施人力资源管理外包，是企业与外包服务供应商之间建立的一种合作关系，企业必须和外包服务供应商保持沟通。通过和供应商的沟通，能够了解外包服务的进程，将阶段性成果运用到中小企业当中。同时，中小企业如果有什么变动可以及时通知供应商，供应商也能够进行相应的调整，力求提供的外包服务能满足企业的要求。

4. 退出外包阶段的风险控制

当外包合同期满之后，如果中小企业不想继续外包此类业务或者想将业务外包给另一家外包服务供应商时，中小企业要妥善处理与原外包服务供应商的关系，要全面回收所有相关的信息，防止机密泄露。

四、中小企业人力资源管理外包层次和内容

中小企业人力资源管理外包，从管理功能分，可分为事务型、职能型、战略型三个层次。事务型指传统的人力资源管理的职能，如日常工资、福利、档案管理等。职能型指人力资源管理中的招聘、培训、薪酬、绩效考核等职能。战略型指人力资源政策的制定与执行、人力资源规划、企业文化等职能。

目前中小企业中比较流行的外包项目主要有以下六种：

(一) 员工招聘

人力资源相关法律法规的变化，以及外部环境的不断变化给企业的招聘政策、招聘工作带来了较大的风险。同时，企业员工的流动性和可替代性也越来越强。因此，该项工作外包的程度也越来越高。招聘工作要求招聘人员具有相关的专业知识和技能，而面对企业日趋复杂的人力资源需求，仅靠中小企业人力资源部门自行招聘，很难为企业找到合适的员工，因此，许多中小企业选择将招聘工作外包。

(二) 员工培训

企业人力资源开发的主要途径之一就是培训。一些中小企业，为了提高人力资源开发与管理的效率和效益，将部分附加值低的培训工作外包给专业的培训公司。优秀的专业培训公司通常拥有各方面的人力资源管理专家，他们有一整套适用于中小企业的综合培训方案，能帮助中小企业提升竞争力。

(三) 薪酬管理

工资的设计与发放是人力资源部门最基本的任务。薪酬管理外包，不仅是指工资代发，还包括绩效考核之后代为计算薪酬、代发工资。

(四) 福利和津贴

中小企业的福利和津贴体现了企业对员工的关心，最易使员工感到个人与企业的利益相关性，从而形成归属感和认同感。现在许多企业也把发放福利和津贴的业务交由专业机构代为管理。国家法定的福利，如养老保险、失业保险、医疗保险、住房公积金等事务性工作也可外包出去。这既能提高中小企业管理效率，又能降低经营风险。

(五) 绩效评估

现在许多中小企业将人力资源管理中的绩效评估外包给专门从事人力资源管理服务的第三方公司，由人力资源管理专家根据企业历史、企业文化、工作内容及工作性质设计企业绩效考评系统及相关政策。它的优势是：以公正反映员工业绩及推进公司管理水平提高为目的，纠正个人偏见、心态、标准、倾向等主观因素，以信度、效度为基准，以公开的沟通、绩效评估反馈与申辩为方式，提升对员工的激励；以公司的伦理信条为规则，通过绩效考评体现公司的企业文化。

(六) 人力资源政策制定

现在不少中小企业采取外包形式，聘请人力资源专家深入企业，通过访谈、问卷调查等方式了解公司的企业文化，并制定相应的人力资源政策。

五、中小企业人力资源管理外包的主要问题

中小企业人力资源管理外包推动了中小企业人力资源管理的发展，但不可否认的是，在外包的过程中也存在一些问题：

(一) 从企业人力资源外包需求角度看问题

1. 企业对人力资源管理外包认识狭窄

目前，中小企业人力资源管理外包仅被看成人事社保或代发工资等。这说明目前

业界对我国中小企业人力资源外包的认识是比较窄的，还停留在操作层面，并没有聚焦在企业核心竞争力的提升上。对企业发展更为关键的招聘、培训、组织结构和薪酬设计等核心管理职能的外包还只处在起步阶段。

2. 对企业本身员工利益的影响

人力资源管理外包必然影响到企业内人力资源部门一些员工的切身利益，如导致其裁员、换岗等，如果处理不当，会不同程度地影响员工的积极性，同时也可能给人力资源管理带来一些不稳定因素。

3. 信息不对称及信息失真问题

人力资源管理外包的一个必要前提就是中小企业与人才服务专业机构之间的信息传递。信息传递的本意是使双方正确地了解必要的信息，以使人才服务专业机构正确地认识中小企业的实际情况。但是，中小企业出于保密的考虑，一般不会将所有必需的信息提供给人才服务专业机构，同时由于信息在传递过程中受到外部"噪音"、传输媒介、传输主体等因素的影响，会呈现一种失真现象。因此，人才服务机构就只能通过他们所能够获得的关于企业的有限的信息、所收集的案例数据和拥有的专业知识来为中小企业提供人力资源管理服务，但是，建立在这种信息基础之上的人力资源管理服务的质量是不高的。

4. 人力资源部门难以适应新角色的转变

人力资源管理外包必然要求人力资源部门对自己的角色重新定位，将人力资源部门从他们必须完成的法定性、事务性、烦琐性的日常工作中解放出来，从而把精力投入到更有价值的方面，如专注于人力资源战略规划和开发，同时充分有效地利用各项资源，更加注重人力资源管理的战略、柔性、效益和服务。但是在现实中，由于自身条件和认识上的原因，人力资源部门很难适应这一崭新的角色。

5. 人力资源服务质量评价问题

由于人力资源管理是一个长期性、连续性的工作，因此，人力资源管理外包服务所产生的效果只能在长期的执行中才能体现，因此对人才服务专业机构提供的服务质量的评价变得非常困难，并可能由此造成对人力资源管理服务质量不正确的评价，而这种不正确的评价会给外包企业带来非常大的损失。比如人员招聘，通常在将员工招到以后，人才服务专业机构就撒手不管了，如果招进的员工不合格，这种损失只能由企业来承担，这与企业原本外包人力资源管理的初衷是相违背的。因此，在人力资源管理外包中，服务质量评价成为一个亟待解决的问题。

（二）从人力资源管理外包市场环境看问题

1. 人力资源管理外包普及率不高

目前，中小企业使用人力资源管理外包服务的只占极少的一部分。绝大多数中小企业没有使用过外包服务。总体而言，目前我国中小企业人力资源管理外包的发展水平还比较低，普及率不高。

2. 市场规范不明确，外包服务供应商质量有待提高

人力资源管理外包最大的风险是供应商质量风险。总体而言，中小企业对外包服

务供应商的质量存在很大的质疑,这也是外包服务供应商所必须努力解决的问题。

(三)从人力资源管理外包实施流程看问题

1. 实施人力资源管理外包的难点在于管理和选择外包服务商

据调查显示,中小企业实施人力资源管理外包的最大难点在于管理和选择外包服务商。这是目前中小企业人力资源管理外包中普遍存在的问题。

2. 实施人力资源管理外包的最大冲击在于商业机密

在实施人力资源管理外包的过程中,对中小企业冲击最大的是商业机密。相对来说,越不涉及企业商业机密的人力资源业务,如社保关系、培训等,管理者倾向于外包的比例越高;而越涉及企业商业机密的业务,如工资发放等,管理者倾向于外包的比例越低。

综上所述,人力资源管理外包是现代企业管理的大趋势,人力资源管理外包在为中小企业带来众多直接的或间接的好处之外,也会存在一些问题,正确地应对这些可能存在的问题,是有效实施人力资源管理外包的关键,这样就能达到加强企业核心竞争优势的目的。

六、中小企业对于人力资源管理外包服务商的选择策略

对于中小企业而言,人力资源管理外包服务供应商的选择是外包过程中非常重要的一个环节,能否找到一个合适的供应商直接影响着整个外包活动。下面对几种人力资源外包服务商进行分类比较,为我国中小企业人力资源管理外包服务商的选择提供参考(如表9-1所示)。

表9-1 人力资源管理外包服务供应商分类及比较

比较＼类型	普通中介咨询机构	专业人力资源服务机构	高等院校或科研机构
业务特点	业务广泛但简单,涉及多种社会化服务,人力资源管理仅仅是他们诸多业务中的一项	专门从事人力资源管理及咨询工作,业务涉及人力资源管理的各个方面,一般业务量较大	专门从事研究工作,理论性较强,业务量不大,业务分析通常从人力资源管理理论入手
常见业务类型	可以完成一项或几项简单的人力资源管理活动,如简单的招聘、培训等	可以完成各种类型的人力资源管理活动,包括事务性和专业性管理活动	主要完成培训工作,企业人力资源管理相关问题咨询、人力资源规划等
优势	服务价格较低,外包商选择阶段评估过程简单;信息不对称情况发生的可能性较小	经验丰富,运作正规,专业性强;员工专业素质较高;硬件和软件环境较好	服务针对性较强;人员素质、理论水平较高;服务对象较少,容易建立信息沟通和反馈机制
劣势	专业化程度低;人力资源管理服务的功能单一,不能满足个性化需求;服务正规性差;保密性差	人力资源管理咨询市场处于初级阶段;外包价格较为高昂;信息不对称情况发生概率较大	实践经验不足,设计方案可操作性差

(续表)

比较 \ 类型	普通中介咨询机构	专业人力资源服务机构	高等院校或科研机构
适用企业	小型企业的人力资源管理活动	大、中型发展良好的企业	各种类型的企业
使用外包方式	非战略性外包	非战略性外包、战略性外包	非战略性外包、战略性外包
外包时间	时间较短	时间较长	时间较长
合作方式	一般为单纯服务与被服务的模式	一般为合作伙伴关系，但亲密度较低	一般为合作伙伴关系，但亲密度较高

资料来源：刘兵、郭彩云：《企业人力资源管理外包理论与方法》，中国经济出版社2006年版。

在实际运用中，中小企业可以根据外包的具体情况和预选供应商的类型及特征，并通过各种途径和方法，全面准确地收集预选供应商的信息，这样才能进行科学准确的综合评估，作出最佳选择。

七、提高人力资源管理外包业务水平的策略分析

（一）健全人力资源管理外包市场环境

1. 培育外包观念

要改变人力资源管理外包需求比较低迷的现状，一方面要转变中小企业的观念，帮助他们认识外包的优势和先进性，增加外包的吸引力；另一方面要帮助人力资源外包服务提供商更好地认识外包市场，同时更好地理解他们的潜在客户，转变他们的观念，将推力和拉力统一。笔者认为培育市场观念的最好渠道就是第三方信息服务，即加强人力资源外包的研究，通过第三方（包括研究机构、高等院校）对人力资源市场的宏观战略研究，把握人力资源管理和开发的趋势，使用国际先进思维和研究方法为市场提供专业信息，帮助供需双方对人力资源外包服务的研究。

2. 加强资源整合

我国的人力资源管理服务供应商过于分散，整体实力不强，因此，笔者提出：第一，整合政策环境。针对我国人力资源市场的政策分割现象十分严重的情况，有必要对政府职能进行重新划分，消除政策制定和实施过程中的部门保护主义。第二，整合区域之间、行业之间、所有制之间的人力资源管理外包服务供应商。鼓励各种形式的联合、兼并，扶持有条件的中介组织进行股份制改造，向专业化、集约化、集团化的高效经营方式转变。比如，"长三角"内部城市之间的组织重组和业务整合。第三，整合信息。建立以良好利益分割机制为基础的网络化中介信息系统，克服劳动力市场信息分割、各自为战的状态，加强中介组织之间的合作，共享信息、共担风险。比如，可以选择条件好、影响力大的市级人力资源中介机构及全国部分知名人力资源民间机构为骨干支点，以各大行政区域为依托，形成国家、大区域和省三级人力资源机构点面结合、辐射链接的组织体系，形成以信息共享为主题、以中介组织的业务合作为主

体的工作架构。在对人力资源行业内部进行整合的同时，还需要鼓励并支持各种形式的资本投入劳动力市场，调动各种资源走市场化、产业化、集约化的发展道路，建立一批经营规范、实力雄厚、有品牌、有特色的人力资源管理服务供应集团。

3. 健全人才培育市场机制

专业人才匮乏、服务意识差、职业胜任能力差一直是困扰人力资源外包市场发展的重要原因。鉴于此，笔者认为首先要尽快健全我国的人力资源教育和培训系统，为市场输送更多合格的管理专业人才；其次要提高职业准入水平，可以借鉴国外的做法，对人力资源中介师，特别是管理咨询师要有严格的资格认证和职业准入制度；最后，形成合理的行业报酬，给予人才合理的回报。

4. 使用法律法规规范市场

在人力资源管理外包的过程中存在中小企业产品识别能力不高、泄漏商业机密、互联网和内部网运营可靠性等商业安全问题，这些都会影响人力资源外包的效果。要解决这些问题需要法律和政策机制的介入，加强中介组织的审查和培训，同时规范整个人力资源外包市场。但应该分清法律规范、政府监管和行业自律三者的权责界限，依靠法律制定中介组织的行为规范，发挥政府主管部门的监管责任，并逐步培育行业自律机能。当然，这一有效机制的生成需要两个基本前提：一是政府职能的转变，政府部门应尽快与市场化的组织脱钩，使政府管理部门能够以中立的态度行使职责；二是行业组织功能的转变，行业组织应逐步替代政府行使职业管理职能。

5. 加强人力资源管理外包协会的建设

行业协会在促进法律的修订和人力资源市场的繁荣上起到举足轻重的作用。比如，日本的人力资源市场发展很快，人才派遣协会发挥很大的作用。

（二）认清中小企业使用人力资源管理外包的内在条件

1. 认清中小企业规模对人力资源管理外包的影响

中小企业规模是影响中小企业人力资源管理外包的一个重要因素。由于中小企业规模的差异，会带来中小企业在管理资金、信息技术、管理制度、管理观念上的诸多差异，进而带来人力资源管理外包职能的差别。

对于中小企业而言，可能存在的问题是企业本身在人力资源管理上的观念落后、制度不规范、信息化程度低。企业通过人力资源外包可获得的最大优势是得到专业的人力资源管理、降低中小企业运营成本，可能的风险是外包的启动成本高昂。

2. 认清中小企业特性对人力资源管理外包的影响

当中小企业具有一些独特的人力资源策略，或者当人力资源管理与企业战略相关联，或者当中小企业有一些积极的人力资源成果，或者当中小企业对劳动力需求不确定时，中小企业会由于这些组织方面的特性而倾向于进行人力资源外包。

虽然中小企业依靠独特性的人力资源管理方式会改变外包的成本优势，但独特性策略的效果取决于人力资源外包的类型。对于强调人力资源管理在战略行动中的影响的中小企业，由于人力资源日常活动需要对中小企业战略计划的高度理解，增加了外包的成本和风险，因此较少外包。人力资源需求的不确定性大大增加了中小企业的人力资源管理成本，这时外包行为变得很普通，尤其是人力资源日常管理和人力资本活动。同样地，中小企业内部良好的合作文化、易于沟通的组织结构、简单的工作内容都是有利于人力资源管理外包的特性。中小企业应根据内部人力资源管理活动的全面分析来考虑是否应该进行外包、进行怎样的外包。

3. 认清中小企业雇佣模式对人力资源管理外包的影响

中小企业在追求效率的同时，也追求灵活性，像其他资本一样，人力资本的管理也被分成为"投资或购买"决策。一方面，中小企业可采用内部雇佣模式，通过培训和开发内部员工来建立员工的技能基础；另一方面，中小企业可以通过向以市场为基础的人力资源管理服务机构雇用临时工，来实现外部化雇佣。雇佣模式的变革对中小企业人力资源外包具有巨大影响。

现代中小企业人力资源管理的一切活动，从某种意义上说，都是围绕着中小企业人力资本库的建设进行的。随着中介市场的形成，中小企业越来越倾向于将一些具有高人力资本属性的管理活动外包。例如，将高层管理者和高级技术人才的招聘外包给猎头公司，因为这显然不同于一般交易性活动，而属于核心人力资本库的存储行为。依据人力资本含金量的不同，人力资源获取活动也就有了功能性的差异。例如，对一般员工的招聘属于交易性外包，因为这种职能外包大多出于规模经济所产生的潜在成本节约的考虑；而对高级人才的获取显然是为了通过外部供应以获得专业人才的优质服务，属于战略性的人才储备和使用行为。显然，是否将对高级人才获取的任务委派给外部，各企业都持不同的态度，因为这与企业战略有着不同寻常的关系，甚至直接决定了战略的成败。

（三）完善外包互动流程

1. 外包决策

成功的人力资源管理外包方案始于清晰的短期和长期目标。管理者必须对人力资源外包策略达成明确一致的态度，并根据中小企业目前的战略发展目标，结合人力资源管理的实际情况，确定哪些人力资源管理职能应当外包，进而进行成本收益分析，积极宣传沟通。

2. 选择供应商

筹划准备工作之后，管理者要着手寻找合适的供应商，这一步在整个外包过程中占有极为重要的地位。管理者可根据多种途径初步确定供应商名单，根据供应商评价书的反馈进一步确定最佳供应商。此时，双方的充分沟通和市场信息的完整性非常重要，只有这样才能尽可能地避免信息不对称现象，为外包的顺利进行奠定基础，进而商讨详细合同条款，最后转化实施。

3. 管理转移

在实施过程中，管理者要对内部冲突进行管理，并及时预测职能变化，开发新型能力。同时，要把与人力资源管理服务供应商的活动互通互报，并根据人力资源管理外包活动的进程不断调整。

4. 管理供应商

供应商的管理是非常困难的一个环节。中小企业可通过发展长期联盟、严格管理控制、单一投标管理、形成多家合作等方式来对供应商进行适度管理。供应商信用体制的完善也是管理供应商的一个良好方法。

5. 评估供应商

根据内外部顾问的评估以及供应商报告的准确性、及时性来对供应商的服务质量进行评价。中小企业可根据预先设定的评价指标，如成本等来衡量本次人力资源管理外包是否成功。

（四）中小企业人力资源管理外包服务过程管理策略

1. 配合并辅助供应商了解中小企业

供应商具体服务工作的第一项任务，就是对中小企业及其人力资源管理现状进行全面、准确的调研和诊断。该项任务非常重要，如果供应商对于中小企业的了解和掌握程度不足，那么他所设计的方案或代替中小企业行使的职能将不能满足中小企业的真实需要。所以，中小企业的人力资源管理人员应配合并辅助供应商了解中小企业。

首先，要使供应商了解企业的经营情况、市场情况、内部架构与管理现状以及未来的发展规划；其次，要使供应商了解企业的文化并逐步融合进来；最后，要使供应商重点了解企业人力资源管理的现状及被外包的职能履行情况。企业应该对自己通过严格甄选后的供应商持肯定和信任的态度，尽可能地提供外包所必须了解的情况。

2. 提供完善真实的信息支持

中小企业通过多维度评估、严格甄选后的供应商，如果是一个信誉良好、综合实力雄厚的人才服务机构，中小企业与之签订了保密性质的合同的话，就应该对自己的合作伙伴持肯定和信任的态度，提供给供应商所需要的完整真实的信息，使供应商能够提供有效的服务。

如果供应商获取信息时遇到阻碍或不能获取必要的信息时，企业人力资源管理人员可以帮助供应商进行协调和沟通，获取相关的完整信息。一般而言，所有的信息传输媒介都会造成一定程度的信息失真，最明智的做法是选择双方都熟悉的信息传输媒介，以使双方的理解是相同的，这样可以降低信息的失真程度，从而为供应商提供完善真实的信息。

3. 协调外包过程中的各种关系与冲突

中小企业在外包过程中需要协调的关系包括：人力资源管理部门与供应商之间的关系，供应商与中小企业其他部门之间的关系，中小企业、供应商与员工之间的关系。首先，供应商在接手有关的人力资源管理活动后，由于对中小企业的情况有一个熟悉的过程，因此需要人力资源管理部门的积极配合，所以中小企业人力资源管理部门需对可能产生的冲突进行协调。其次，中小企业其他部门由于习惯了由人力资源管理部门来进行相关的活动，对服务机构突然接手人力资源管理部门的相关活动不太适应，双方会出现配合不默契，这也需要中小企业人力资源管理部门从中协助外包商的沟通和协调，这有利于各方尽快融合成一个团队，更好地提高中小企业的运行效率。

最后，人力资源管理部门还应注意协调中小企业及供应商与企业内部员工之间的沟通，协调他们之间的关系和冲突，将新信息和新策略传递到企业的各个层面，让员工清楚地认识到外包不仅是为公司着想，而且还是为员工的利益考虑，让员工认识到实行外包是一种真正多赢的有效方式，进而推动外包工作的顺利进行。

因此，在人力资源管理外包的整个过程中，中小企业必须从战略的高度宣传人力资源管理外包的重要性和优越性，加强内部冲突管理工作，鼓励员工积极支持和参与外包。

4. 有效监控与激励供应商

为了保证外包工作顺利有效地实施以及外包目标的最终实现，中小企业必须随时对供应商的工作态度、行为、服务内容进行监控，要求供应商为中小企业提供人力资源管理外包的具体工作计划和工作进展报告，对阶段性的工作成果与目标进行检验和评估，纠正在外包过程中出现的偏差与错误，不断改进和调整外包方案，以适应企业发展的变化。

此外，中小企业还可以建立相应的激励机制，鼓励供应商更加积极有效地实施外包。中小企业还可以建立"风险—回报定价"的合作机制，该机制规定：如果外包商不能实现合同目标，供应商受惩罚；如果供应商完成或超过了目标，就可以分享中小企业的利润。通过这些措施来建立供应商和中小企业之间共担风险、共享利润的激励约束机制。

综上所述，中小企业应从以上几个方面来对外包服务过程进行有效的管理，以保证外包服务工作的顺利实施，从而为我国中小企业人力资源管理外包业务的发展提供支持和保证。

学习案例

宏图公司成立于2005年2月，是一家中等规模的专业人才公司。经过十多年发展，已举办各种大型招聘会200多场，为50余万人提供人才服务。宏图公司有专业的人才服务网站，可在线为企业和求职者个人提供求职、招聘、培训、咨询等人力资源解决方案。迄今为止，网站注册企业用户10万，个人用户100多万份，日访问IP逾5万，系统可同时支持10万人在线，每天公布的职位达10万个。

随着公司业务与规模的不断扩大，公司人力资源管理面临的挑战与压力也越来越大，各业务部门总是抱怨人手不够。于是，各业务部门经常大规模招聘，但是看不到业绩的上升。尤其明显的一个现象是：与公司一起成长起来的大量老员工，常常以功臣自居，人浮于事、效率低下的现象慢慢浮出水面，这也是许多民营企业在发展过程中常常面临的问题。公司管理层经过认真分析，认为这种现象源于长期以来公司没有一套合理的绩效考核体系，薪资不能很好地与绩效挂钩，最终导致这种现象的出现。

在明确人力资源外包的项目后，接下来的工作就是选择合适的供应商。宏图公司首先收集了若干家人力资源外包服务商的信息，包括公司历史、成功实践、长期合作伙伴等。结合自己要外包的人力资源项目，重点圈定了3家供应商。之后通过各种渠道，例如，通过到工商局查询企业是否有不良记录、对公司服务客户进行电话拜访、实地拜访外包商等方式对有意向的供应商的资信状况与服务能力进行调查。综合考虑各种因素后，通过对圈定公司的综合打分，宏图公司认为把此项目外包给五方公司性价比最高。五方公司专注于为中小企业服务，比较了解民营企业的弊病，且有多次成功案例，业内口碑不错，最主要的是五方公司自己在发展的过程中也曾出现与宏图公司相似的现象且经营模式相似，只是经营业务领域不同。

　　五方公司工作人员进驻宏图公司，针对各类岗位有代表性的信息进行收集。一个月后，通过实地观察、访谈等手段，五方公司制定了宏图公司各岗位的职位说明书，并在此基础上设计了宏图公司的绩效考核体系。按照宏图公司管理的计划，新的考核体系的出台将意味着员工的薪资、奖励以及年终奖等将与考核结果挂钩。结果，五方公司设计的绩效考核体系遭到了宏图公司许多员工，尤其是老员工的极大不满。不满主要来自两个方面，一是他们不认可五方公司收集的信息的真实性、准确性和全面性；二是新的考核体系对公司许多原有制度的破坏与否定，使他们难以接受。之后，五方公司对宏图公司进行了第二轮的信息收集，在此过程中，重点加强了与不满员工的沟通，了解他们的心声，从老员工的利益出发向他们解释新的考核体系的出发点、依据、优势等，让他们了解绩效考核不是减工资，而是拿出更合适的薪资计算方法使薪资透明化，尤其是业务部门，大家可以计算自己这个月拿多少钱，别人比自己多多少，少多少，为什么会出现这种差异。通过沟通，使老员工认识到新的考核体系不是对他们原有利益的损害，因为供应商作为企业管理层与员工之外的第三方，他们的话更能使得员工信服。新的绩效考核体系制定完成了，由于绩效考核的过程涉及企业内部的许多商业信息与个人业绩的数据，所以绩效考核的具体实施经宏图公司研究决定仍由自己来做。新的绩效体系运行以来，公司人浮于事的现象极大地减少了，制度的约束与激励作用是明显的，公司的办事效率也较过去有了很大程度的提高，特别是老员工为适应新的业务要求，开始积极主动学习业务知识。同时，也有一小部分不能适应的员工选择离开公司，这也在一定程度上为公司实现了减员计划。经历了新的变革，宏图公司继续稳步前进。

讨论题

1. 宏图公司为什么选择五方公司作为人力资源管理外包供应商？
2. 五方公司在外包服务中存在什么问题？

后 记

《中小企业人力资源管理》得以成书并付梓，多亏了多年来为此书付出辛勤劳动的朋友。我们对他们终于有一个交待，虽然算不上完美，但有交待总比没有交待好。

本书缘起于2006年，并于当年就完成了初稿。但从初稿到定稿已过去了12年。

从2002年开始，我们就从事人力资源管理的教学和研究，但一直用的是别人的教材。撰写并使用我们自己的教材，始终都是我们需要迈过去的一道坎。同时，人力资源管理是华东政法大学校级重点建设课程，重点建设课程需要有教材作支撑，因此，这本教材也是向学校管理部门的一个交待。

我和平欲晓是同学兼老朋友。十多年前，我和他讨论能否共同做一点的研究以资纪念，没有想到我们一拍即合。正是有了他的大力支持和协助，才有了我们今天的成果。这本教材也算是对我们同学情谊的一个交待。

人力资源管理教材实在太多。国内的、国外的、精品的、规划的，林林总总，不一而足，且每年还有大量新书面世。初稿完成后几经修改，我们仍觉得赶不上发展，仍觉得落后，仍觉得难以面世，就这样一拖再拖，拖了十多年。最后，我们终于下定决心，找一个涉足较少的领域开展研究，这居然获得老朋友们的一致同意。这才有《中小企业人力资源管理》这本教材的面世。这也算是对我们十多年共同研究的一个交待。也正因为研究领域的变动，整本教材的内容变动巨大。这可苦了参与编写的这帮兄弟们！再加上市面上基本没有以"中小企业人力资源管理"为主题的教材，能够借鉴的不多，因此，参与编写的同仁们的付出就可想而知了。

要感谢华东政法大学教务处，没有他们的支持，这本教材不会出版！还要感谢北京大学出版社的杨丽明、吕正编辑，没有他们的热心帮助，这本教材难以面世！

最后，感谢为这本书的写作做出贡献的一些作者。他们虽然没有在封面作者栏中出现，但他们为本书所做的贡献是不能忽视的，没有他们的辛勤写作，本书就不可能完成。他们是：李宏宇、刘旻净、易外庚、杨芳勇、杨舸、苏华、杨新玥等。

此外，本书还借鉴了大量人力资源管理研究领域的最新成果，因篇幅有限，不能在此一一列举，我们对这些成果的研究者表示衷心感谢。

作 者

2018年6月18日